U0141920

徐文珊教授百歲冥誕紀念論文集

徐文珊教授百歲冥誕紀念論文集編委會編輯

文史哲出版社印行

國家圖書館出版品預行編目資料

徐文珊教授百歲冥誕紀念論文集 / 徐文珊教授百歲冥誕紀念論文集編委會編輯. -- 初版. -- 臺北市 : 文史哲, 民 88
面 : 公分

ISBN 957-549-246-3(平裝)

1.漢學 - 論文,講詞等 2.中國文學 - 論文,講詞等 3.哲學 - 中國 - 論文, 講詞
030.7 88015356

徐文珊教授百歲冥誕紀念論文集

編 輯 者：徐文珊教授百歲冥誕紀念論文集編委會
出 版 者：文 史 哲 出 版 社
登記證字號：行政院新聞局版臺業字五三三七號
發 行 人：彭 正 雄
發 行 所：文 史 哲 出 版 社
印 刷 者：文 史 哲 出 版 社
臺北市羅斯福路一段七十二巷四號
郵政劃撥帳號：一六一八〇一七五
電話 886-2-23511028 · 傳眞 886-2-23965656
平裝實價新臺幣四八〇元
中 華 民 國 八 十 八 年 十 月 初 版

ISBN 957-549-246-3

鑽石婚

徐文珊教授書寫書法

徐文琳

集古字為百壽圖
七十六年八十八歲

百壽圖

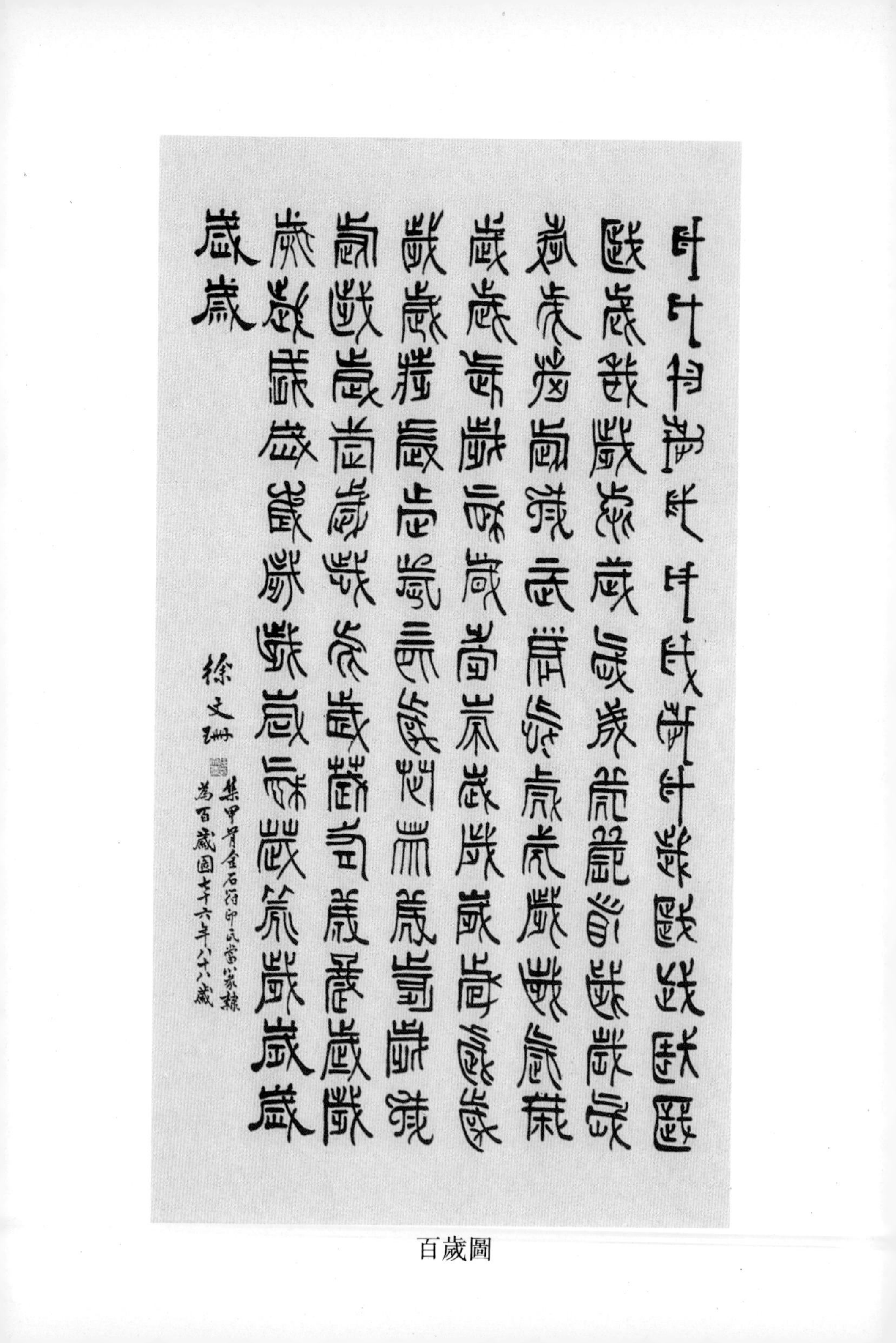

集甲骨金石符印瓦當篆隸
為百歲圖七十六年八十八歲

徐文琫

百歲圖

一字長壽圖

壽

九二石老翁徐文琳

壽（一字長壽圖）

節毛公鼎

徐文珊

毛公鼎中堂

有文有武國之寶

無車無魚我不愛

徐文珊 八十九歲作

鐘鼎文對聯（有文有武）（無車無魚）

甲骨文中堂（不知春去未）

石鼓文中堂（汧漁鼓）

徐文珊教授百歲冥誕紀念論文集

目　次

【思想之部】

【小學之部】

【附　　錄】

＊編委會案：以上各篇論文之排列順序，一依作者之姓名筆劃為準。

弁　言

徐文珊先生，字貢真，河北遵化人，生於清光緒二十六年（民前十二年），畢生以弘揚中華傳統學術文化爲職志，生活儉樸刻苦，淡泊名利，唯以讀書、教學、著述爲樂，桃李無數，著作等身，爲我國學界之前輩。而其立身行事，不失矩矱，律己嚴，待人寬，藹然有長者之風，足以矜式後學，實爲傳統知識分子之典型。

徐老先生哲嗣徐漢昌教授，先後畢業於輔仁大學中文系、中文所碩士班，以及政治大學中文所博士班，曾任中山大學中文系所主任、文學院長，現任中山大學中文系專任教授，固爲家學淵源，克紹箕裘者也。中華民國八十七年陰曆八月五日，爲徐老先生百歲華誕，此實爲人生盛事，中山大學中文系部份同仁基於對徐老先生之敬重，以及與徐漢昌教授之情誼，咸以爲應當有所作爲以表達祝賀欽仰之意，於是倡議籌組委員會，進行籌備慶賀事宜。繼則復有他校教授學者聞訊而欲加入者，因此乃將原組織擴大，由王金凌、王初慶、孔仲溫、甘漢銓、李立信、林慶勳、徐信義、黃湘陽、張仁青、戴景賢、龔顯宗，以及本人擔任籌備委員，同時推舉本人爲召集人，李立信、黃湘陽爲副召集人，並邀請阮大年校長擔任名譽召集人。時爲中華民國八十六年初夏。當諸項工作陸續進行時，不意徐老先生於中華民國八十七年一月十五日，溘然長逝，無疾而終，此固是徐老先生福德圓滿，能得善終，良可告慰。唯事主既已逝世，原先規劃之內容，即不得不重加斟酌。經委員會徵詢眾人之意見後，決定停止一切慶賀活動，僅保留《論文集》，而將原《慶祝徐文珊教授百歲誕辰論文集》，改爲《徐文珊教授百歲冥誕紀念論文集》，繼續徵集之工作，並依民間習俗，將《論文集》問世時間，延後一年，亦即徐老先生實歲屆滿百齡之日。

今值《徐文珊教授百歲冥誕紀念論文集》正式出版，除了感謝各位賜稿的教授學者之外，特別還要感謝名書法家陳維德教授親爲本書封面題字，以及彭正雄先生慨允代爲出版發行。此外本《論文集》之編輯校對整理等工作，係由中山大學中文系孔仲溫主任親領博士班楊素姿、戴俊芬同學，以及碩士班何昆益、高玲芳同學負責完成，在此一併致謝。

鮑國順 謹識於高雄市西子灣

中華民國八十八年九月十四日

故東海大學教授徐文珊先生百歲冥誕紀念文

中山大學中文系

張仁青

昔昌黎韓氏有云[1]。燕趙古多慷慨悲歌之士。蓋自姬周建國命氏以還。桀才挺生。名世間出。披諸青史。更僕難終[2]。洎乎晚近。運際維新。則有遵化徐文珊先生者。步前修之芳躅。揚稀世之耿光。衛道衡文。侔韓公之淵雅[3]。著書立說。等文達之風華[4]。可謂前後相輝。古今同揆。宜述清芬。用彰勝概。

先生誕德高門。承熙奕葉。秉崑山之玉石[5]，潤易水之波瀾。弱歲岐嶷。鄉里交讚。攬浮雲於渤澥。志在四方。觀曉日於喜峯[6]。懼荒寸晷。民國十六年。負笈北平・燕京大學。從當代大儒胡適、錢穆、顧頡剛諸先生遊。藜火頻燃[7]。筆花入夢[8]。道探洙泗[9]。積三舍之深功[10]。學究莊韓。明百家之精義。程門高弟。厥有游楊[11]。虞庠諸生。爭推郭賈[12]。逮卒所業。輒冠其曹。此其高才博學。特

1 見韓愈雜說。
2 「更僕難終」見《禮記・儒行》，極言其多。
3 韓愈尊儒排佛。
4 文達，紀昀諡號。
5 崑崙山產美玉。
6 渤海、喜峯口均在河北北部。
7 「藜火」指劉向在天祿閣讀書。
8 李白夢筆生花，詩藝日進。
9 洙泗爲孔子講學處。
10 「三舍」爲宋之太學。
11 游酢、楊時均爲程子高足。
12 郭泰、賈彪均爲東漢太學之佼佼者。

重義理。可得而述者一也。

無何而櫻海鯨翻[13]。蘆溝鶴唳。先生乃泣別天壇[14]。間關秦棧。騎驢履劍門之道[15]。拜鵑入蜀帝之鄉。從事舌耕。主編雜誌。並出任中國國民黨 中央黨史會徵集處處長。或口誅姦回。筆伐倭寇。或廣紓民瘼。善導輿情。簿領殫勤。聲華卓懋。政府稽功論賞。乃頒授勝利勳章。固實至而名歸。宜鳶飛而魚躍[16]。此其盡瘁黨國。策勳梁 益[17]。可得而述者又一也。

越居海嶠[18]。載更歲華。而乃重作馮婦[19]。遠企汾河[20]。歷任東海大學、逢甲大學、中國醫藥學院、臺中商業專科學校教授。凡四十餘年。生徒雲集。爭聞馬帳之音[21]。遐邇景從。如入華陰之市[22]。菊香晚節。柏勁嚴霜。昌黎懼吾道將衰。狂瀾是障。孟氏以斯文自任。浩氣彌充。我傳統之文物聲明。翼世之綱常名教。猶克永葆其漢腊[23]。不廢於秦坑者[24]。先生實與有力焉。此其恩翔春風。功深化雨。可得而述者又一也。

淑配閻夫人柔嘉維則。敬慎無違。喜象服之攸宜[25]。叶鸞琴而長吉[26]。不意竟於民國七十三年殂逝。元丞相之情篤。難遣悲懷[27]。潘安仁之詞華[28]。徒增哀怨。哲嗣漢昌等夙秉義方。咸成令器。漢昌爲國立政治大學文學博士。曾任國立

---

13 「櫻海」二句指七七事變。
14 「天壇」在北京，爲清廷祭天之所。
15 「騎驢」二句指入蜀。
16 「鳶飛」見詩經，極狀其樂。
17 梁 益二州均指四川。
18 「海嶠」，海上仙山，指台灣。
19 馮婦勇者，見孟子。
20 隋 文中子講學於河 汾。
21 馬帳指馬融之絳帳。
22 東漢大儒楊震講學於華陰。
23 「漢腊」喻正統。
24 「秦坑」喻大陸四人幫破壞固有文化。
25 「象服」見詩經，指端莊賢慧。
26 「鸞琴」喻夫婦感情甚篤。
27 元稹作遣悲懷，悼亡妻。
28 潘岳有悼亡詩。

中山大學教授兼中國文學系主任、文學院長。子舍既恢張門業。紹厥箕裘[29]。孫枝亦挺秀庭階。蔚其蘭玉[30]。王氏三槐之第[31]。于公駟馬之門[32]。其昌熾正未有艾也。

今歲九月十四日（夏正己卯年八月五日）爲先生百歲冥誕。同人等或久親謦欬。夙接光儀。或遠瞻道範。共仰典型。葵藿之情[33]。靡有紀極。用特馳書宇內。廣徵瑋章。直闡潛德之幽光。永懷中邦之大老。爰獻頌曰：

易水雄闊。　燕山嶙峋[34]。　間氣絪縕。　載誕哲人。
英傑繼軌。　丕煥經綸。　牖民覺世。　弘衍傳薪。　其一
猗歟先生。　天挺睿明。　性行純篤。　器識深閎。
靈椿早謝[35]。　莫聞鳳聲[36]。　爰依孀氏。　如海恩情。　其二
學術維新。　浚達其故。　道修燕京。　綜獵兼互。
枕經藉史[37]。　百家咸顧。　述先繼美。　思潮雲騖。　其三
聖戰初開[38]。　間關蜀道。　宣鐸維勤[39]。　奮揮翰藻。
攘夷大義。　震撼櫻島[40]。　諸夏興復。　以賢爲寶。　其四
紅羊劫墮[41]。　避秦 台員。　敷教東序[42]。　玉筍班聯[43]。
升堂高弟。　奚止三千。　功深陶鑄。　道光鼎鉉[44]。　其五
驪珠在握[45]。　鴻寶紛陳[46]。　縹囊緗帙。　炳燭品論[47]。

---

29 「紹箕」謂繼承父業。
30 「蘭玉」喻佳子弟。
31 「三槐」爲宋・王旦位至三公故事。
32 于公子于定國爲漢代名臣。
33 「葵藿」爲尊敬、嚮往之意。
34 燕山在河北。
35 「靈椿」見莊子，喻父。
36 李商隱贈韓偓詩：「桐花萬里丹山路，雛鳳清於老鳳聲。」此言不承父教。
37 「枕經」句謂勤學。
38 「聖戰」指抗日。
39 「宣鐸」見論語，指教育工作。
40 櫻島指日本。
41 「紅羊劫」喻大陸沉淪。
42 「東序」爲周大學。
43 「玉筍」喻優秀學生。
44 「道光鼎鉉」喻聲華長垂。

牢籠今古。　盧牟乾坤[48]。森森魯殿。　巋然獨存[49]。其六
鐘鼎小篆。　藝苑所珍。　端居多暇。　八法怡神[50]。
臨池染翰。　無間宵晨。　籠鵝價重[51]。麝珠香淳[52]。其七
據德依仁。　握瑜懷瑾。　處貴思沖。　居安念慎。
溫厲攸宜[53]。聲華丕振。　士林企軌。　萬流仰鏡。　其八
泰山巖巖。　先生氣象。　千頃汪汪。　先生志量。
榮期三樂[54]。世所慕嚮。　先生方之。　信無多讓。　其九
萬國車書。　混同毋忘[55]。靈爽不昧。　默佑綿氓。
風雲再造[56]。大漢邦鄉。　流光垂裕。　百世其昌。　其十

徐文珊教授百歲冥誕紀念論文集編輯委員會委員

名譽召集人：阮大年　召集人：鮑國順　副召集人：李立信　黃湘陽

編輯委員（依姓名筆劃序）：

王金凌　王初慶　孔仲溫　甘漢銓　林慶勳

同敬祝

徐信義　張仁青　戴景賢　龔顯宗

國立中山大學教授　張仁青　拜撰

中　華　民　國　八　十　八　年　九　月　十　四　日

---

45 「驪珠」喻名作。
46 「鴻寶」指名著。
47 「炳燭」指老而好學，見說苑。
48 「盧牟」猶言規模。
49 魯靈光殿喻碩果僅存。
50 「八法」爲習字之基本筆法。
51 「籠鵝」指王羲之書法珍貴。
52 「麝珠」謂名墨。
53 「溫厲」見論語，稱美孔子。
54 榮啓期居泰山，孔子見之，已近百歲，三樂謂生爲男性，人類，長壽。見列子·天瑞。
55 金 完顏亮詩：「萬國車書久混同，江南何尙隔華封。提兵百萬西湖上，駐馬吳山第一峯。」此指中國統一。
56 「風雲」二句謂重建中華，早日統一。

「園柳變鳴禽」的版本異文及鑑賞問題

廣州暨南大學中文系

李文初

永初三年（422），謝靈運被貶永嘉做太守，前後約莫一年，寫下不少名動京師的山水佳作。這是他一生中詩歌創作最爲旺盛的時段之一，〈登池上樓〉便是其中的代表作。詩中「池塘生春草，園柳變鳴禽」二句，尤爲後人稱賞；他自己也甚得意，常對人說：「此語有神助，非吾語也。」鍾嶸在《詩品》中引述這則近乎神話的故事，說明這首詩在當時就已產生轟動效應。後來，連才大氣粗的詩仙李白也連連爲之叫絕：

夢得春草句，將非惠連誰？（〈感時留別〉）

他日相思一夢君，應得池塘生春草。（〈送舍弟〉）

夢得池塘生春草，使我長價登樓詩。（〈贈從弟〉）

至於這兩句詩好在哪裡？前人、今人說了很多理由，見仁見智，議論紛紜，總之，說它是好詩是眾口一詞的事實。

近年來，終於有人表示異議了，認爲「園柳變鳴禽」這句詩是「後人以訛傳訛」，不知「妙在何處」，「令人費解」。[1]於是引出兩個值得探究的話題：一是「園柳變鳴禽」一句的版本異文問題；二是「池塘生春草，園柳變鳴禽」二句詩的鑑賞問題。前者是前人未嘗論及的新話題，後者則似乎是老生常談了（但有必要再談）。

---

[1] 《詩品辨讀》頁 254，安徽教育出版社，1994 年 4 月。

二

所謂「後人以訛傳訛」的根據是：北宋末年唐庚（1071～1121）從《文選》輯錄的《三謝詩》，其中〈登池上樓〉作「池塘生春草，園柳雙鳴禽」。於是據此斷定：「現存最早的《文選》版本，是南宋淳熙八年（1181 年）尤袤刊本（簡稱「尤刻本」）。它是在唐庚死後 60 年才刊出的，故唐庚所據《文選》版本不會是尤刻本。」「謝詩『雙』誤作『變』，當即由《文選》尤刻本始。」[2]說「唐庚所據《文選》版本不會是尤刻本」，這話可以理解爲尤刻本與《三謝詩》所據各屬不同的版本系統，在南宋以前，「變」與「雙」兩種異文同時流行。而說「謝詩『雙』誤作『變』，當即由《文選》尤刻本始」，則武斷得令人吃驚了！這是將前面說的那番話留下的一點餘地也給否定了：「由《文選》尤刻本始」無異於說尤刻本問世之前流行的《文選》版本統統作「雙」，不存在或有作「變」的可能，訛「雙」爲「變」的罪魁禍首就是尤袤。

首先，「現存最早的《文選》版本，是南宋淳熙八年（1181 年）尤刻本」這句話就說得既籠統又缺乏根據。據我有限的見聞，現存《文選》的版本，除李善注《文選》（尤刻本）外，還有宋刻六臣注《文選》（商務印書館《四部叢刊》影印本）、南宋初年明州刻六臣注《文選》（北京圖書館殘卷，日本藏有全書）。後二者刊行於世都早於尤刻本。更早的還有現藏日本的唐抄本《文選集注》（殘存 23 卷）、敦煌殘存的唐寫本《文選》（部分收入《鳴沙石室古籍叢刊》和《敦煌秘籍留真新編》）等。怎麼能不顧事實，隨便說「現存最早的《文選》版本」是尤刻本呢？

再是尤刻本作「園柳變鳴禽」，其「變」字是否是「訛」，也必須予以廓清。《詩品辨讀》的作者咬定這個「變」字原作「雙」，尤刻本始「訛」爲

[2] 同上，頁 255-256。

「變」；我以爲這個結論純屬武斷，舉不出其他任何可靠的材料佐證，而反證倒是不難找到的。

李善注《文選》的尤刻本，其版本根據，按流行的說法是四庫館臣的意見，認爲今傳李善注本是從六臣注本中輯出的。清代胡克家《重刻宋淳熙本文選序》亦加以認同：「宋代大都盛行五臣，又并善爲六臣，而善注反微矣。淳熙中，尤延之在貴池倉使，取善注讎校鋟木，厥後單行之本，咸從之出。」今存李善注《文選》中的注是從六臣注本中輯出的這一觀點，長期以來被視爲不刊之論。至七十年代，才漸漸有不同意見的出現，認爲尤刻本《文選》的李善注與六臣注本無關，而是屬於唐以來流傳的另一個版本系統。[3]因此，尤刻《文選》所錄〈登池上樓〉詩中的「池塘生春草，園柳變鳴禽」二句，其「變」字就不能僅僅因《三謝詩》（唐庚死後 84 年，即公元 1204 年由譙令憲重修付梓，比尤刻《文選》晚出 24 年）作「雙」而輕易地予以否定；因爲說「變」是「雙」之訛，除了《三謝詩》這條孤證外，再也找不出第二條可靠的證據。按照校勘學的原則，孤證最多只能供參考，不能當作判斷是非的根據。

尤刻《文選》問世之前流行的《文選》版本究竟作「變」還是作「雙」，因無法查對國內收藏的《文選》古本以及現存日本各地的各種《文選》抄本（多爲唐抄本殘卷）而妄下結論；但從尤刻本出現之前的唐宋人的著作中仍可找到不少引述材料，證明《文選》原本是作「園柳變鳴禽」的。例如：

唐代初年，由歐陽詢（557～641）主持編撰的大型類書《藝文類聚》，卷二十八人部十二「遊覽」類就摘錄了謝靈運的〈登池上樓〉詩：「殉祿反窮海，臥痾對空林。傾耳聆波瀾，舉目眺嶇嶔。初景革緒風，新陽改故陰。池塘生春草，園柳變鳴禽。索居易永久，離群難處心。持操豈獨古，無悶徵在今。」[4]這部類書引用古籍達 1431 種之多，[5]其中現存者不足十分之一，故高儒

---

[3] 參見程毅中、白化文《略談李善注的尤刻本》，《文物》1976 年第 11 期；岡村繁《文選集注與宋明版本的李善注》，譯文收入《文選學論集》，時代文藝出版社 1992 年版；劉躍進《從〈洛神賦〉李善注看尤刻〈文選〉的版本系統》，《文學遺產》1994 年第 3 期。

[4] 《藝文類聚》頁 502，上海古籍出版社，1982 年 1 月新 1 版。

[5] 據北京大學研究所 1923 年輯製的《類聚》引用書目統計，載《北京大學二十五周年紀念研

說：「漢魏六朝之文，獨賴《文選》此書之存。不然，幾至泯沒無聞矣。」[6]後來從事輯佚工作的學人無不倚重《藝文類聚》，至清嘉、道間嚴可均輯《全上古三代秦漢三國六朝文》，更是大量汲取此書資料。也正因爲《藝文類聚》引用的古籍多是唐以前的古本，可供校讎的價值極大，自宋以來，校勘學者治理唐以前的古籍，無不廣泛運用這部類書。因此，《藝文類聚》摘引〈登池上樓〉詩作「園柳變鳴禽」，應該說是反應了初唐時流行的謝詩面貌的（《隋書·經籍志》著錄《謝靈運集》十九卷）。

北宋樂史（930～1007）撰《太平寰宇記》，卷九十九《江南東道十一·溫州》：「謝公池在州西北三里，其他在積谷山東，謝靈運詩云：『池塘生春草，園柳變鳴禽。』初，公作詩不佳，夢惠連得此。」《四庫全書總目》對這部大型地理著作的評價是「采摭繁富，惟取賅博」，「雖卷帙浩博，而考據特爲精核」。[7]說明樂史撰《太平寰宇記》時（北宋前期）看到的謝詩本子或《文選》，也是作「園柳變鳴禽」的。

南宋魏慶之編著的《詩人玉屑》，卷三引黃徹《䂬溪詩話》：「劉昭禹云：……昔人『園柳變鳴禽』，竟不及『池塘生春草』……」按劉昭禹，字休明，桂陽人，生卒年不詳，只知他生活在後梁太祖開平中（約公元 909 年）前後。《䂬溪詩話》這則記錄說明，至五代之初，人們看到的謝靈運集或《文選》，依然是作「園柳變鳴禽」的。

北宋惠洪（1071～1128）《冷齋夜話》卷三引舒公云：「『池塘生春草，園柳變鳴禽』之句，謂有神助，其妙意不可以言傳。」惠洪與唐庚同齡，晚唐庚謝世七年，他不可能看到他死後 53 年才刊出的尤刻《文選》。至於「舒公」，既尊稱爲「公」，則知此人必是惠洪的前輩長者。他們引謝詩作「園柳變鳴禽」，至少可以說明今傳《文選》作「變」，絕不可能「由《文選》尤刻

究所國學門臨時特刊》。

6 《百川書志》卷十一，轉引自中華書局上海編輯所 1965 年 11 月出版的《藝文類聚》校印本〈前言〉。

7 《四庫全書總目》頁 595-596，中華書局，1965 年 6 月版。

本始」。

與唐庚同時而稍晚的葉夢得（1077～1148）著《石林詩話》，其中有這樣的話：「『池塘生春草，園柳變鳴禽』，世人多不解此語爲工，蓋欲以奇求之爾。」[8]葉夢得死後 33 年，尤刻《文選》才刊行於世。這也證明尤刻《文選》問世之前流行的《文選》版本是作「園柳變鳴禽」的。

至於現今通行的商務印書館《四部叢刊》影印宋刻六臣注《文選》，當比尤刻李善注《文選》刊行更早，此六臣注《文選》與其他散落古籍中的材料一樣，也是作「園柳變鳴禽」的。

以上僅就手頭接觸到的材料就足以證明，謝詩「園柳變鳴禽」的「變」字不是尤刻《文選》之訛，而是尤刻《文選》問世之前各種通行本的正字。唐庚輯《三謝詩》刻本作「園柳雙鳴禽」只能有兩種可能的解釋：一是北宋以前流存一種《文選》版本作「雙」，因爲僅見於《三謝詩》，故屬孤證，按照考證學的常規，不能根據孤證妄下結論。二是這條孤證很可能是不可靠的，即是說，《三謝詩》刻本作「園柳雙鳴禽」，「雙」字很可能就是一個訛字。唐庚生前推崇謝靈運，認爲：「三謝詩，靈運爲勝，當就《文選》中寫出熟讀，自見其優劣也。」[9]《三謝詩》本是唐庚從《文選》輯錄而成，但付梓版行，卻在唐庚死後 84 年由後人完成的，其間輾轉過錄，訛誤在所難免。在醞釀這篇文章的過程中，我曾將這個看法告知日本著名漢學家、《文選》學權威學者岡村繁教授，希望聽取他的意見。他在覆信中表示贊同我的推論。當然，這只是一種臆測，僅供學界同仁作進一步探討的參考。

二

僅僅根據唐庚輯《三謝詩》刻本一條材料就判定《文選》自來就作「園柳

---

8 《詩人玉屑》卷十三引錄。

9 《唐子西文錄》，見《歷代詩話》第九冊。

雙鳴禽」，并把「訛」的罪責強加給尤刻《文選》，這種令人吃驚的武斷，顯然是不能成立的。前面我們列舉了若干材料證明尤刻《文選》作「園柳變鳴禽」之不誤；下面試從藝術鑑賞的角度，看看「園柳變鳴禽」在全詩中是否「突兀」、「令人費解」。

《詩品辨讀》的作者針對「園柳變鳴禽」一句，用藝術鑑賞的眼光，提到了「妙在何處」的質疑。理由之一是，若作「園柳變鳴禽」，容易令人誤解為「園柳變成鳴禽」——「楊柳變成會唱歌的鳥兒」。如果這種理由能夠成立的話，那麼，許多古詩名句都將以不合語法而失去藝術光采。即如被《詩品辨讀》的作者引以說明「園柳雙鳴禽」如何合理，且認為句式與「池塘生春草，園柳雙鳴禽」相似的魏徵的「古木鳴寒鳥，空山啼夜猿」（〈述懷〉），也當被理解為「古木對著寒鳥鳴叫，空山對著夜猿悲啼」。古代詩詞的語法固然屬古漢語的大系統，但由於詩律本身的限制以及詩人特殊的藝術追求，其語法結構常常是不能按古漢語詞序的常規去解讀的。有的詩句無所謂主、謂、賓，呈現的只是若干物象或場景的畫面組合，如「雞聲茅店月，人迹板橋霜。」（溫庭筠：〈商山早行〉）有的甚至主、謂、賓顛倒，如「紅稻啄殘鸚鵡粒，碧梧棲老鳳凰枝。」（杜甫：〈秋興八首〉之八）為的是表現詩思的錯綜有致；若以平直敘之，當作「鸚鵡啄殘紅稻粒，鳳凰棲老碧梧枝。」像李商隱的一些詩，如以古漢語語法析之，恐怕只能是「剪不斷，理還亂」，令人徒呼奈何！它給人的是某種氣氛、意象組成的畫面，你可憑直覺去感受，憑經驗去體悟，容不得過多的理性的介入，莫說古漢語語法，就連其中的典故也不能按常規常理去破譯。當今有人專門研究古典詩歌的修辭，其原因正在此。這種情況，對中國古代詩詞稍有涉獵的人都不會大驚小怪的。其實，謝詩「園柳變鳴禽」一句的句式並不怪僻，過去人們的解讀雖不盡相同，但認識上大體還是一致的，也就是「時鳥變聲」之意，即詩人從鳥聲的變化敏感地覺察到春天來臨的消息。這種季節的變化，其一便是通過鳥聲之「變」反映出來。至於「變」的具體內容，讀者完全可以憑自己的經驗去想像、補充，詩人不必凡事都說盡、說穿的。

《詩品辨讀》的作者本著「園柳雙鳴禽」的主觀偏見，進一步從藝術構思上進行分析：「詩人生病臥對一冬的『空林』，而今不僅園柳上有鳴唱的鳥兒，而且是成雙配對地在那兒歌唱！詩人觸景生情：『祁祁傷豳歌，萋萋感楚吟；索居易永久，離群難處心。』前兩句是看到『池塘生春草』景物時所感：『歸』與『不歸』的遊子之傷悲心情，使詩人與古代詩人詠春感傷的情緒產生共鳴。後兩句則是面對『園柳雙鳴禽』景色時油然所生之情：離群索居，孤寂寡歡，易感歲月長久，獨處之心難安；況且連那鳥兒都是『雙棲』歡唱，詩人怎能不感傷！」認爲只有作這種理解，才不會感到「突兀」、「費解」，這也是否定「園柳變鳴禽」的理由之一。其實，這樣解讀，不僅生硬地割裂了「池塘」二句的完整藝術境界，而且將「池塘」二句引起的感情波瀾——「祁祁」四句肢解爲兩個部分，既破壞了詩的渾融境界，也使詩思的氣脈不連貫了。

先看看「徇祿反窮海，臥痾對空林。衾枕昧節候，褰開暫窺臨」四句，這是寫詩人由秋冬到初春、由臥病到初癒，由感懷到寫景的過渡。詩從憶往開始，步步敘及目前，說他去年貶到永嘉這荒僻遙遠的濱海之地，一直臥病不起。「對空林」點明臥病的時間是秋冬。因爲一直臥病不起，連外面的季節變化都茫然了。「褰開暫窺臨」是病癒起身，開窗眺望，接下寫他看到的生機勃發的初春景象，與他久病初癒的愉悅情懷十分和諧。這個「暫」字當釋爲猝然、突然，與陶淵明的「嘗言五六月中北窗下臥，遇涼風暫至，自謂是羲皇上人」（〈與子儼等疏〉）中的「暫」同義。這樣理解，較切合詩人久病初起，窺臨春景所生起的突如其來的強烈心理反應。本來，由秋冬到初春的時序是漸變的，因爲「窺臨」的突然，詩人在感覺上才會有那樣異乎尋常的震撼，從而使平常的景物昇華爲不平常的藝術境界。

這種藝術境界就是「傾耳」六句詩所描繪的初春景象。寫初春的陽光驅散了殘冬的寒氣，使人感到和煦、溫柔。由於視聽清廓，能聽到海上傳來的波濤聲，能看見遠處高山的巍峨之狀；這種氣溫的變化，更具體地反映在「池塘生春草，園柳變鳴禽」上。「傾耳」二句是遠景，反映在詩人的視聽上只是一種大略、隱約的印象；「池塘」二句是近景，看得真切，聽得細微：前句寫「池塘」之變，鮮明地表現在「生春草」上，這是訴諸視覺的；後句寫「園柳」之變。主要是訴諸聽覺，因爲鳴禽在柳叢中不易仔細辨認，而且這樣側重寫聽覺也使詩思富於變化，給人詩意含蓄之感，留下許多可供讀者想像、回味的藝術空間。我們從鳥聲之變，自然聯想到園柳之變（變綠了），甚至想得更遠更廣闊，獲得無限美的享受。如果作「園柳雙鳴禽」，不僅在修辭上缺乏參差錯落之致，而且有違詩思的內在邏輯：既能辨認園柳中的鳴鳥是「雙」，那園柳只能是往日的「空林」，春天的氣象在哪裡？再是園柳中只有兩個鳴鳥，似乎也顯得過於單調，與詩人強烈感受到的春天氣氛不協調。況且，一個「雙」字用得太死、太凝滯，失去了一切聯想、回味的可能。必須再次強調的是，「傾耳」六句是寫節候由秋冬到初春的突變（事實上是漸變，但在詩人久病初起的特殊心境上是突變），也是詩人由遠及近的具體感受，這一切一切都可概括到一個「變」字上，所以這個「變」字，實爲詩人的點睛之筆，不可等閒視之，更不能隨意否定。

接下是「祁祁」四句寫由臨窗眺望引起的淡淡春愁。這春愁具體指什麼？看似傷春、懷人，其實是縈繞詩人心頭揮之不去的政治苦悶。《詩經·豳風·七月》：「春日遲遲，采蘩祁祁。女心傷悲，殆及公子同歸。」寫采摘白蒿的女奴們，深怕受到貴族公子的脅迫淩辱，故心懷惴惴。這種惴惴思歸之情，詩人似乎也有某種同感，故曰「傷豳歌」。這裡用典，只取傷春思歸一義，實際內容，與原典的情境是不盡相同的。《楚辭·招隱士》：「王孫游兮不歸，春草生兮萋萋。」是對隱居深山的賢者的召喚，隱含綿綿思情。總之，兩個典故的運用，都是爲了抒寫傷春獨處的離愁，它是從「傾耳」六句描寫的春景中引發而來，先是一種淡淡的春愁，細審才意識到是離愁，是詩人出守永嘉、離群索居的政治苦悶心理的真實流露。因此，將「祁祁」四句割裂開來，分別挂靠到「池塘生春草」與「園柳雙鳴禽」上的作法，是與整個詩思的推移不相符的。況且，兩只「成雙配對」的鳴鳥所引起的感傷，很容易造成誤解，以爲詩人是單身到永嘉赴任的，他此時的離愁也僅僅是個人的思家戀眷，而不是遠離政治中心，無力東山再起的政治苦悶。這當然也是與謝靈運當時在永嘉的實際處境和真實思想不符的。

黃庭堅詞繫年簡表附傳略

中山大學中國文學系

徐信義

說明

一·黃庭堅詞的版本有二系：一為《山谷琴趣外編》三卷，今有宋閩刊本、《續古逸叢書》本、《續刊景宋金元明詞》本、《四部叢刊三編》影宋本、《彊村叢書》本；二為《豫章黃先生詞》一卷，為明嘉靖寧州葉氏刊《山谷全集》之一，或稱《山谷詞》，今有明嘉靖刊本或稱寧州祠堂本、汲古閣《宋六十名家》詞本、《文淵閣四庫全書》本、《摛藻堂四庫全書薈要》本。又有明吳訥《唐宋元明百家詞》（或稱《唐宋名賢百家詞》）三卷本，實為《山谷琴趣外編》易名《山谷詞》者。

二·本編所據為唐圭璋《全宋詞》所錄者；唐氏拼合《豫章黃先生詞》與彊村叢書本《山谷琴趣外編》，並據其他選集、詞話增補者。又參考龍沐勛《豫章黃先生詞校注》（臺北：世界書局《蘇門四學士詞校注》之一，1967）、譚錦家《山谷詞校注》（臺北：學海出版社，1984）。

三·黃庭堅行年事蹟所據文獻，除《宋史》、《東都事略》外，如下：

〈豫章先生傳〉　佚名撰。文中稱徽宗為「今上」，當成於徽宗遜位（1125）前。附於黃氏《山谷年譜》。

〈山谷黃先生別傳〉　明·周季鳳撰，附於適園本黃氏《山谷年譜》。

《山谷先生年譜》三十卷　黃𥲅（1147-1212）撰，氏為黃庭堅姪孫，編次《山谷全集》，年譜附於文集。今有明嘉靖寧州《山谷全集》本、《摛藻堂四庫全書薈要·山谷全集》本《四庫全書·山谷全集》本、《適園叢書》本。學海出版社《黃山谷年譜》即據適園本影印。（1979）

《黃文節公年譜》　清·楊希閔撰，大抵刪自黃氏《年譜》，清光緒間刊本。（序於 1877 年）臺灣商務印書館《新編中國名人年譜集成·宋黃文節公庭堅年譜》即據此影印。（1982）

〈山谷先生年譜簡編〉　龍沐勛撰，附於《蘇門四學士詞校注·豫章黃先生詞校注》。

《豫章黃先生文集》三十卷　《四部叢刊》據宋乾道刊本影印。

《山谷內集三十卷、外集十四卷、別集二十卷、詞一卷、年譜三十卷附黃庶伐檀集》　《摛藻堂四庫全書薈要》本。

《山谷內集三十卷、外集十四卷、別集二十卷、詞一卷、簡尺二卷、年譜三十卷》　《文淵閣四庫全書》本。

《山谷詩集注》三十卷　任淵撰（許尹序於 1155 年），〈目錄〉附年譜始於元豐元年（1078），學海出版社《山谷詩內集注》據光緒間楊守敬覆刻日本翻雕宋本影印。（1979）

《山谷外集詩註》十七卷　史容撰（錢子文序於 1208 年），〈目錄〉附年譜始於嘉祐六年（1061），學海出版社《山谷詩外集詩注附別集》據光緒間楊守敬覆刻本影印。（1979）

《山谷別集詩註》二卷　史季溫撰，學海出版社《山谷詩外集詩注附別集》據雙井祠堂本影印。（1979）

《豫章先先生遺文》　乾隆四十五年（1780）汪氏刊本。

《山谷別集補》　《武英殿叢書》、《叢書集成初編》本。

《宜州乙酉家乘》　《知不足齋叢書》本。

《山谷題跋》九卷　廣文書局據明毛氏汲古閣本影印。（1971）

《山古老人刀筆》二十卷　《紛欣閣叢書》本。

《黃山谷的交遊及作品》　張秉權撰，香港中文大學出版。（1978）

《黃庭堅評傳》　劉維崇撰，黎明文化事業股份有限公司出版。（1982）

四·龍氏〈山谷先生年譜簡編〉將五十餘首詞編年；今所考知者七十餘首，列表中，其作年不可考者闕如。

五·詞牌相同諸詞，附首句前數字於詞牌下以為區別，所以不用題者，以部分題目過長之故；諸君幸其諒之。

西元	中國紀年	年歲	事跡	時間可考作品	時間大致可考作品	備註
1045	慶曆五年乙酉	1	癸未(六)月丙寅(十二)日生於分寧。			
1051	皇祐三年辛丑	7	相傳作〈牧童〉詩。			
1058	嘉祐三年戊戌	14	父黃庶卒。 就食外家（時李常丁憂居家）。			
1059	四年己亥	15	從李常游學淮南（時李常官淮南，權宣州觀察推官，監漣水轉運般倉）			
1060	五年庚子	16	在淮南。	畫堂春(東風吹柳)		
1061	六年辛丑	17	在淮南。 蘭谿縣君孫氏來歸。			
1063	八年癸卯	19	以鄉貢進士入京。			
1064	英宗治平元年甲辰	20	試禮部，不第。 留京師，約明年歸。			
1066	三年丙午	22	秋，再赴鄉舉，膺首選。（主文衡者李詢）			
1067	四年丁未	23	春，赴禮部試，登第三甲進士第。 除汝州葉縣尉。	雪花飛 下水船 賀聖朝		周氏〈別傳〉稱主簿餘干。
1068	神宗熙寧元年戊申	24	九月到汝州，以愆期被拘。（時富弼爲守）			
1070	三年庚戌	26	在葉縣。 七月二日，元配蘭谿縣君孫氏歿。			
1072	五年壬子	28	正月，王安石以試中學官等第進呈，除北京國子監助教。			

			在北京（大名府）。			
1073	六年 癸丑	29	在北京。 繼室介休縣君謝氏來歸。			
1076	九年 丙辰	32	在北京。 國子監任滿，文彥博奏請留再任。			
1078	元豐 元年 戊午	34	在北京。 秋，考試舉人於衛州。 初與蘇軾通書信。 嘗至鄧州陪侍謝師厚。			
1079	二年 己未	35	在北京。 繼室介休縣君謝氏歿。			蘇軾責授黃州團練副使
1080	三年 庚辛	36	春，在京師。 罷北京國子監任，赴吏部改官；知吉州太和縣。 秋，歸江南，遊舒州三祖山山谷寺，自號山谷老人。 會李公麟於舒州。			
1081	四年 辛酉	37	赴太和任。 秋，考試舉人於南安軍。		撼庭竹	
1083	六年 癸亥	39	在太和。 十二月，移監德州德平鎮。			
1084	七年 甲子	40	赴德平任。 春，過揚州、泗州；約夏秋之際到任。 始識陳師道。			
1085	八年 乙丑	41	春夏間在德平。 四月，以祕書省校書郎召入京；約六月到京。			三月五日神宗崩；哲宗即位，太后聽政。
1086	哲宗 元祐 元年 丙寅	42	在祕書省。 三月，司馬光奏請校定《資治通鑒》，從之。 十月，除《神宗實錄》檢討官，集賢校理。			蘇軾為中書舍人，遷翰林學士，知制誥。

1087	二年丁卯	43	在祕書省兼史局。 正月，除著作佐郎。			
1088	三年戊辰	44	在祕書省兼史局。 春，蘇軾、孫覺知貢舉；先生爲參詳官。			
1089	四年己巳	45	在祕書省兼史局。 七月，除集賢校理。			三月，蘇軾以龍圖閣學士出知杭州，七月到任。
1091	六年辛未	47	三月，進《神宗實錄》，乞恩轉授母爲安康郡太君。 六月，母安康郡太君卒。			
1092	七年壬申	48	正月，護母喪抵家。			
1093	八年癸酉	49	二月，葬母于臺平祖塋。 七月以呂大防言除編修官。 九月，服除，具奏辭免編修官之命。			太后崩；哲宗親政。
1094	紹聖元年甲戌	50	居鄉待辭免編修之命。 除知宣州、又除知鄂州，皆未赴。 六月丁亥詔管勾亳州明道宮，於開封府界居住，報國史院取會文字。遂寓家於太平州之蕪湖，與兄大臨來陳留，止東寺之淨土院。 十二月丙申以議者謂《神宗實錄》失實謫涪州別駕，黔州安置。			
1095	二年乙亥	51	正月受黔州謫命，與兄大臨出尉氏、許昌，由漢、沔趨江陵，上夔峽，三月辛亥次下牢關。 四月廿三到州，寓開元寺	減字木蘭花 (襄王夢裡) 又(使君那裡) 又(巫山古縣) 又(詩翁才力)	醉蓬萊(對朝雲	

			摩圍閣 （秋，弟叔達自蕪湖攜一妾一子，及先生之子相并其所生母向黔州進發）	又(蒼崖萬仞)	靉靆) 又(竄易前詞) 鼓笛慢(早秋明月) 憶帝京(鳴鳩乳燕) 南歌子(詩有淵明語)	
1096	三年丙子	52	在黔州。 五月，家屬到州。	減字木蘭花 (中秋多雨) 又(中秋無雨) 又(濃雲驟雨) 又(舉頭無語) 又(月中笑語) 又(常年夜雨)	品令(敗葉霜天曉) 踏莎行(畫鼓催春) 定風波(萬里黔中) 又(自斷此生) 阮郎歸(黔中桃李) 木蘭花令(風開水面) 又(東君未試) 又(新年何許)	
1097	四年丁丑	53	在黔州。 （春，叔達往涪州會叔向，十月還） 以外兄張向提舉夔州路常平，十二月詔移戎州安置。	清平樂 (舞鬟娟好) 又(乍晴秋好)	又(黃金桿撥) 又(黔中士女) 畫堂春(東堂西畔) 又(摩圍小隱)	
1098	元符元年戊寅	54	春，在黔州。 三月離黔州，過涪陵。 五月過瀘州，上荔枝灘。 六月抵戎州。	南鄉子 (落帽晚風回) 又(未報賈船回)	洞仙歌(月中丹桂) 點絳脣(濁酒黃花) 又(幾日無書) 雨中花	
1099	元符元年己卯	55	在戎州。 （九月，叔達如成都；明年二月還戎。）	南鄉子 (招喚欲千回) 又(臥稻雨餘收)	念奴嬌 轉調醜奴兒 鷓鴣天(寒雁初來)	

					又(黃菊枝頭) 又(萬事令人)	
1100	元符三年庚辰	56	春、夏，在戎州。 （三月，叔達歸江南，卒於荊） 五月，復宣義郎監鄂州在城鹽稅，以江漲不能下峽。 五月戊寅賞鎖江荔支。 七月往青神省其姑。 十月改奉議郎簽書寧國軍判官。 十一月自青神返戎。 十二月發戎州，過江安，爲石諒留作歲。	定風波(晚歲監州) 又(準擬階前)	又(紫菊黃花) 又(節去蜂愁) 醉落魄(陶陶兀兀) 又(陶陶兀兀) 又(陶陶兀兀) 又(陶陶兀兀) 采桑子(荔支灘上) 又(虛堂密候) 又(投荒萬里) 又(馬湖來舞) 又(宗盟有妓) 訴衷情(一波才動) 望遠行 繡帶子(小院一枝梅)	八月，秦觀卒。
1101	徽宗建中靖國元年辛巳	57	正月，解舟江安。 三月至峽州，改知舒州。 四月至荊州。召以爲吏部員外郎，再辭免恩命，乞知太平州，留荊南待命。	浪淘沙(憶昔謫巴蠻)		
1102	崇寧元年壬子	58	正月廿三發荊州。 二月朔旦登岳陽樓，初六至通城，回分寧。 三月過萬載，四月到萍鄉省大臨，五月過筠州，還至江州。 六月初九領太平州事，九日而罷。 八月至江州。 九月至鄂州，留鄂。	好事近 虞美人(平生本愛…) 南歌子(郭太曾名我) 又(萬里滄江月) 木蘭花令(凌歊臺上) 又(翰林本是) 又(青壺乃似) 又(庾郎三九) 又(少年得意)	離亭宴	
1103	二年癸未	59	留鄂州。 十一月詔除名，羈管宜州。			

			十二月十九日發鄂，至岳陽作歲。			
1104	三年甲申	60	二月過洞庭，經潭州、衡州， 三月泊浯溪，至永州，寓家屬於永。 四月發全州，夏，至宜州。 十二月廿七日大臨自永州來。	驀山溪(山圍江暮) 又(鴛鴦翡翠) 又(稠花亂蕊) 千秋歲(苑邊花外) 阮郎歸(盈盈嬌女…) 西江月(月側金盆…) 青玉案(煙中一線…)		
1105	四年乙酉	61	在宜州。 一月六日與諸人飲餞大臨。大臨歸湖南。 三月范寥來訪。 九月三十日卒。 (九月五日詔徙永州，未聞命)	虞美人(天涯也有…) 南鄉子(諸將說封侯)		
1106	大觀三年		十一月歸葬雙井祖塋之西。			

附　傳略

黃庭堅字魯直，號山谷老人、[1] 涪翁、摩圍閣老人，宋洪州分寧（今江西省修水縣）人。原籍婺州金華（今浙江省金華縣），五代時，先祖黃瞻遷居分

1 〈豫章先生傳〉：「公嘗游灊皖，樂山谷寺石牛洞之林泉，因自號山谷老人。」惠洪《石門文字禪》卷十九有〈山谷老人贊〉，吳坰《五總志》亦稱爲「山谷老人」；王庭珪《盧溪集》卷四九〈跋黃魯直帖〉也稱「山谷老人」。黃庭堅跋文亦常自稱「山谷老人」，見汲古閣本《山谷題跋》。任淵《山谷詩集注》卷一下注云：「庭堅字魯直，號山谷老人」；而在目錄所附年元豐三年〈題山谷石牛洞〉下注：「自號山谷道人。」黃罃《年譜》卷十一也稱「號山谷道人」。庭堅《文集》卷十七〈松菊亭記〉自稱「山谷道人」。其他文獻，或稱老人，或稱道人，不一而足。

寧。瞻生圯，圯生元吉，[2] 元吉生中理，中理生湜，湜生庶，即庭堅的父親。黃庶登慶曆二年（1042）進士第，[3] 歷州郡從事，攝康州，嘉祐三年（1058）卒。

父親去世後，庭堅就食外家。從舅氏李常（1027-1090）兄第爲學；當時李常丁憂在家。李常服滿，「權宣州觀察推官，監漣水轉運般倉」[4] 漣水屬淮南東道，即今江蘇省漣水縣。庭堅也隨李常，遊學淮南，至少三年。[5] 嘉祐八年（1063）以鄉貢進士入京應試，不第，後登治平四年（1067）進士第，在吏部任職。[6] 次年調汝州葉縣尉，九月到任。因愆期被拘百日。

熙寧五年（1072）詔舉四京學官；庭堅試中學官，教授北京國子監。[7] 北京即大名（今河北大名縣）。後文彥博（1006-1097）判大名府，留庭堅再任。元豐三年（1080）入京赴吏部改官，得知吉州太和縣。[8] 授宣德郎。六年

---

[2] 此依〈豫章先生傳〉之說。按：四部叢刊影印宋本《豫章黃先生文集》卷廿四〈叔父和叔墓碣〉：「瞻生元吉。」無生圯一代。然黃庭堅《別集》卷十〈跋七叔祖主簿與族伯侍御書〉所錄黃注原書云：「吾高祖本東陽人，與吾姪五代祖實親昆仲也。唐季畔溪（按：當作渙），思避兵難，乃攜持盡室來分寧，卜遺種之地。」（《摛藻堂四庫全書薈要》本）考黃注高祖始來分寧，則其高祖當即黃瞻。果如此，則〈豫章先生傳〉爲可信。

[3] 謝旻等；《江西通志》卷四九：慶歷二年任午楊寘榜。（《四庫全書》本）

[4] 秦觀：〈李公擇行狀〉，《淮海後集》卷六。四庫全書本。按：蘇頌《蘇魏公文集》卷五五〈龍圖閣直學士知成都李公墓誌銘〉只言及「權宣州觀察推官監漣水軍轉般倉」，不言及時間。《四庫全書》本。

[5]《山谷題跋》卷一〈書贈俞清老〉「三十年前與君共學於淮南……」題於元祐四年。卷二〈跋俞秀老清老詩頌〉：「清老往與余共學於漣水。」又卷九〈跋王子予外祖劉仲更墨蹟〉：「某十五六時，游學淮南間……」（臺北；廣文書局《宋廿名家題跋彙編》據汲古閣本影印，1971）。

[6]《山谷外集詩注》卷五〈賦未見君子憂心靡樂八韻寄李師載〉：「同陞吏部曹，往在紀丁未。」史容注：「山谷治平四年（1067）登第，歲在丁未」（臺北：學海出版社據光緒楊守敬覆刻日本翻刻宋本影印，1979）頁 1351。按：周季鳳〈山谷黃先生別傳〉：「遂登四年進士，主簿餘干，……調葉縣尉。」然黃氏《年譜》無此項資料。

[7]〈豫章先生傳〉：「熙寧中詔舉四京學官，有司考其文章優等，遂除大名府國子監教授。」按：實任助教。

[8]〈豫章先生傳〉：「先是，眉山公子瞻見公詩於孫公莘老家，絕歎以爲世久無此作矣，因以詩往來。會蘇公以詩抵罪，公亦罰金，直差知吉州太和縣。」按：元豐二年（1079）四月蘇軾到湖州任；言事者以先生湖州到任謝表以爲謗；七月，中使皇甫遵到湖追攝，蘇軾就

（1083）移監德州平鎮，返鄉，次年到任；序遷奉議郎。八年（1085）轉承議郎，以秘書省校書郎召入館。元祐元年（1086）十月除神宗實錄院檢討官，集賢校理。次年爲著作佐郎。元祐六年（1091）母李夫人逝世，丁憂去職。

元祐八年（1093）九月服除，次年即紹聖元年，除知宣州，又除知鄂州，皆未赴；六月管勾亳州明道宮，命於開封界寄居住，就近報國史院取會文字。十二月三省同進呈臺諫官前後章疏，言：「實錄院所修先帝實錄，類多附會姦言，詆毀熙寧以來政事。乞重行竄黜。」庭堅遂責授涪州別駕，黔州安置。次年到黔州。元符元年（1098）三月以外兄張向提舉夔州路常平官，避嫌移戎州。三年（1100）五月徽宗即位，復宣義郎，[9] 監鄂州在城鹽稅；十月改奉議郎簽書寧國軍節度判官。十一月發戎州。次年權知舒州，除吏部員外郎，再具奏辭免，乞除江湖；待命於荊南。

崇甯元年（1102）六月初九日領太平州事，九日而罷。次年十一月，被誣指所作〈承天院塔記〉幸災謗國，遂除名，羈管宜州。次年夏，至宜州（今廣西省宜山縣），四年（1105）九月三十日卒；距生於慶曆五年（1054）六月十二日，享年六十一歲。

庭堅少年時即穎悟有才，相傳七、八歲能作詩，吐語已自不俗。[10] 他的詩，大約受到父親黃庶，以及岳父謝景初的影響，效法杜甫；[11] 其詩名與蘇軾

逮赴臺獄。十二月廿九日責黃州團練副使本州安置。次年出京，二月至黃州。蘇、黃書信往返當在元豐元年。庭堅知太和縣，是否與蘇案有關，《年譜》中未明言。

[9] 〈豫章先生傳〉：「復宣德郎，監鄂州在城鹽稅；改奉議郎，簽書寧國軍節度判官。」此從《年譜》並庭堅文集卷二十〈戎州辭免恩命奏狀〉及《年譜》引〈與道徵使君手書〉作宣義郎。

[10] 胡仔《苕溪漁隱叢話·前集》卷四七引《桐江詩話》：「世傳山谷七歲作〈牧童〉詩云「騎牛遠遠過前村，短笛風吹隔隴聞；多少長安名利客，機關用盡不如君。」又引蔡絛《西淸詩話》：「魯直少警悟，八歲能作詩。〈送人赴舉〉云『送君歸去明主前，若問舊時黃庭堅，謫在人間今八年。』似非此髫稚語矣。」（臺北：世界書局排印本，1976）頁319。按：吳坰《五總志》：「山谷老人自丱角能詩，〈送鄉人赴試〉云：『青衫烏帽蘆花鞭，送君直至明君前，若問舊時黃庭堅，責在人間十一年。』」與蔡氏所記略不同。而王暐《道山淸話》引詩「送君」句作「君到玉皇香案前」，末句亦作八年，不知誰是。

[11] 陳師道（1053-1101）《後山詩話》：「唐人不學杜詩。惟唐彥謙與今黃亞夫庶、謝師厚景初學之。魯直，黃之子，謝之婿也；其於二父，猶子美之於審言也。」（臺北：藝文印書

並稱「蘇黃」，爲北宋大詩家。他又擅長文、詞，更以書法著名於世，爲宋代四大書家之一。

庭堅天性孝悌，與兄弟友情甚篤厚；事母盡孝。元祐年間，遇郊祭明堂，當任子，官其兄之子樸。《神宗實錄》成，當進一官，乞以轉官回授母李夫人爲安康郡太君，李夫人臥疾彌年，庭堅晝夜視疾，「手湯劑，衣不解帶，時其疾痛痾痒而敬抑搔之；至親滌廁牏，浣中裙。」[12] 蘇軾曾稱許他「孝友之行，追配古人；瑰瑋之文，妙絕當世。」[13]

庭堅稟性正直，胸懷磊落，不以得失芥蒂心中。《孫公談圃》曾記載他少壯時一段事情，可以看出他的氣格：

> 黃魯直得洪州解頭，赴省試。公（按：孫升）與喬希聖數人待榜。相傳魯直為省元，同舍置酒。有僕自門被髮大呼而入，舉三指；問之，乃公與同舍三人，魯直不與。坐上數人皆散去，至有流涕者；魯直飲酒自若。飲酒罷，與公同看榜，不少見於顏色。（卷下）

這是治平元年（1064）事。他才二十歲，已可以看出他的淡視功名得失。因之，紹聖元年（1094）責授涪州別駕，黔州安置，「命下，左右或泣，公色自若，投床大鼾，即日上道。君子是以知公不以喪休戚芥蒂其中也。」[14] 晚年編管宜州，有司不許他居城中，他自已說：「抱被入宿于城南予所僦舍喧寂齋。雖上雨傍風，無有蓋障；市聲喧憒，人以爲不堪其憂；余以爲家本農耕，使不從進士，則田中廬舍如是，又可不堪其憂邪？既設臥榻，焚香而坐，與西鄰屠牛之機相直。」[15] 在他的《宜州乙酉家乘》中，也看不出憂慼愁苦情狀。

館印何文煥《歷代師話》本，1971）葉七，頁 184。按：黃公渚選注《黃山谷詩》〈導言〉：「山谷詩大體固以學杜爲本，但其謀篇用韻，實兼韓愈、孟郊之長，融會貫通。」（臺北：臺灣商務印書館，1968）頁 3。

12 〈豫章黃先生傳〉。

13 蘇軾：〈舉黃魯直自代狀〉，《蘇東坡全集·續集卷九》（臺北：河洛圖書公司，1975）下冊頁 285。按：舉庭堅自代爲元祐元年（1086）事。

14 〈豫章先生傳〉。

15 《豫章黃先生文集》卷廿五〈題自書卷後〉、又《山谷題跋》卷一〈題自書卷後〉。又見《年譜》卷卅葉四下，〈崇寧三年十一月〉條引〈跋資深書卷〉，頁 400。

庭堅擔任官職，也是以正直之心行政，不希合上司的意旨。如他知吉州太和縣時，「太和號難治，公以平易近民，民亦不忍欺。會頒鹽策，諸邑爭授多數，獨公平平耳；大吏不說，而民安之。」[16] 按：《宋史》卷一八二〈食貨志〉：元豐三年（1080）章惇參知政事，在江西頒行新鹽策，由周輔提舉鹽事；「大率峻剝於民，民被其害」，郡縣授鹽愈多，民受害愈大。其次，庭堅監德州德平鎮時（1084-1085），趙挺之爲德州通判。趙氏希合提舉官楊景棻之意，要在德平鎮行市易法；庭堅以爲鎮小民貧，不堪誅求，若行市易，必致星散，「公文往來，士人傳笑」。[17] 因此，引起趙氏銜恨，種下了往後兩件事的主因：（一）元祐三年詔新除黃庭堅爲著作郎，以御史趙挺之論，依舊任著作佐郎。（二）崇寧二年除名編管宜州。[18]

庭堅修撰《神宗實錄》，也透露了剛直的氣格。《宋史》卷三四三〈陸佃傳〉云：「（佃）以修《神宗實錄》徙禮部，數與史官范祖禹、黃庭堅爭辨；大要多是安石，爲之隱晦。庭堅曰：『如公言，蓋佞史也。』佃曰：『盡用君意，豈非謗書乎！』」其間如庭堅欲書王安石「勿令上知」之帖，陸佃爲其長官，隱而不書；庭堅力爭，竟不得書。[19] 紹聖元年（1094）章惇、蔡卞與其黨

---

[16]〈豫章先生傳〉。

[17] 黃氏《年譜》卷十八〈元豐八年・寄懷趙正夫奉議〉條引國史所載蘇軾奏議。略見《宋史》卷三五一趙氏本傳。

[18] 趙氏以憾恨於黃庭堅，范公偁《過庭錄》別有一說：「黃魯直少輕物，與趙挺之同校舉子。一文卷使『蟒蛇』，挺之欲黜之，諸公盡然；魯直獨相持。挺之誠其言，問曰：『公主此文，不識二字出何家？』魯直良久曰：『出《梁武懺》。』趙以其侮己，大銜之。後挺之作相，魯直責鄂州；召還諸流人。挺之令有司舉魯直作〈承天寺碑〉云：『方今善人少而不善人多。』疑爲謗訕朝廷。善人蓋謂奉佛者。復責宜州。」按：庭堅作〈承天院塔記〉當是靖中建國元年（1101）事。《年譜》卷二九〈崇寧二年十一月〉條引黃仲賁〈跋承天塔記〉云：「先生初自蜀出峽，留荊州，待辭免乞郡之命；與府師馬城忠玉相從歡甚。閩人陳舉自臺察出爲轉運判官，先生未嘗與之交也。承天寺僧智殊造七級浮圖，乞記於先生。一日記成，忠玉飯諸部使者於浮圖下，環觀先生書碑。先生於碑尾但云：『作記者朝奉郎新知舒州事豫章黃庭堅，立石者承議郎知府事茌平馬城』而已。舉與轉運判官李植、提舉常平林虞相顧，遽請於前曰：『某等願記名不朽，可乎？』先生不答。舉由此憾之。舉知先生在河北與趙挺之有怨。挺之執政，遂以墨本走介獻於朝廷，謂幸災謗國，先生遂除名，羈置宜州。」

[19]《年譜》附陳諱〈太常寺議謚〉：「其爲元祐史官也，荊公『勿令上知』之語，陸左丞隱而

羽論《神宗實錄》多誣，企圖隱沒神宗光烈。於是詔令元祐時史官，分居畿邑，以報應國史院取會文字，庭堅居陳留俟命。當時摘千餘條，以爲無驗證；既而院吏考閱，皆有依據，所餘才三十二事。其中庭堅曾書「用鐵龍爪治河，有同兒戲。」於是首問庭堅，對曰：「庭堅時官北都，嘗親見之，真兒戲耳。」凡有問，皆直辭以對，聞者壯之。[20]

庭堅的性格，固然得之天性者必多；而家族傳統與師友交遊的影響必然不少。曾祖父黃中理築書館於櫻桃洞、芝臺，兩館游士來學者常數十百人；其子多以學問文章知名。——其中黃茂宗、黃灝、黃淳是較著名的。庭堅的從父黃廉（1034-1092）官至給事中，有節概。父親黃庶，守正不阿，「佐大臣幕府，持議不撓；大臣外敬內懷，以故官不達。」[21] 母親李氏（1018-1089）安貧樂道，明禮尙義。舅父李常官至御史中丞兼侍讀加龍圖閣直學士，博學多聞，爲人廉正，蘇軾有詩稱他：「怪君一身都是德，近之清潤淪肌骨。」[22] 庭堅少年時追隨李常游學淮南，所受到的影響必多；庭堅有〈再和公擇舅氏雜言〉詩略道一二。[23] 至於岳父孫覺（1028-1090），官至龍圖閣學士兼侍講，長於《易》與《春秋》，爲人剛正有德，「行不違道，言不違仁，處以孝聞，出以忠顯，……天下謂之正人。」[24] 「三居諫省，皆以直聞。蓋嘗遇事以建言，志在

不書，公爭辯甚苦，辭氣壯厲。」按：朱熹《朱文公文集》卷八四〈跋山谷草書千字文〉：「紹聖史禍，諸公置對之辭，今皆不見於文集；獨嘗於蘇魏公家得陸左丞畫一數條，皆詆元祐語也。其間記黃太史欲書王荆公『勿令上知』之帖；而己力沮之，黃公爭辨甚苦，至曰『審如公意，則此爲佞史矣！』是時陸爲官長，以是其事竟不得書，而黃公猶不免於後咎。然而後此又數十年，乃復賴彼之言，而事之本末因得盡傳於世，是亦有天意矣。」

20 《宋史》卷四四四〈黃庭堅傳〉。按：李之儀《姑溪居士文集》卷三九〈跋山谷帖〉：「紹聖中，詔元祐史甚急，皆拘之畿縣，以報所問；例悚息失據，獨魯直隨問爲報，弗隨弗懼，一時慄然，知其非儒生文士而已也。」

21 陳師道：〈李夫人墓銘〉，《後山集》卷十六。

22 蘇軾：〈次韻舒教授寄李公擇〉《蘇東坡全集・前集卷九》。上冊頁 140。

23 其中有云：「外家有金玉我躬之道術，有衣食我家之德心。使我蟬蛻俗學之市，烏哺仁人之林。養生事親汔師古，炊玉爨桂能至今。……平生荆雞化黃鵠，今日江鷗作樊雉。人言無忌似牢之，挽入書林覷文字。更蒙著鞭翰墨場，贈研水蒼珪玉方……」

24 蘇軾：〈孫覺可給事中〉，《蘇東坡全集・外制集卷上》，下冊頁 593。

行義以達道。……直諒多聞……。」[25]《宋史》本傳說他「有德量。」他能詩，庭堅常與他唱和。庭堅的另一位岳父——繼室之父——謝景初（1202-1084），官至司封郎中，提點成都府路刑獄公事，「性剛直，不與人俯仰。遇事明銳，勇於敢爲。獎善嫉惡，出於天資。」[26] 又能詩文，二人也常唱和。此外，影響庭堅人格的師友交遊尙多，其中最可稱道的是蘇軾。軾累官翰林學士知制誥，其道德文章，世所稱道；庭堅〈東坡先生真贊〉稱他：「眉目雲開月静，文章豹蔚虎炳。逢世愛憎怡怡，立朝公忠炯炯。」又〈書王周彥東坡帖〉：「東坡先生道義文章，名滿天下，所謂青天白日，奴隸亦知其清明者也。心悅而誠服者，豈但中分魯國哉！」可見其仰慕情狀。二人訂交大約在元豐元年（1078），相會則在元祐初，相處最多四年，這是二人較得意的時光；紹聖元年（1094）雖曾相會數日，卻都在失意之中。他們相聚時日雖短，相知卻甚深。不僅爲人、爲學、爲詩，庭堅都受到蘇軾極大的影響。其他交游尙多，參見張秉權《黃山谷的交游及作品》，此不贅述。

庭堅元配孫氏——孫覺之女——封蘭谿縣君，無子。繼室謝氏——謝景初之女——封介休縣君，生女睦。二室皆早卒。庭堅有子名相，小字小德，大約是侍妾所生；娶石諒女爲妻。女睦，嫁李去華字文伯。

庭堅的著作，《宋史》卷二〇八稱：「黃庭堅集三十卷、樂府二卷、外集十四卷、書尺十五卷。」。

後記

本篇係十年前舊稿，曾於 1997 年 12 月在中山大學中國文學系第七十一次學術研討會上宣讀。感謝王忠林老師的指正，以及同仁劉昭明博士的切磋。近日始得鄭永曉《黃庭堅年譜新編》（北京：社會科學文獻出版社，1997.12）讀之，不暇將該書意見納入。謹識。1999.07.01

[25] 蘇軾：〈賜新除試御史中丞孫覺辭免恩命不允詔〉，《蘇東坡全集・內制集卷八》，下冊頁 698。

[26] 范純仁：〈朝散大夫謝公墓誌銘〉，《范忠宣集》卷十三。四庫全書本。

「悲劇」與「悲劇英雄」——試論元明戲曲中有關伍員形象的塑造技巧

高雄師範大學國文系

康 義 勇

一、前言

悲劇爲源生於古希臘的一個初始的文學觀念，來自於對神的祭典。英國劍橋學派的一群人類學者，認爲神之出生、死亡到復活的此一循環乃是植物世界之象徵，爲植物的春天生長，夏天繁茂，秋天收割，冬天消逝的一年間的循環表現。原始的人類爲關心植物之生長，關心他們賴以生存之收穫物，於是發展成一定的祭式，悲劇實起源於此一祭式。又古希臘人在奧林帕斯山上建立起一個神的世界，這一以宙斯爲首的諸神世界與人的世界之間產生了複雜和微妙的關係，神的世界隨時干擾著人的世界，牽涉著人的生活，使人在神的顛倒播弄之下，動輒得咎。但是希臘的神不能以單一的道德標準來衡量，亦即不能稱他們爲善或惡，他們可以像凡人一樣犯下過失，他們同樣受著命運的支配。希臘悲劇即在此一宇宙觀或人與神的關係上建立起來，自神與人的結纏上來顯示人的處境，人在神的播弄之下如何來面對恐懼和死亡。以及一個悲劇英雄在無可逃避的命運的擺佈下，敢以自己的有限向無限挑戰，作悲壯的選擇，以證實自己的品質的高貴和人性之不可侮。[1]

[1] 參姚一葦：〈元雜劇中之悲劇觀初探〉，《中國古典文學論叢》冊二，（台北：中外文學月

中國人的宇宙觀與西方大不相同，在儒家與道家思想的影響下，雖然在人的世界之外，亦有所謂鬼神的世界存在，但只是一種形式的存在，並不與人發生密切的相互的關係。即使在通俗化的道教與佛教觀念之中，神仙世界永遠是和諧的，衝突只是存在於善惡或邪正之間，從不曾存在於思想或教義之間。在這種中西截然不同的精神文化背景裡，如果悲劇一詞是指特定歷史條件下的藝術形式，則中國不可能產生希臘式的悲劇，亦無所謂悲劇英雄。如果我們不採取這種狹義的悲劇定義，而是從更廣泛的基礎來看，認爲凡是能展現「人生的悲劇感」的，便是所謂的悲劇。或者說得更明確些，我們採取亞里斯多德的觀念：悲刻必包含受難，亦即包含「一種破壞或痛苦性質之動作」，足以引起觀眾哀憐與恐懼之情緒。[2]假若悲劇係建立在此一廣泛而普遍的基礎上的話，則在中國的歷史與文學之中自亦產生過悲劇與悲劇英雄。而這種源自中國獨特文化層面所產的悲劇或悲劇英雄，當然具有獨特的性質和意義。

本文之目的，在於嘗試從元雜劇與明傳奇之中，找出與春秋末期吳楚之爭、吳越之爭的關鍵人物──伍員有關的劇作，探討悲劇英雄的情性本質，分析其形象塑造的技巧，並略論其含義。

二、元明戲曲中與伍員有關劇本的內容及其特色

有關伍員爲父兄報仇的故事，以及伍員和吳王夫差之間的故事，越王勾踐臥薪嘗膽的故事，范蠡和西施的故事，一直在民間廣泛流傳。關漢卿寫過《進西施》，宮天挺有《越王勾踐》，趙明遠有《范蠡歸湖》等劇，都已亡佚。今存者唯李壽

刊社，1976 年 5 月），頁 321-322。

2 參亞里斯多德著，姚一葦譯註：《詩學箋註》，（台北：國立編譯館，1986 年 12 月），頁 67-78，96-97。

卿《說鱄諸伍員吹簫》、[3]鄭廷玉《楚昭公疏者下船》，[4]以及梁辰魚《浣紗記》[5]而已。茲將其內容及特色簡介於下：

（一）李壽卿《說鱄諸伍員吹簫》

李壽卿，太原人，曾任將仕郎，除縣丞。所作雜劇見於《錄鬼簿》列舉者有十種，現存者只有《說鱄諸伍員吹簫》、《月明和尚度柳翠》兩種。曲辭清奇，近於馬致遠一派，而稍具質樸之趣。《正音譜》品評他的詞，置於前列，讚之云：「其詞雍容典雅，變化幽玄，造語不凡，非神仙中人，孰能致此？」

《伍員吹簫》寫伍員去楚奔吳，以吳兵破楚爲父兄報仇的故事。爲歷史劇傑作之一，和《趙氏孤兒》並稱復仇劇之雙璧。其情節大略如下：

> 楚太傅伍奢，為少傅費無忌所讒，楚王殺奢及其長子伍尚。奢次子伍員，字子胥，時為樊城太守，有勇力，無忌畏之，乃遣其子費得雄往賺之入朝，欲併殺害，以除後患。楚公子芊建，得悉無忌陰謀，乃攜子芊勝，私奔樊城，通報子胥。未幾，費得雄果至，子胥怒逐之，遂與芊建偕奔鄭國借兵，以報父兄之仇。無忌知子胥等奔鄭，令中大夫養由基追擊，芊建為亂軍所殺，子胥乃攜芊勝脫逃，乞食以自活，路逢漂女，賙濟之。又遇漁夫閭丘亮，助子胥過江。二人皆自殺以示守密之誠意。子胥既至鄭，在丹陽縣吹簫度日，乞食於人而受欺凌，得鱄諸之助脫困。子胥嘉其膂力過人，挽之為父兄復仇。鄭國上卿子產，畏楚之強，不容子胥久住，子胥乃偕芊勝及鱄諸夜過昭關奔吳。借吳精兵十萬以伐楚，生擒費無忌，斬之轅門，直入郢城。時楚平王已歿，子胥掘其屍，鞭之三百。楚昭公遂與二

---

[3] 李壽卿：《說鱄諸伍員吹簫》，《全元雜劇初編》第六冊，（台北：世界書局，1968 年 5 月），頁 2898-2986。

[4] 鄭廷玉：《楚昭公疏者下船》，《全元雜劇初編》第六冊，（台北：世界書局，1968 年 5 月），頁 2508-2582。

[5] 梁辰魚：《浣沙記》，（台北：台灣開明書局，1986 年 4 月）。

公子芉旋出亡，吳大勝而還。子胥又舉兵伐鄭，鄭召閭丘亮之子說子胥退兵。吳王闔閭乃下令重賞鱄諸及漂女、漁夫家屬，為伍子胥報恩云。[6]

本劇所演伍員故事，取材於《春秋左氏傳》、《史記》、《吳越春秋》等書，過程雖極複雜，由於作者善於掌握要點，因此結構整潔，毫無繁瑣支離之嫌。第三折吹簫之場，是全劇眼目，自是佳構；第四折吳王在宮中召見浣紗女及漁翁之遺族，子胥回答吳王之問，將昔日二人死義的情形，用曲辭描寫，以爲全劇的終結，這種收場的方法，極爲有趣而成功。[7]

（二）鄭廷玉《楚昭公疏者下船》

鄭廷玉，彰德人，生平無考。所作雜劇二十四本，今存五種，取材多偏重在鄉土姦殺謀財等公案故事。《看錢奴買冤家債主》、《相國寺公孫汗衫記》，是以《太和正音譜》雜劇十二科中所謂「悲歡離合」爲著眼點的名著。此外還有《布袋和尙忍字記》、《包龍圖智勘後庭花》、《楚昭公疏者下船》三種，雖然曲詞質實，缺乏精彩，然而結構卻很巧妙。《楚昭公疏者下船》寫楚昭公爲伍員所敗，舉家出奔，途中骨肉生離，賴申包胥借秦兵來援，終得復國重聚之事。其情節略云：

吳王闔廬以伐越得寶劍三柄，一曰魚腸，二曰純鈎，三曰湛盧。後湛盧失其所在，聞知飛入楚國，吳王屢遣使以金幣索取不得。伍員以楚殺其父兄，力陳伐楚之利，吳王乃令孫武為軍師，伍員為先鋒，領兵擊楚取劍。戰書至楚，楚昭王召上卿申包胥商討對策，包胥自請前往秦國借兵以禦吳。包胥去後，伍員等率軍圍楚，楚兵大敗。昭王與弟芉旋及夫人、公子等乘舟出奔，行至江中，風浪大作，舟小人眾，不能負載，船夫要求關係疏者下水。芉旋欲下，公止之，

[6] 羅錦堂：《元雜劇本事考》，（台北：順先出版公司，1976年4月），頁192。
[7] 青木正兒著，隋樹森譯：《元人雜劇序說》，（台北：長安出版社，1981年12月），頁116。

> 以為夫人之親不及弟也，乃依親疏次第，先令夫人投江。舟猶不能勝載，復令公子亦投江，僅留芊旋與俱。包胥至秦，謁昭公乞師，公不允借兵，包胥乃依驛亭之牆而哭，七日七夜其聲不絕，水漿不入於口，公憐之，乃命姬輦將兵十萬援楚。伍員知楚救兵至，又與包胥為故友，遂率兵歸吳。昭王得復入楚，而投江之夫人、公子，江神以其賢孝，救入蘆葦之中，為申屠氏所養，至是亦皆來歸，家人卒復團聚。昭王賞包胥，與秦聯姻，永為唇齒云。[8]

本劇演吳楚之爭，重在申包胥之乞師復楚。第三折寫疏者下船，爲全劇眼目。昭公夫人、公子爲賢孝之化身或代表，都是徹底理性化的人物。而當其投江之後，即爲江神所救，這種情節的設計，也符合元雜劇果報律之原則。

（三）梁辰魚《浣紗記》

梁辰魚，字少白，號伯龍，一號仇池外史，崑山人。以例貢爲太學生，善度曲，生卒年代不詳，根據他的散曲集《江東白苧》所載作品的紀年，以及他和萬曆五年以後曾爲青浦縣令的屠龍交往事蹟看來，大約是嘉靖至萬曆初年之間的人。其劇作除傳奇《浣紗記》之外，尙有雜劇《紅線女》、《紅綃》等作品。《浣紗記》是寫吳越兩國興亡的歷史劇。其情節略云：

> 西施出身貧家，容貌美麗而且識大體、明大義。她和范蠡在苧蘿村溪邊一見鍾情，乃以浣紗為表記私訂姻盟。其後伍員以越王勾踐肆虐欺隣，説吳王夫差興兵伐越，敗之於夫椒，圍困勾踐於會稽，卒使勾踐夫婦和范蠡都成為階下之囚。為了離間吳國君臣關係，瓦解吳王夫差的鬥志，范蠡定下美人計，西施毅然入吳，身在吳宮，強顏歡笑，因心念范蠡，思之心痛。勾踐在吳，牧馬三年，遇赦得歸，發憤圖強，誓復越國。而夫差於滅越之後，志得意滿，聽信伯嚭讒言，有稱霸中原之心，伍員屢諫，夫差賜劍命其自殺。伍員既死，

---

[8] 同註 6，頁 128。

> 夫差出兵伐齊，與晉爭盟。越王勾踐乘機出兵，夫差倉促歸國，自刎於陽山。勾踐既已復國，范蠡以其「可與共患難，不可與共歡樂」，乃辭官，與西施泛舟太湖之上云。

明代有所謂「三大傳奇」之說，指的是無名氏的《鳴鳳記》、李開先的《寶劍記》和梁辰魚《浣紗記》。《浣紗記》的故事雖然是根據舊本《吳越春秋》改編的，但是在形式和內容上，都有特殊之處。就形式上說，一般相信，《浣紗記》是把魏良輔新崑山腔搬上舞台的第一部作品，而且是崑腔的典型作品。張清徽在《明清傳奇導論》中說：

> 究其事實，《浣紗記》用新腔度曲，在歌壇上是很風靡一時，崑腔甚且因此風行於世。影響所及：時間自明嘉靖隆慶間（十六世紀）直至清乾隆（十八世紀），興盛達於極點；地域南起吳中，北至京朝，縉紳雅集以及內廷供宴、觀賞都以崑腔為主。[9]

更從戲曲進化的過程，指出《浣紗記》的形式尚有「角色增多」、「南北合套之利用以及南北分韻之創立」，以及「結束不落俗套」等特點。[10]可見梁辰魚所作傳奇，雖僅《浣紗記》一部，而能膾炙人口，稱爲一時之盛，實在是有原因的。此外，就內容上說，范蠡和西施的愛情觀也有異於明代劇作之處。

首先，范蠡和西施始終把國家大事擺在兒女私情之上。當國家有難時，范蠡首先想到的是如何拯救國家。所以文種提議徵選美女以進獻吳王之時，勾踐說：

> 大夫之策甚善，但恐佳人難得，如何是好？

范蠡即主動提議：

> 有一處女，獨居山中，豔色絕倫，舉世罕見，已曾許臣，尚未娶之。今若欲用，即當進上。

---

[9] 張敬：《明清傳奇導論》，（台北：華正書局，1986年10月），頁28。

[10] 同前註，頁28-30。

勾踐說：

> **雖未成配，已作卿妻，恐無此理。**

范蠡回答說：

> **臣聞為天下者不顧家，況一未娶之女？主公不必過慮。**[11]

所謂「爲天下者不顧家，況一未娶之女？」這就是范蠡的想法。勾踐於是特遣范蠡前去迎娶西施，當范蠡向西施說明因「君父有難，拘留異邦」，未能實踐婚約時，西施回答說：

> **尊官拘繫，賤妾盡知。但國家事極大，姻親事極小，豈為一女子之微，有負百姓之望？**

後來范蠡要求西施入吳，西施先以自己「不過是田姑村婦，裙布釵荊，豈宜到楚館秦樓，珠歌翠舞？」加以婉拒。范蠡說：

> **社稷廢興，全賴此舉，若能飄然一往，則國既可存，我身亦可保，後有會期，未可知也。若執而不行，則國將遂滅，我亦旋亡；那時節雖結姻親，小娘子，我和你必同做溝渠之鬼，又何暇求百年之歡乎？**

西施雖然內心苦楚，終於勉強應承。[12]這就是通過戲劇情節明顯地把國家利益放在兒女私情之上，其格調顯然高於專寫兒女私情的才子佳人的作品。

其次，《浣紗記》的愛情描寫，拋棄了世俗的貞節觀念，范蠡並不因西施入吳而對她有所鄙視。作者這樣寫，在明代充斥著「義夫節婦」的劇壇上，是極爲少見的。

---

[11] 《浣沙記》第二十一齣〈宴臣〉，頁 70-74。

[12] 同前書，第二十三齣〈迎施〉，頁 77-82。

最後，作者寫范蠡「功成不受上將軍」，在「輔我弱越，破彼強吳，名遂功成，國安民樂」之後，「見機禍福之先，脫履塵埃之外。」飄然與西施泛湖而去，這種對范蠡、西施愛情結局的處理方式，較諸許多作品都把中狀元、做大官，夫榮妻貴，作爲男女主角愛情的歸宿，要高超得多了。

三、從悲劇英雄的情性本質論伍員的英雄形象

前文將元明戲曲中與伍員有關的三個劇本的內容與特色略作說明，這三個劇本雖然不是專寫伍員，但是伍員在故事情節之中，無疑是居於關鍵性的地位。並且從他一生的遭遇以及奮鬥的過程描述來看，實與亞里斯多德所謂：「悲劇必包含受難」、「時而引發起哀憐與恐懼之情緒，從而使這種情緒得到發散。」的悲劇定義若合符節。因此，所謂悲劇並非只是一件或一連串悲慘的事件而已，它是某種特殊人物精神風貌的同義語。換言之，悲劇基本是人類精神的一種特殊風貌，只能具現在某種情性特質的人格之中，這種人就是所謂的悲劇英雄。因此可以說，悲劇英雄是悲劇的核心，其所展現的情性本質究竟如何？有說明界定的必要。

柯慶明〈論悲劇英雄〉一文，曾經以司馬遷及曹雪芹的觀點，探討中國文學中的悲劇精神。他認爲司馬遷所意識到的悲劇英雄的普遍情性本質有四：

（一）基本上他們都是勇者，具有一種無視世俗之榮辱而獨往直前的勇敢。

（二）心性堅強，具有超越常人的精神能力。這種精神能力使他們在遭遇苦難之際，並不為苦難所擊潰，反而能夠「發憤」，亦即能承擔苦難，並且在苦難中提昇自己。

（三）具有普遍性意義的「悲劇智慧」，使他們在苦難中提昇自己的時候，能超越了個人自身利害的考慮。

（四）眞正充分的自我完成，為自己同時也為世界尋得一些可資遵循的準則。

至於曹雪芹則就「天地生人」的立場，在《紅樓夢》第二回〈冷子興演說榮

國府〉中，借賈雨村之口，將「倜儻非常人之人」分爲「大仁」、「大惡」、與「介乎大仁大惡之間但仍然卓異」三類，接著說明他們各自與整個社會的獨特的時代精神氣候之間的關係：大仁者，應運而生，運生世治。大惡者，應劫而生，劫生世危。而介乎大仁大惡之間的卓異人物，則是「祚永運隆之日，太平無爲之世」的產兒。這類人物「若生於公侯富貴之家，則爲情癡情種；若生於詩書清貧之族，則爲逸士高人；縱然生於薄祚寒門，甚至爲奇優、爲名娼，亦斷不至爲走卒健僕，甘遭庸夫驅制。」

曹雪芹的觀點，一方面展示悲劇境遇的各種可能性，一方面則歸結到他們內在本質的終究相通，只有經由內在本質而非外在境遇我們才能辨認所謂的「悲劇英雄」。這裡所謂的內在本質，就是一種絕對強烈的自我意識，以及絕對強烈的自我完成的渴求與意志。通常這種絕對強烈的自我意識與自我完成的渴求，是來自一種超群出眾的生命力，以及極端發展的性格傾向。所謂超群出眾的生命力，即是必須「才氣過人」。而極端發展的性格傾向，則包涵下述兩層意義：

（一）貫徹自己的意志，以求其充分實現的性向，在社會關係中，他必須是主動的、自主的，影響他人而非受制於人的「角色」。

（二）他的性向並非普遍或均衡的發展，而是有所偏向，並且因為有所偏向，形成某種專注，對某些價值或目標絕對的執著，將全部的生命投入其間，卻產生明顯或不明顯的善惡糾纏的狀態。[13]

以上對於悲劇英雄情性本質的分析，提供我們探討伍員在元明戲曲中的形象的理論基礎。[14]首先可見的是，戲曲中極力刻畫伍員成爲一個「勇者」。或由伍

---

13 柯慶明：〈論悲劇英雄－一個比較文學的觀念之思索〉，《文學評論》第四集，（台北：巨流圖書公司，1977 年 6 月）。

14 有關悲劇英雄的情性本質，論者頗多。顏元叔曾經指出：有悲劇性格的人物，都是在有限的時空裡，從事無限的追求；他們都是極端主義者，都是理想主義的人物。他們爲了追求自己的理想或意志之實現，不顧一切的艱難險阻－這便是「有限之時空」，非得達到目的不可－這便是「無限的追求」。假使有限的時空阻力太大，不惜以身死之，也絕不捨棄其始終。這種人便是悲劇人物。見〈亞里斯多德的悲劇觀〉，《文學的史與評》，（台北：四季出版事業公司，1976 年 7 月），頁 23。姚一葦以爲：悲劇的邏輯係建立於英雄的自身的缺陷上；

員之口以自述其勇，如《說鱄諸伍員吹簫》第一折：

〔正末扮伍員引卒子上云〕：「某姓伍名員，字子胥，自臨潼會上秦穆公賜我寶劍一口，號為盟府，保的十七國諸侯無事還朝。平公加某為十三太保大將軍，仍兼太守之職，在於樊城鎮守，你看俺手下軍兵，是好雄猛也。」

第三折，寫伍員流落當陽縣吹簫乞食，被無賴所欺，因此得識鱄諸，有一段對話：

〔鱄諸云〕：「我看你身材凜凜，相貌堂堂，想不是個淪落的君子，你端的姓甚名誰？」

〔正末云〕：「你問我姓甚名誰，我乃楚國伍員是也。」

………………

〔鱄諸云〕：「某聞將軍大名久矣，聽知得臨潼會上掛白金劍為盟府，有什大功勳名播天下，為何今日流落于此？」

〔正末云〕：「大哥不知，想當初秦穆公在臨潼會上設一會，名曰鬥寶，驅十七國諸侯都來赴會。某文欺百里奚，武勝秦姬輦，拳打蒯瞶，腳踢卞莊，掛白金劍為盟府，戲舉千斤之鼎，手劫秦王，親送關外。」

〔鱄諸云〕：「將軍眞乃世之虎將也。」

《浣紗記》第四齣，伍員出場時，云：

一個悲劇的造成，主要不是來自外在的原因，而是內在的原因。當英雄自身有缺陷時，由於執著於自身的缺陷，從而造成過失，因過失而帶來不幸。此一不幸便屬於「不可避免」（inevitable）。《詩學箋註》，頁 112。姚氏又以爲：悲劇英雄如照亞里斯多德的解釋，具有下列特點：首先，「其人必須爲享有名望與榮華者」……其次，「悲劇英雄較一般人爲善」。亞氏所謂「善」，非自道德的或倫理的標準出發，而係自人類的基本性格立論；亦即悲劇英雄的性格強度超出一般常人之上。他可能比一般人堅毅勇敢，忠貞不屈；亦可能比一般人驕傲、固執、甚至殘忍。《美的範疇論》，（台北：台灣開明書店，1985 年 3 月），頁 192。以上的論述，可與柯氏之說互參。

> 下官姓伍，名員，字子胥，楚國人也。腰大十圍，身長一丈，幼諳韜略，長習典墳，素志烈于青霜，精誠貫于白日，叱吒而風雲變色，喑嗚而山岳動搖。

這些例子，都是經由伍員的自述，描繪一個勇者的形象。此外，劇本中更借旁觀者之口以描述伍員之勇，這些旁觀者之中，有姦邪如費無忌者，《伍員吹簫》第一折，費無忌已將伍奢、伍尚殺害，又想騙殺伍員，說道：

> 我想伍奢二子皆有些本事，怕他日後報讎，已將他大的孩兒伍尚賺的來，也殺壞了。只有他小的孩兒乃是伍員，他在臨潼會上，秦穆公賜他白金寶劍，稱為盟府。文欺百里奚，武勝秦姬輦，拳打蒯聵，腳踢卞莊，保全十七國公子無事回還……。

有勇力如養由基者，《伍員吹簫》第二折，伍員自樊城出奔，費無忌命養由基領五千鐵騎，追殺伍員。養由基說道：

> 某養由基，奉費無忌的言語，著某領五千人馬追趕上伍員，發箭射死。某想伍員在臨潼會上立下十大功勞那伍員本是忠臣良將，不爭射死了他，擔著萬代罵名……。

有敵國之君如楚昭公者。《楚昭公疏者下船》頭折，楚昭公聞伍員伐楚，唱道：

> 〔那吒令〕默然我端坐在幽亭一間，擺列者英才一班，聽說道臨潼會一番。芊旋云：「這伍子胥當初在臨潼會上怎生般英雄，哥哥試說一遍，您兄弟是听咱。」（唱）那裡取這般忠義的人，英雄漢、舉鼎時神力相關。芊旋云：「哥哥，您兄弟想秦國文有百里奚，武有秦姬輦，卻怎生不及子胥也？」〔鵲踏枝〕秦姬輦怎敢遮攔，百里奚不敢輕看，他向那鬥寶筵中頓劍搖環。芊旋云：「他當初在臨潼救了姬光之難，到今日投吳伐楚也。」（唱）便休題吳姬光顛碎了溫玉盞，他直教秦公子鞠躬身送出潼關。

還有鄰國謀臣如百里奚、武將秦姬輦者。《楚昭公疏者下船》第四折，百里奚云：

> 想伍子胥在臨潼會上對著十七國諸侯，文過老夫百里奚，武勝秦姬輦……。

秦姬輦云：

> 某想伍員在臨潼會上，拳打蒯瞶，腳踢卞莊，文過百里奚，為爭盟府劍，筵前戲鼎……。

在這些曲白之中，正寫側寫，目的無非是在強化伍員的英雄形象。

其次，戲曲中也極力描寫伍員的「悲劇智慧」，心性堅強，能真正充分的自我完成。如前所述，伍員是一位勇者，然而，勇力之士每易流於「勇而無禮則亂」而輕於「死節」。伍員則不然，他有「戲舉千金之鼎，手劫秦王」的神力與勇氣，卻不輕易施展。《說鱄諸伍員吹簫》第一折，寫費無忌既已殺害伍奢父子，又遣費得雄前往樊城，欲賺取伍員一并殺害。伍員因芊建通報而預先得到消息，見到費得雄時，不禁大怒。（正末唱）

> 〔上馬嬌〕你可便不索慌不索忙。芊建云：「將軍息怒，再慢慢的問他。」我則是先打後商量。費得雄云：「哎喲，你那鉢盂般大的拳頭，颼颼的打得我那碎屁兒支支的，可不打殺了我。」

這一頓拳腳在戲臺上演出，一定是大快人心的。後來伍員出奔、歷經艱險，流落當陽縣吹簫乞食，遭到社長、里正的厭惡。里正喚村裡後生無路子等搶他出去，這個無路子「一生膂力過人，專打的是好漢。」是個有勇無謀的匹夫，劇中第三折寫伍員乞食受辱的情形如下：

> （正末云）：「兀那裡賽牛王社兒，我去吹一曲，討一鍾酒吃咱。」
>
> （老人云）：「這廝又來了，可怎生是好？小後生，每著氣力搶他出去。」

（無路子云）：「這廝沒廉恥，眞個來了，快與我出去，不要討打吃。」（做推正末科）

（正末云）：「我吹一曲，討一鍾酒吃，有什麼不是？」

（無路子云）：「這廝好説著不聽，後生們，撮哺著我他將搶出去。」（做搶科）

整個事件由於鱄諸的仗義援手而解除伍員的困境。我們若將伍員怒責費得雄而忍辱於無路子這兩幕對照來看，則伍員之能屈能伸，不徒逞血氣之勇的形象，與悲劇英雄的情性本質正是一貫的。

另外，一個勇者每每會輕於一死。但是一個勇者如果輕易「死節」，亦不足以稱爲悲劇英雄，所以司馬遷說：「臧獲婢妾，猶能引決。」因爲死有重於泰山，有輕於鴻毛，不經分辨而輕於赴死，實爲無知與懦弱。悲劇英雄則不然，他能面對苦難而「發憤」，而有所「爲作」。以伍員而言，當費無忌以讒言使楚平王殺害伍奢、伍尚，並欲騙伍員之時，伍員並未束手就擒，引頸受戮，反而將費得雄痛打一頓後出奔，矢志復仇，終於借得吳兵十萬，攻入郢都，誅費無忌，鞭平王屍。如《楚昭公疏者下船》第三折寫道：

（正末云）：「費無忌早拏住了也，大小三軍即便殺入郢城。只可惜楚平公已死，可將他墳墓掘開，取出屍首，待我親鞭三百，以報父兄之讎。」

《浣紗記》中，對於伍員入郢寫得更爲詳細，第十二齣〈談義〉，借公孫聖之口說：

「兄弟，你當初入楚之時，曾記得辱及墓尸，害及季芊，君妻其君之妻，大夫妻其大夫之妻乎？……又還記得夷其宗廟，殘其丘隴，昭王出奔，包胥哭秦之事乎？」

大抵而言，從伍員出奔以至入郢，是他生平遭遇的第一個階段，他以全副生命尋求自己的目標－－爲父兄報仇。在這個目標未達成之前，他不輕易犧牲自己的生命。其後，仕吳爲相國，敗越王勾踐於夫椒，生俘勾踐。卻因文種獻計，伯嚭進讒，而使夫差接納勾踐的投降，並於留置石室，牧馬三年後，赦之歸國。伍員深知勾踐終究將爲吳國大患，因此屢進諫言。《浣紗記》第八齣〈允降〉寫道：

〔外上〕：「破國平戎昔未聞，鳴笳疊鼓擁回軍，丈夫鵲印搖邊月，大將龍旗掣海雲。主公已升帳，不免進去參見。」

〔外〕：「主公，伍員參見。」

〔淨〕：「相國少禮。」

〔外〕：「此位何人。」

〔末〕：「越國下臣文種。」

〔外〕：「到此何幹？」

〔丑〕：「領其主勾踐之命，行成於吳，卻纔主公已親口許他了。」

〔外〕：「豈有此理。臣啓主公，勾踐強暴，屢肆侵凌，今力屈計窮，命在頃刻，是天以越賜吳，此機不可失也。誓當懸首吳闕，以謝先靈，方雪數年之仇，聊解四方之笑，乃不知出此，而反許其行成，竊為主公不取也。」

勾踐既得放歸，用美人計，獻西施於吳王。伍員使齊既還，得知其事，再進諫言，《浣紗記》二十八齣〈見王〉寫道：

〔外上〕：「奔走風塵鬢盡絲，年衰運退志隳頹，孤身去國三千里，一日思君十二時。主公，伍員參見。」

〔生〕：「伍相國拜揖。」

〔外〕：「范大夫，你到此何幹？」

〔生〕：「我主公進此女於大王，以備灑掃。」

〔外〕：「主公不可受他，臣聞五音令人耳聾，五色令人目眩。故桀以妹喜滅，紂以妲己亡，幽王以褒姒死，獻公以驪姬敗，自古喪身亡國未有不由婦人女子者。今越王進此女，正是要主公學這幾個昏君，切不可受他。」

〔淨〕：「這老頭兒可惡，我必要殺他，方遂我願。」

由於伍員一再犯顏直諫，終於觸怒夫差，欲殺之而後快。夫差命伯嚭伐齊，戰于艾陵，捷報傳回，夫差心生幻覺：「前日我坐殿上，見庭下四人相背而倚，一聞人言，則四散走去，我問群臣，皆說不見。我昨日復坐殿上，見庭下兩人相對，北向人殺南向人，我問群臣，又說不見，不知爲何？」伍員乘機又諫。《浣紗記》第三十三齣〈死忠〉寫道：

〔外上〕：「社稷看看覆，君王漸漸昏，忠臣不怕死，怕死不忠臣。」

〔淨〕：「相國，你前日諫我不該伐齊，今太宰領得一枝兵去，就得勝了。我今日自率六軍，誓平齊國，獨霸諸侯，卻不羞殺你。」

〔外〕：「臣聞天之所棄，先誘以小喜，方降以大災。齊不過瘡疥之疾，幸而勝之，不過小喜，越實乃腹心之病，一日發作，已是大災。昨聞主公坐于殿上，見四人相背而倚，聞聲走散，此國君失眾之象。又聞北向人殺南向人，此以臣弒君之象。國家將亡，必有妖孽，主公覺悟，國或可保，若終昏蔽，身亦旋亡矣。」

這一番話，聽得夫差勃然大怒，乃命力士石番付與鐲鏤之劍，賜其自殺。伍員臨死之前猶曰：「我死之後，須剔我目，掛我頭于國之西門，以觀勾踐之入吳也。」自伍員爲吳相國以至賜死，是他生命歷程中的第二個階段，他以全副生命去尋求與認同者，乃是對吳國的盡忠，最後不惜付出自己的生命，所謂「忠臣不怕死，怕死不忠臣」，正是他掙扎與奮鬥的焦點。

綜觀伍員生命歷程中的兩個階段，前者重在「盡孝」，復仇是他唯一的抉擇，因此手段不免殘酷，顯示他性格的偏向與執著。後者則重在盡忠，從他屢次諫言之中，顯然可見他的性格已經純化，具有無視世俗榮辱而勇往直前精神，甚至不惜犧牲自己的生命。對他個人而言，不僅達到了真正充分的自我完成，同時也爲人類尋得可資遵循的準則。在戲曲中經由這兩個階段的銜接，終於塑造了一個完整的「悲劇英雄」形象。

四、悲劇英雄形象的塑造技巧

（一）對照

由於悲劇基本上是一種人類精神的特殊風貌，只能具現在某種情性本質的人格之中；因此，悲劇英雄形象的塑造，往往有賴於將他置放在非悲劇性質之人格的「對照」之中來凸顯，正如沒有黑暗就顯不出光明的可貴一樣。

在戲曲中爲了凸顯伍員的形象，多以費無忌和伯嚭的姦邪做對照。試看有關費無忌的描寫：《說鱄諸伍員吹簫》第一折：

〔沖末扮費無忌引卒子上〕詩云：「別人笑我做姦臣，我做姦臣笑別人，我須死後纔還報，他在生前早喪身。」

《楚昭公疏者下船》第二折：

〔淨費無忌上云〕：「人有能的我偏害，人有好的我貪愛，我的分毫不與人，人不與我白廝賴。」

這種寫法都是在費無忌上場時，先定下他做爲姦臣的形象，對太宰伯嚭的描述也是一樣。《浣紗記》第四齣：〈伐越〉：〔丑扮伯嚭上〕

〔天下樂〕自笑堂堂六尺軀，姦回性格似穿窬，全憑三寸斕斑舌，忠義全然半字無。

在劇本的曲白之中，隨著情節的發展，不斷的強化悲劇英雄與非悲劇英雄的差異。細分之，就精神視野而言，有高曠廣大與拘狹卑小之不同。就倫理知覺而言，有追求永恆價值與追求現實利益之不同。就材性氣質而言，有才氣過人與懦弱無能之不同。總之，悲劇英雄正有賴於其他人物所呈現的不足與黑暗來彰顯他們獨出而照亮全體的有餘與光輝。因此對照的運用成爲凸顯悲劇英雄最普遍而有效的方法。

（二）互動

由於「悲劇英雄」是他們世界的主宰，與其他非悲劇人物之間，不只是一種「對照」關係，更必須形成互動，而在互動之中居於主動的地位。於是在情節的安排上，他們與這些對照的非悲劇人物之間，往往呈現先「支配」後「奉獻」的型態。

「支配」基本上是一種自己意志的伸張，是一種強加自己的意志於對方的行爲表現。例如《伍員吹簫》第二折，寫伍員從楚國出奔，費無忌命神射手養甲基率兵追殺伍員。養由基穿楊神箭，百發百中，然而追至之後，卻故意咬去箭頭，以至於「連發三箭，射他不死」，使伍員能衝出重圍而去。其後，伍員乞食於浣紗女，並吩咐其「殘漿勿漏」，浣紗女因此自沉於江。又遇漁翁閭丘亮，既渡江之後，囑其勿走漏消息，漁翁因此舉劍自刎。此類情節，用意都在顯示悲劇英雄的主宰意識。另外，「支配」的心態也蘊涵著一種比較消極的型態，即是堅決抗拒受到他人的支配。例如：《伍員吹簫》第一折，寫費無忌既殺伍奢、伍尙，又要詐傳楚平王之命，欺騙伍員，以斬草除根。伍員得知消息，即行出奔。又如《浣紗記》中寫伍員對夫差行爲處處諫阻，最後還不惜自殺殉國。這種抗拒受到他人支配的意識，形成了悲劇英雄的寧死不屈，百折不撓的行爲特徵。悲劇英雄受難者的形象，悲劇的氣氛，都籍這些情節表現在讀者的眼前。

（三）報償

最後，在悲劇情節的設計中，對於悲劇英雄奉獻性的受難所作的「補償」，是常有的結局，而爲惡者也會得到應有的報應。「補償」事實上並不減消作品的「悲劇性」，相反的，正肯定了悲劇英雄奮鬥的價值。爲惡者的報應，更肯定了悲劇英雄奮鬥的普遍性意義。例如《伍員吹簫》一劇的結尾，當費無忌被梟首示眾之後。吳王云：

> 一行人都跪下者聽寡人的命。詞云：楚平公聽信費無忌，任忠良一旦全家斃，伍子胥單騎走樊城，攜芊勝千里投吳地，在中途遇著兩賢人，赴江誓死無迴避，丹陽市生計托吹簫，說鱄諸共吐虹霓氣，借軍兵破楚凱歌回，殺姦臣親把冤魂祭。芊公子事定送還都，鱄將軍爵賞應如例，浣婆婆給養盡終身，村廝兒救鄭功非細，報恩讎從此快平生，堪留作千古英雄記。

這一段道白，前半總提故事大要，後半寫報償詳情。其方式大抵乃是惡人受到懲罰，善人受到褒獎，已死者其後代或親人得享生祿。

至於《浣紗記》的報償方式則又不同，在第四十三齣〈擒嚭〉之中，作者將劇中所有的受難者－－伍員、公子友、公孫聖的鬼魂重現於舞臺之上，讓他們率領陰兵親自捉拿正要逃往越國的伯嚭到那閻羅地府。

在戲曲中，善惡的報償可以有複雜的形式，原則不外乎「善惡到頭終有報，只爭來早與來遲」而已。透過這種報應與補償的情節設計，使悲劇英雄受到的苦難與不幸能爲觀眾所接受，並且從天理昭然的果報中獲得甯靜與滿足。

五、餘論

羅錦堂在〈現存元人雜劇的題材〉一文中說：「元人雜劇，雖有七百餘種之多，然大多有所本，並非由作者面壁虛構。」[15]不僅元人雜劇如此，明清傳奇亦然，尤以歷史劇爲最。試以元明戲曲中與伍員有關的三個劇本而言，其故事來源，大抵出於《左傳》、《史記》、《吳越春秋》、《東周列國志》等書，或許也受變文和平話小說的影響。內容經過演繹與擴大，與原始的出處不盡相同，這也是不可避免的。[16]這裡所要談到的問題是，就時間上說，吳員故事的原始出處應該是《左傳》，其次才是《史記》。然而，《左傳》與《史記》記載伍員的故事，最大的不同就是《左傳》未載伍員入郢，也沒有掘平王墓，鞭屍三百的情節。二者之間孰爲事實，自來即有爭論。[17]且亦無從定其是非。不過，《左傳》刻畫人物，注重維持人物性格統一性，將伍員的形象定位爲既仁且智，[18]屬於理想型的悲劇英雄。而《史記》則偏重描寫其報恩報怨的強烈性格，在專注與執著之間，產生明顯或不明顯的善惡糾纏的狀態。[19]史記的描述，擴大了悲劇英雄情性本質的範圍，對小說，戲曲中有關伍員形象塑造的影響，遠較《左傳》爲大。

---

15 羅錦堂：〈現存元人雜劇的題材〉，《大陸雜誌語文叢書》第一輯第五冊，（台北：大陸雜誌社，1968 年 9 月），頁 250。

16 有關伍員故事的演繹與擴大的情形，參羅錦堂《現存元人雜劇本事考》及蘇瑩輝，〈論敦煌本史傳變文與中國俗文學〉，《敦煌論集》，（台北：台灣學生書局，1983 年 6 月），頁 101-115。

17 參簡宗梧〈左傳寫「闔廬入郢」伍員何以銷聲匿跡？〉，《孔孟月刊》，19 卷 2 期，（1980 年 10 月），頁 16-18。

18 見《左傳》魯昭公二十年，楊伯峻《春秋左傳注》，（台北：源流出版社，1982 年 3 月），頁 1408。

19 見《史記‧伍子胥列傳》，瀧川龜太郎，《史記會注考證》，卷六十六，（台北：洪氏出版社，1981 年 10 月），頁 870-875。

試探中國童話中的海洋世界

高雄師範大學國文系

雷僑雲

一、前言

童話在文學的領域中，它獨立在成人文學（包括涵義深奧，理解艱難的成人童話）[1]之外，是兒童文學中獨有的一種體裁。童話雖是通過豐富的、大膽的幻想，來反映現實人生的作品，[2]但它這些象徵性極強，且充滿了誇張、神奇種種美妙的藝術形式，卻是建構在現實的生活之上。[3] 透過它潛移默化的藝術感染力量，可以讓思慮單純、注意力不易集中，且對認識事物欠缺直覺性和理解力的兒童們，能夠認識真實的生活，進而培養出優美的情感和理想，堅定的意志與創造力，顯現出童話強大的教育特性。[4]

此外，在作品與讀者對象相適應的情況下，一篇符合兒童年齡性，又與兒

---

[1] 陳伯吹先生在《童話辭典》序文中說道：

> 兒童的世界不同于成人的天下，他們要求的精神糧食，并不一定是「大塊文章」，而是針對著他們的年齡階段、身心成長、環境變化，事物認識等不同于成人文學，獨樹一幟，味美香甜，滋補有益的營養料。

詳見張美妮主編：《童話辭典》（黑龍江：黑龍江少年兒童出版社，1989 年 9 月，序文）。

[2] 葉師詠琍：《兒童文學》（台北：東大圖書公司，1986 年，頁 15）。

[3] 陳正治：〈童話〉，詳見林文寶等著：《兒童文學》（台北：國立空中大學，1993 年 6 月，頁 320）。

[4] 同註 2，頁 16-17。

童身心發展密切配合的童話作品，自然能散發出兒童文學娛樂兒童的特點，爲有夢、有理想、需要學習、更需要歡笑與享受的孩子們，帶來寓教育於娛樂的安慰和喜悅。[5]

當童話以深入淺出的語言文字，闡述著結構層次清楚且能引人入勝的情節時，它備受兒童歡迎；當它演化成童話詩、童話故事、科學童話、童話劇等多樣形式時，更爲兒童文學的童話園地，綻放異彩，成爲近代兒童文學中主要的文體；而它多樣變化的體式，更呈現了兒童文學的審美特徵，透過具體、感性的各種形象，達到了文學感人的目的，讓兒童在發育成長的過程中，擁有一處可以提供自我心身憩棲的處所。[6]

爲了提供子女心靈休憩的處所，並滿足孩子愛聽故事的天性，中國人的父母早就知道將適合兒童口味的神話、傳說、民間故事，用口頭加工的方式，編創出一些故事講給兒童聽。[7] 在這些故事中，有不少蘊含著幻想因素，且跳蕩著爛漫的童心，這就是最原始的口頭童話。[8]

我國古代童話，口耳相傳，在尚未發明文字之前，自然是處於自生自滅的狀況之下，究竟起源於何時，渺不可知！但是透過文獻的記錄，我們從先秦保存至今的典籍中，倘可窺得我國古代童話的原始風貌，其中《山海經》被蔣風先生推舉爲中國古代童話第一部集大成之作；由漢至魏晉南北朝時代，則出現了不少的志怪小說，其中部分富于幻想意味的，都是很好的童話篇章；唐代除了繼續發展的志怪小說之外，還有作意好奇的傳奇小說，以及不乏童話佳作的筆記小說；宋代爲人們講述傳奇小說、歷史演義的說話人，常講出充滿神奇色

---

[5] 陳正治先生提到童話作品中，所以使故事生動引人，符合兒童閱讀興趣的要件如下：一、題材的奇特、新穎、親切；二、內容的幽默、滑稽；三、人物的誇張、變形、擬人；四、情節的神奇多變；五、敘述時，「物我混亂」、「時空觀念解體」以及重視懸疑性、延宕、活潑；六、語言的淺顯、意象、有味。同註 3，頁 317。

[6] 同註 2，頁 1-15。

[7] 同註 1，頁 5。

[8] 蔣風：〈中國童話史・序〉，見吳其南：《中國童話史》（河北：河北少年出版社，1992 年 8 月，頁 1）。

彩的童話故事外，徐鉉的《稽神錄》，郭彖的《睽東志》，李昉等監修的《太平廣記》等典籍中，也都構築著一個個神妙的童話世界；元代小說不論是文言還是白話，也都有深具童話情趣及色彩的篇章，而《西遊記》已被世界公認是中國古典長篇童話的傑作；至於清代蒲松齡的《聊齋誌異》，無論從想像、情趣、意境各方面去衡量，都是不可多得的短篇童話。[9]

面對這些豐厚的童話資源，民國之後有根據古代典籍中的童話材料而整理改寫的，稱它做「古典童話」；有根據流傳在民間口頭上的童話而蒐集、整理、改寫的，稱它做「民間童話」或「傳承童話」，陳正治先生以爲古典童話和民間童話，雖然材料的來源不同，但是實質上並沒什麼不同，因爲編寫者得到這些資料之後，大多是根據兒童心理及觀點，重新加以估量、構思，再寫出來的，因此他簡便地把它們合稱爲「古代童話」。[10]

陳慶浩與王秋桂先生所主編的《中國民間故事全集》，將中國七十年來，經過成千上萬人所搜集整理而後出版的民間故事，按不同省分和種族集中起來，做了全面的整理，所選出來的作品都是具有代表性、地域性，或民族特色較強，且兼具較高的藝術價值。由於這套叢書不單是各地漢民族的民間故事，對同一國土上，五十多種少數民族的民間故事也都羅列在內，吻合他們所以編撰的主要目的，也就是試圖爲中國文學研究者提供新資料，期盼通過民間故事的研究，再擴大到其他民間文學領域，以及俗文學和方言文學，對中國文學有完整的了解。[11]

但是，兩位先生更明白地表示，這套叢書也同時是爲青少年而編寫的！一方面希望透過民間文學的薰陶，讓兒童認識人生、認識社會、認識自然，帶領他們進入傳統的文化領域，給他們倫理道德的涵養，教他們社會的習慣和禮俗，引導他們認識所處的環境和歷史，爲他們塑造固有文化的價值觀；另一方

---

[9] 同前註，頁 1-3。

[10] 同註 3，頁 311。

[11] 陳慶浩．王秋桂主編：《中國民間故事全集》（台北，遠流出版社，1989 年 6 月，前言頁 5-6）

面則指出民間幻想故事正是各族的童話故事，有著豐富的想像力和浪漫的色彩，構成了一個虛幻而又邏輯上現實的世界，很接近青少年的心理特質，因此特別鼓舞兒童接近美麗迷人、想像豐富、安排巧妙、語言優美的童話。[12]

基於《中國民間故事全集》中的幻想故事，是編撰者針對兒童爲對象而纂述的童話事實，筆者擬以此童話故事爲素材，探討中國童話中的海洋世界，掌握兒童對海洋的美麗夢幻，並喚起兒童對海洋的熱情與好奇。

二、《中國民間故事全集》中與海洋有關的童話故事

陳慶浩與王秋桂先生所主編的《中國民間故事全集》共四十冊，不論在內容的分類上，或是編輯分冊方面，都有他自定的原則。[13] 筆者尊重該書的編輯體例，並依序從各冊前文目錄中，將各省各族隸屬在「童話故事」或「幻想故事」等名目之下，而內容與海洋世界有關的篇目，逐一挑出，作爲筆者撰述此篇論文時運用的素材，所摘錄篇目共計六十九篇，各篇篇名如下：[14]

1·〈海龍王的女兒〉（台灣漢族幻想故事），一冊，頁249~254。

---

[12] 同前註，頁7。

[13] 在《中國民間故事全集》的編輯凡例中，其內容分類原則如下：1·本集依省分編列。2·漢族依故事所在省分（一般指講述者省籍）分列。未明確標出者，則按故事之發生地或主要人物之省分判斷。人物故事如亦有出處不詳者，以主角出生地爲準。3·少數民族民間故事按族歸類，講述者之省分不予考慮。4·各省及各族民間故事，按分類表統一分類；同一故事可同時列入不同類別者，依順序歸入最前一類中。至於冊數編輯的原則，則是各省一般以編輯一冊爲原則，少數民族歸入該族較集中之省分，或附於其分佈諸省中資料較少之省分。同註11，頁9-10。

[14] 或許是因爲《中國民間故事全集》的出版前言中，有「民間的幻想故事正是各族的童話」這句話的關係，因此在此類故事的目錄標目上，雖然大部份標明是「童話故事」，但是仍然有少部份地區的童話故事標的是「幻想故事」，例如台灣漢族、高山族、河北漢族、陝西漢族即是，在名目上並未統一。至於黑龍江鄂溫克族的〈金魚姑娘〉和赫哲族的〈鰲花姑娘〉兩篇作品，雖然並未標明爲童話故事，僅隸屬於該族民間故事之中，筆者以爲當是編輯篇目過少，編者籠統言之不再細分的緣故，仍宜納入童話故事類中。

2·〈水鬼做城隍〉（同前），一冊，頁 264~267。

3·〈人魚的故事〉（台灣高山族幻想故事），一冊，頁 593~595。

4·〈寶島〉（同前），一冊，頁 616~620。

5·〈鮫人淚〉（廣東漢族童話故事），三冊，頁 277~291。

6·〈飛魚姑娘〉（同前），三冊，頁 292~295。

7·〈妃多和妃情〉（同前），三冊，頁 296~300。

8·〈龜女婿〉（廣東黎族童話與動物故事），三冊，頁 437~441。

9·〈金桃姑娘〉（廣西京族童話故事），四冊，頁 516~523。

10·〈珠子降龍〉（同前），四冊，頁 527~530。

11·〈灰老魚的故事〉（同前），四冊，頁 551~552。

12·〈養豬郎與龍王女〉（廣西瑤族愛情童話故事），六冊，頁 357~364。

13·〈孤兒和仙女〉（雲南佤族童話故事），七冊，頁 519~527。

14·〈連心魚〉（雲南傈傈族愛情童話故事），十一冊，頁 270~275。

15·〈孤兒奇遇〉（雲南傈傈族神話童話故事），十一冊，頁 308~316。

16·〈登諾與阿柳〉（貴州水族童話故事），十二冊，頁 379~391。

17·〈龍女鬥旱魔〉（同前），十二冊，頁 418~427。

18·〈虎果取龍女〉（貴州布依族童話故事），十三冊，頁 397~405。

19·〈郎付與三公主〉（貴州侗族愛情故事），十四冊，頁 351~357。

20·〈漁郎與螺螄〉（貴州侗族神怪童話故事），十四冊，頁 401~407。

21·〈金魚姑娘〉（四川漢族童話故事），十五冊，頁 316~320。

22·〈吹笛少年與魚女〉（四川彝族愛情童話故事），十六冊，頁 277~291。

23．〈札西〉（四川彝族神怪童話故事），十六冊，頁 348~360。

24．〈長工與龍女〉（同前），十六冊，頁 392~396。

25．〈龜娃娶親〉（湖南漢族童話與動植物故事），十七冊，頁 275~284。

26．〈洞庭魚王〉（同前），十七冊，頁 317~321。

27．〈格山與龍珠〉（湖南土家族童話故事），十七冊，頁 491~494。

28．〈連扎和吾揚妮磅〉（湖南苗族愛情童話故事），十八冊，頁 402~408。

29．〈龍女報恩〉（湖北漢族童話故事），十九冊，頁 393~397。

30．〈掛甲將軍〉（同前），十九冊，頁 404~407。

31．〈三進蛟龍殿〉（同前），十九冊，頁 413~419。

32．〈根鳳驅魔〉（江西畲族童話與寓言故事），二十冊，頁 457~467。

33．〈九哥與布穀〉（安徽漢族童話故事），廿一冊，頁 457~468。

34．〈西湖女神〉（浙江漢族童話及動物故事），廿二冊，頁 395~401。

35．〈海蜇行路蝦當眼〉（同前），廿二冊，頁 412~414。

36．〈咬尾巴帶魚〉（同前），廿二冊，頁 415~417。

37．〈青蟹夫妻換殼〉（同前），廿二冊，頁 418~421。

38．〈海母隨潮飄〉（同前），廿二冊，頁 422~425。

39．〈老白弓嫁女〉（同前），廿二冊，頁 426~428。

40．〈蝦兵蟹將〉（同前），廿二冊，頁 429~431。

41．〈鯊魚的誓言〉（同前），廿二冊，頁 432~435。

42．〈樵童與螺女〉（河北漢族幻想故事），廿五冊，頁 379~391。

43．〈海鷗〉（同前），廿五冊，頁 451~454。

44·〈鯉魚精〉（山東漢族童話故事），廿六冊，頁 401~408。

45·〈三兄弟找水〉（同前），廿六冊，頁 462~470。

46·〈瓦盆匠巧配金魚仙〉（陝西漢族幻想故事），廿八冊，頁 430~433。

47·〈漁夫和鬼公子〉（同前），廿八冊，頁 473~475。

48·〈海螺女〉（遼寧漢族童話故事），三十冊，頁 436~438。

49·〈扇貝〉（同前），三十冊，頁 453~460。

50·〈張公退水〉（同前），三十冊，頁 468~474。

51·〈金魚成精〉（同前），三十冊，頁 491~493。

52·〈水仙格格〉（遼寧滿族童話故事），卅一冊，頁 452~458。

53·〈朱拉貝子〉（同前），卅一冊，頁 469~475。

54·〈佛爾赫〉（同前），卅一冊，頁 481~492。

55·〈馬俊和麗娘〉（同前），卅一冊，頁 499~504。

56·〈八嘴金茶壺〉（同前），卅一冊，頁 529~534。

57·〈金魚姑娘〉（黑龍江鄂溫克族民間故事），卅二冊，頁 275~284。

58·〈鰲花姑娘〉（黑龍江赫哲族民間故事），卅二冊，頁 387~392。

59·〈青枝綠葉〉（吉林漢族童話故事），卅三冊，頁 323~329。

60·〈炸海乾石〉（同前），卅三冊，頁 351~356。

61·〈金魚姑娘〉（吉林朝鮮族愛情童話故事），卅四冊，頁 265~271。

62·〈百日紅〉（同前），卅四冊，頁 314~319。

63·〈善良的拔衛〉（同前），卅四冊，頁 329~334。

64·〈琴師哈桑〉（寧夏回族神魔童話故事），卅五冊，頁 349~356。

65·〈穆沙〉（同前），卅五冊，頁 357~362。

66.〈孤兒、黃狗和龍女〉（蒙古蒙古族童話故事），卅六冊，頁 359~381。

67.〈金魚〉（新疆唯吾爾族童話故事），卅七冊，頁 341~349。

68.〈澤林．尼瑪滾覺〉（西藏藏族神怪童話故事），四十冊，頁 258~273。

69.〈白瑪尋寶〉（同前），四十冊，頁 339~350。

三、中國童話中的海洋世界

綜觀上節所錄六十九篇中國童話故事，筆者擬從海洋世界的空間範圍、海洋世界的進出途徑、海洋世界的家族成員和海洋世界的愛情婚姻觀念等四個方面，探索海洋世界在中國童話故事中所呈現的原始風貌。

（一）海洋世界的空間範圍

談起天下的水流，誠如《莊子》在〈秋水〉篇中的描述，是沒有比大海更大的了，天下所有的河水都灌注進去，不知道什麼時候才能夠停止，但它並不溢滿，尾閭流出去，不知道什麼時候停止，但它並不枯竭！如此浩瀚無涯的大海，讓好奇的人們始終無法完全地掌握，因此在人們心目中充滿了神祕的色彩，一直是兒童夢幻的王國。

童話中的海洋世界，究竟有多麼地遼闊呢？包括那些海域呢？根據作品內容所提供的資料來看，至少應當包括東海、黃海、南海和渤海四個海域：

東海為背景的故事特別多，如：17〈龍女鬥旱魔〉，29〈龍女報恩〉，33〈九哥與布穀〉，63〈善良的拔衛〉。

黃海：49〈扇貝〉，65〈孤兒、黃狗和龍女〉。

南海：5〈鮫人淚〉，7〈妃多和妃情〉。

渤海：43〈海鷗〉。

雖然這四個海已經包括了中國大陸的沿岸大海，但是在 12〈養豬郎與龍王女〉童話中，老翁送給孤兒的小豬，卻自個說：「我是鎮五海龍王的小豬」，究竟是那五海？多出的這一海指的是什麼海呢？小豬沒說，留下遐想的空間。

在這汪洋的海域裡，可有金碧輝煌的龍宮寶殿？有的，在 63〈善良的拔衛〉童話中，描述孤兒拔衛坐在龜背上，赴東海龍王的邀宴時，他所看到的龍宮就是「參差巍峨的宮殿」，是「光華四射的水晶宮」。這「水晶宮」，似乎是海洋中唯一款式的建築，但恐非龍王所專有，在 2〈水鬼做城隍〉童話中，城隍招待漁夫到海上一遊時，漁夫就是在這所謂的「水晶宮」裏接受山珍海味與日夜笙歌的款待的。

「水晶宮」，根據 22〈吹笛少年與魚女〉的描述，它是一座蓋著琉璃瓦、嵌滿珍珠的水晶宮殿。宮殿的前面有一座座的瑪瑙山，一叢叢的珊瑚樹，上面綴滿了數不清的各種顏色的寶石，都亮晶晶地閃著光，令人看得心花怒放。走進宮殿的感覺如何？殿內擺設如何？31〈三進蛟龍殿〉裡，漁民老江龍按照龍蝦所說的辦法，揑住蛟龍殿門檻下的一株水草連搖了三下，殿門果然開了。他走進大殿一看，裡面竟沒有一滴水。大殿的牆上掛有許多水族的壁畫，四根紅柱上雕刻著各種魚類的造型，正殿中間放了一副大龍床。除了生活起居的空間外，龍宮還有裝滿金銀珠寶，綾羅錦緞的倉庫，倉庫有多大呢？23〈札西〉童話中做了這樣的描述，說老龍王答應送札西回家，把裝滿金銀珠寶，綾羅錦緞的倉庫全打開，帶著札西進去，隨他挑選自己喜愛的，從東倉走到西倉，又從南倉走到北倉，甚至連丙寅丁卯十二倉都走遍了，札西還沒有選上一件合心的東西，可見得這倉庫是多麼的大啊！

海洋的世界，難道只包括這幾個海嗎？在童話故事中，它的範圍似乎並沒有這麼地狹隘，在 42〈樵童與螺女〉的童話中，老蛤蟆以活了好幾萬年的身分對樵童說:「很古以前，這裡的大山都泡在海水裡。那會兒，我才剛剛是隻小海蛙，太陽在這裡洗澡，月亮從這裡升起，周圍的山尖是露出水面的礁石」，可見大山也可歸屬在海洋的世界裡，只是入海的通道－「水眼」，被惡魔用石棒槌堵住了，而石棒槌也變成了棒槌山。無怪當人們要找尋通往大海的道路，要爬向高山。33〈九哥與布穀〉，描寫李九孤身一人到東海去找穀妹時，就是一直向東，不怕山高水深，來到萬丈高的奇峰怪石山上探路，遇著玉帝派來把守東海大門的獸中之王老虎，才知道大山背後就是東海。

說高山是海洋世界的轄區，在童話中是肯定的，而且是有跡可尋的，45〈三兄弟找水〉中，李山、李木、李水三兄弟為了找水，就是爬上嶗山頂找泉眼的！為了這水眼，他們宰黑虎、斬大龍、劈開石頭門才得到勝利歸來。59〈青枝綠葉〉中，東海龍王爺的三太子，有一回因為沒聽龍王爺颳狂風、下暴雨，坑害天下百姓的命令，而只下了毛毛細雨，颳了點和風，龍王一怒之下就把它鎖到山洞裡，可見山洞仍是大海龍王權力可以揮灑的地點。另有 2〈水鬼做城隍〉一篇，敘述無辜慘死在山洞的員外，居然從此變成一個水鬼，在山洞過著冤魂不散的淒涼日子，但是一旦當他被閻羅王嘉許擔任了縣城隍的職務時，他便搬進海底的水晶宮裡，享受大海的快樂生活，這也是山洞與大海有緊密關係的明證。

至於露出海面的礁石，6〈飛魚姑娘〉童話中，把它比作「龍潭」，說鯊魚王搶人心切，只有「把虎引入龍潭，方能把虎吃掉」，果然鯊魚王為了追逐在礁石叢間穿來繞去的飛魚姑娘，船撞上礁石，沉入了海裡。

說到龍潭，32〈根鳳驅魔〉裡，在根鳳向大脖山鬼問出了茫茫大海的通路就在白龍潭後，那小白龍張嘴打了個哼哈，潭水就裂開一道大縫，並馱著根鳳鑽進白龍潭底的龍洞，直往大海游去，可見這龍潭也是海洋世界的一部分。

關於那小小的水塘，也應該是龍王的勢力範圍吧！15〈孤兒奇遇〉中，孤兒是在大江邊救了小金魚，小金魚是龍王的兒子，龍王要兒子告訴孤兒說，只要他碰到困難，在水塘旁呼喚「金魚龍王！金魚龍王！」，龍王就會出現幫助他的。看來，從高山到陸地，從山澗到湖潭，似乎只要是有水的地方，在童話世界裡，都傳遞著海洋世界的神秘訊息。

（二）海洋世界的進出途徑

海洋世界神秘難測，但美侖美奐的水晶宮殿，的確有吸引人一覽勝境的力量。但，誰會受到邀請？誰能進出海洋世界毫無阻礙？而進出的管道又在那裡？在童話的世界中，還透露著這樣的訊息呢！

海洋世界似乎充滿著感恩的氣息，只要是救助了海底家族的成員，就有被邀請到龍宮作客的機會，在 63〈善良的拔衛〉中描述拔衛用三文錢救了龍王的三公主，所以龍王就派大烏龜，將他請入龍宮享宴，他坐在龜背上，烏龜躍進水中，滔滔江水，像列隊的士兵一樣，向兩側閃開，亮出一條溜直的大道。而在 65〈孤兒、黃狗和龍女〉中，則是龍女現身報恩，告訴孤兒海洋世界的通路是：「……今天中午你從這個地方（按：當指金魚跳進水的那個地方）下到海底來吧！下海時你不要害怕，不會有任何危險的。到海底後，你會看見一條沙石路，沿著這條小路，不要拐彎，不要回頭。當一座水晶宮出現在你的面前時，你就走進去。水晶宮裡坐著一位白鬍子老人，那就是龍王。」。另有 22〈吹笛少年與魚女〉一篇，指出少年只要緊拉著報恩的魚女，一直往水底走去，就可以走到宮殿的。

在 23〈札西〉童話中，札西雖然死了，但是金河老龍王還是要報他救了小公子的恩情，把他接到龍宮大擺宴席款待，更為他另築宮殿，要札西在那兒安度晚年呢！不過札西想回家，這才由小公子陪伴安穩回到河灘上。而 2〈水鬼做城隍〉中，城隍將漁夫當作結拜的兄弟，因此只要他在海邊大叫三聲「結拜兄弟！我來了！我來了！」海水立刻分出一條通路來，歡迎他到水晶宮，要離開時城隍也會送他回去。人們要自由的進出龍宮，恐怕只有娶龍公主並且跟在公主身邊，才能愉快的進來，高興的離開，絲毫沒有一點阻礙，27〈格山與龍珠〉中，就是這樣描述的。倘若龍王女婿隻身一人要到龍宮，恐怕還是不能自如進出，或是要帶個信物，就如 28〈連扎和吾揚妮磅〉中所述，連扎不知道怎麼樣才能到龍王岳父那裏去，他的妻子從身上掏出一顆亮晶晶的珠子給他，當他把珠子拿在手裡，剛走到河邊，河水便嘩喇喇地往兩邊分開，中間閃出一條水晶鋪成的大道，直通到龍王的宮前；不然就要對著水面真誠地呼喚請求了，61〈金魚姑娘〉中，達文要到龍宮去見岳父母，他就面對湖水喊道：「岳父喲岳母，你的女婿來了，請給讓出一條道吧！」這時，平靜的湖水起了波浪，發出呼隆隆的響聲，隨著眼前就展現出一條通向湖心的平坦坦的石路，達文順著這條石路便走進了富麗堂皇的水晶宮，而後，岳父母再把他送出來。

當然，這水底龍宮，就像是世間桃花源一樣，有時也不免有誤闖的可能，31〈三進蛟龍殿〉中，漁民老江龍就是在暈頭轉向清醒過來後，才發現「長廊洞」，順著「長廊洞」鑽去，他看到了水下世界，江水清澈透明，徐徐的浪流著，遍地是青翠的水草和千姿百態的水下花木，朝前走去便是珊瑚牌樓，牌樓後面園林深處，有一座紅牆琉璃瓦的水下宮殿，宮殿大門上面，掛著一塊刻有「蛟龍殿」三個金字的横扁，嶄嶄如新，金光閃閃。既然是自己摸索著進來的，也就要靠自己找通路離開，老江龍拉著被他俘虜的龍蝦順著原路回去，但是來得艱辛，去也不易，在漩渦嘴，老江龍被漩渦漩回來幾次，在他仔細觀察大鰍魚鑽在漩渦底下，是貼著邊沿逆水才衝了出去的走法後，他終於想出了辦法，押著兩隻龍蝦，按照大鰍魚的方法衝出了漩渦嘴，回到江面。

（三）海洋世界的家族成員

海洋世界雖然是如此地浩大渺冥，但是細觀童話故事中出現的海洋生物，他們似乎都是以人倫之間的關係出現在海洋世界，有爲人父母的龍王龍母、魚王魚后；有爲人兒女的龍太子公主、魚兒子女兒；有爲人媳婦、女婿的龍女婿、魚媳婦，他們宛若一個大家族，在這海洋世界裡，過著優哉游哉，令人稱羨的美麗生活。

1·海洋家族的父親角色扮演

龍王是海洋世界的領袖，他有著捍衛國家的威儀及能力，69〈白瑪尋寶〉中，商人羅桑接受國王的命令到海上尋找「光多蚌覺」這海洋寶物時，海龍王他吹起鬍子變成了攪翻天地的狂風，大海頓時像翻滾的沸水一樣，把羅桑的船隊一下子甩上浪尖，一下子扔進浪底；他瞪著眼射出閃電，「劈啦啦——」，一下子就折斷了馬頭船的桅杆，晃瞎了船上人的雙眼，失去控制的船隻很快就被掀翻了，海龍王也就這樣子吞下去了整個船隊。海龍王的性子真是像火一樣猛，像酒一樣烈呀！

龍王雖然有個怪脾氣，但是他是海底家族的一家之長，對自己的子女是十分疼愛的，他重視家庭的教育，15〈孤兒奇遇〉中，龍王的兒子小金魚獲救後，龍王要兒子報答恩情，請孤兒到家中一坐，這就是龍王重視人格教養的明證；至於才藝的素養，龍王也是很重視的，在 64〈琴師哈桑〉童話中，當海龍王聽到哈桑的美妙琴聲時，他出現哈桑的跟前，用懇求的語調爲女兒敦聘老師，他說：「親愛的哈桑，你彈琴彈得多好聽啊！你每次彈琴我都在靜靜地聽著，我想如果您能把這麼好的手藝交給我的女兒，那就太好了。」可見他是個重視子女才藝教養的好父親。

龍王對子女的人格教育，應該是成功的，龍公子報恩的故事，除上所述，還見 67〈金魚〉一篇；至於龍公主報恩的故事就更多了，如〈格山與龍珠〉、28〈連札和吾揚妮磅〉、66〈孤兒、黃狗和龍女〉等篇皆是。

龍王對子女的愛是深厚的！相對的，子女對父親的愛也是令人感動的！當龍王受到外力干擾時，龍王子女都能盡力化解危機。例如在 19〈郎付和三公主〉中，說到郎付在潭邊磨刀時，先後受到三位姑娘請求他停止磨刀的動作，爲什麼會有這樣的遭遇呢？原因就如三公主所說：「你這塊磨石是塊雷公石，刀在石上磨，水底龍宮搖動，我爸爸頭就要發痛。」；又 12〈養豬郎與龍王女〉童話裡，這瘦小豬爲了幫助孤兒找個美麗的姑娘作伴，就叫孤兒把牠拿到海裡去，讓大海變成油海，使龍王住不下去，就能夠娶到龍女。果然這個消息被龍王的女兒知道了，就主動地爲了解救父親，來與孤兒成婚了；另外 60〈炸海乾石〉中的王小，雖然是因爲龍王向他求饒，他才把那能像乾柴燎鍋，燒得整個大海咕嘟咕嘟直冒泡兒的炸海乾石收了回來，揣在懷裏，但終究是在龍王三太子與王小攀上兄弟關係，而且娶了龍王三公主之後，龍宮上下才安了心，得到真正的安寧。

同是爲人父親的金魚龍王（見 15〈孤兒奇遇〉）與洞庭龍君（見 30〈掛甲將軍〉），他們在教導子女小金魚時，所秉持的教育理念和基本態度和大海龍王都是一致的。

在 53〈朱拉貝子〉童話中，烏蘇里江鎮江的老河神，爲尊重兒子朱拉貝子與阿蘇里的愛情，答應了兒子變成岸上人的要求，雖然這河裡生的與岸上長的男女婚事，最後是以悲劇收場，但是對兒女真誠關懷而勇於付出的愛，卻表露無遺。50〈張公退水〉中，黑魚精爲了報答張公的救子恩情，始終保護河口這塊土地，這也是愛子精神永恆不變的表現。

2 ·海洋家族中的母親角色扮演

童話中對於龍宮母后的描述並不多，像 60〈炸海乾石〉提到龍母，是和龍王並稱的。所以對於龍母的形象，能掌握的僅止於與龍王同進退，共患難，一樣關心孩子而已！

相對於龍母的描繪，在 22〈吹笛少女與魚女〉這篇童話中，將魚后描述得十分鮮活。話說魚姑娘巴絲呷維，和拯救他的吹笛少年商量，要請蛤蟆作媒，去向父母求親時，魚王是十分不滿的，他認爲凡人想和仙人的女兒結婚是一種妄想，但是魚后卻肯定地表達他的看法：「這孩子不是凡人，我看他也和仙人一樣。若不是仙人，他怎麼會吹那樣奇妙的笛子呢！」魚王拗不過魚后，才給了少年一個被考驗的機會，當然也因爲魚后本身是受到尊重的，她才有向魚王表達看法的可能！在魚女和少年通力合作的情況下，魚王再也找不出爲難少年的其他辦法了，這時魚后非常高興地向魚王說:「你看怎樣，我說這個孩子和仙人一樣，你還不信。他似乎比我們還能幹，還聰明嘞！」，魚王認同魚后的看法，終於答應了他們的婚事。故事末尾提到少年和魚女回到陸地上後，勤苦幹活，互敬互愛，過著美滿而幸福的生活，想來這是魚王魚后在夫妻互相敬愛的表現上，做了很好示範的緣故。

3．海洋世界中的兒子角色扮演

愛玩是孩子的天性，龍王的兒子常變條小魚兒就跑出龍宮玩耍，要不就是遇上凶狠殘暴的大魚，幾乎喪身，例如 15〈孤兒奇遇〉中，小金魚就是在波光粼粼的江面上被大黑魚追食著；再不然就是遇上打漁的人，被網了起來，例如 30〈掛甲將軍〉裡，小鯉魚就是被老漁翁捉來準備當晚餐吃的，好不危險啊！

龍王在兒子逃命歸來，向他報告經過之後，沒有不教導孩子要感恩圖報的，在 15〈孤兒奇遇〉中，龍公子依照父訓變成一個小孩上岸來尋找孤兒力圖報答，並且傳遞了他父親所有交待的話；在 30〈掛甲將軍〉的故事中，龍君太子依父王之意報答水姑的救命之恩，每天派蝦兵蟹將把鮮魚往水姑父母網中送；67〈金魚〉故事中的金魚年紀較長，他並沒有請示父親，就知道變化成青年人和放了他的孩子稱兄道弟，結伴同行，讓這好心的孩子得到幸福的回報。可見海洋之子都是善良感恩的孩子。

或許是秉受父訓的關係；也可能是自然的天性，海洋的男孩對岸上的人類有一份特殊的感情，32〈根鳳驅魔〉中，小白龍爲了幫助根鳳取得海中神葯醫治親人，要根鳳穿上他的避水衣，馱她到大海採藥去，雖然事後被龍王懲罰永遠不准他再回大海，小白龍也不後悔，乾脆就躍出白龍潭，找根鳳和雷旺，決心馱著他們，村村寨寨去爲大家醫治大脖病，山山岆岆去抓大脖山鬼呢！而 59〈青枝綠葉〉中的小白龍，他是堂堂的東海龍王爺的三太子，就是不忍心傷害天下百姓，才被父親鎖上大鎖鏈子，關在那爬滿藤蘿的山洞裡受大罪呢！但是這是他對人世不悔的愛！

海洋之子，有這等深厚的人情，無怪沒有子女相伴的夫婦會把小金魚當子女養囉！在 51〈金魚成精〉的童話裡，六、七十歲的老爺子、老太太，因爲眼前沒有個說話的孩子，心裡挺孤獨的，就拿兩條小金魚養生，像侍弄兒女一樣，終於金魚成精了，變成一個小伙子和一個漂亮的大姑娘，爲他們屋裡屋外地打裡著，老夫妻收了他倆做兒女，這兩條金魚也就長久變成人，跟他們生活在一起，給他們養老送終。

4・海洋世界中的女兒角色扮演

在海洋童話故事中，龍王的公主，是人們最感親切、最表愛戴的人物。她不但在童話世界中享有相當崇高的地位，更是令兒童們深深著迷的對象。

龍王的寶貝女兒到底有幾位呢？在 19〈郎付和三公主〉、24〈長工與龍女〉、27〈格山與龍珠〉，這幾篇童話中出現的龍公主，都是龍王三公主，那麼龍王至少有三個女兒囉！在 16〈登諾與阿柳〉童話中，受樵夫搭救的是龍王大公主，她下面還有三個妹妹呢！那麼龍王公主就有四位囉！但是在 9〈金桃公主〉童話中，出現了龍王的七公主金桃姑娘，看來龍王公主應該是七位囉！就確定下來吧！因爲再也找不到超過這個數目的童話公主了，而且七仙女也恰好可以做爲龍王七個女兒的美麗註腳！

龍公主在龍宮，所接受的教養如何？在 16〈登諾與阿柳〉這童話故事中，描述地很明確，阿柳這大女兒，美麗、聰明、善良，讀書用功、精通武藝，繡花、織布更是能手，所以龍王、龍母很寵愛她，常留在身邊，不准她出龍宮，怕髒了身體，又惹出是非。至於其他妹妹們似乎就沒有這麼嚴格的要求了，尤其是那七公主金桃姑娘，在 9〈金桃姑娘〉中，描述她的生活是這樣過的：「生得體態豐腴，容貌姣媚，龍王對她十分疼愛。她住在幽靜美麗的珊瑚宮裡，整天觀花賞月，撫琴作畫，日子過得十分清閑」，沒錯！比起那每天在宮裡讀書、練武的阿柳來，她是清閑多了。

或許就是因爲所接受到的家庭教育不同的緣故吧！她們也有著不同的命運。在 16〈登諾與阿柳〉中，大公主阿柳她平日謹遵父母的教導，在讀書、練武方面自律很嚴，一旦阿柳想要報答登諾恩情的時候，他不但得到龍王的首肯，龍母的祝福，弟妹的幫忙，更因自已卓越的才能和高強的法術，贏得登諾和母親的贊美，並成功地捍衛了屬於她幸福的人生。在 9〈金桃姑娘〉中，七公主可就沒有這麼美滿了！她日子過得清閑，不像大公主時時嚴守著禮教。有一回，金桃在庭院賞花玩耍，透過水晶宮牆，她看見一位在蚝叢中揮鑿採蚝的漁郎，她見這男子年輕英俊，就動了兒女之情，在她幾番想偷越宮牆向他打招呼而又不敢的矛盾中，金桃公主病倒了！於是，宮女們爲了公主的幸福，瞞著龍王打開禁門，陪著公主去見漁郎，在一陣晤談之後，漁郎阮愛儉就隨公主進宮，兩人過著鴛鴦情深似的夫妻恩愛生活了。對於這件事的對錯後果，金桃公主難道不知道嗎？其實她心裡是明白的，她曾經哀嘆地對阮郎說過：「只因海國族規森嚴，宮內女子嚴禁和凡塵來往。我倆的事，如果一旦洩露，龍王定會興師問罪，斬首碎身的……」。但是金桃公主爲何明知故犯，而又不知回頭，以致於讓生命以悲劇收場呢？探究起來，恐怕還是與家教有關！

說到家教，其實龍王龍母的家庭教育應該算是相當成功的，除了金桃這位公主例外，其他的公主們的表現都是可圈可點非常優秀的，尤其是童話世界中最享盛名的龍王三公主，不論她在那篇童話故事中出現，她身在龍宮，她就能得到父母的喜愛；她受到別人幫助，她就泉湧以報；她做人媳婦，她就能夠勤謹侍奉公婆；她爲人妻子，她就曉得展現智慧堅操守節，掌握住屬於自己的幸福。

5·海洋世界中的女婿角色扮演

在童話故事中，要得到海洋世界中的女婿身份，好像都必須架構在有恩於龍王公主的基本條件之上，19〈郎付與三公主〉和 60〈炸海乾石〉，都是龍女感激對方對自己父親龍王的恩情，而發展出來的婚姻關係。

而其他敘述龍女夫婦的篇章，則多是描寫龍女們爲了報答對方的救命恩情，而衍生出來的夫婦情份，例如：1〈龍王的女兒〉、16〈登諾與阿柳〉、24〈長工與龍女〉、27〈格山與龍珠〉、29〈龍女報恩〉、63〈善良的拔衛〉、66〈孤兒、黃狗和龍女〉等篇章中的主人翁，就都是因爲這個緣故得到了龍王女婿的頭銜。

但是，這樣的光環，不僅是要取之有道，更是須要自己維護的。在 12〈養豬郎與龍王女〉的愛情童話故事中，孤兒雖然是在鎮五海龍王的神豬和龍女的幫助下，得到了龍王的同意，才娶龍女爲妻的，但是龍王對這個女婿似乎並不認同，所以在孤兒和龍女尚未度完蜜月，就閃電雷鳴起來，一陣龍捲風颳進屋裡，把孤兒吹迷了過去，接著又把自己的女兒和小豬以及房子捲走，甚至怕龍女再與孤兒共處，還把他關押在泉水洞口中呢！

另外在 28〈連扎和吾揚妮磅〉愛情童話故事中，娶得龍女的連扎受到魔女的誘惑，居然一心要和吾揚妮磅離婚，在送回離婚的妻子之後，他才發現自己被魔女欺騙了，這時他再想回頭，已經沒有機會了！

6·海洋世界中的媳婦角色扮演

在海洋世界中，對家族中的媳婦描述是很罕見的，或許是海洋世界很少有人類媳婦的關係吧！

探究原因，人世間的女孩在龍公子的眼裏，其實是十分動人的，但是她們因爲情有所鍾，是不易改變操守，住進海底龍宮的。例如 32〈根鳳驅魔〉中，小白龍就曾經希望根鳳願意留在龍宮中作他的王后，但是根鳳爲親人採藥，不貪圖富貴而變心的意志，卻是很堅定的，小白龍受到感動，只好作罷！

在 30〈掛甲將軍〉中的水姑，就是一位海洋世界洞庭龍君的媳婦，水姑救了洞庭龍君的太子，龍君太子爲了報恩，多次與水姑接觸，太子又爲了懲戒欺負水姑父女的湖霸，不但把他們全家都淹死了，也誤傷了其他生靈，因此被貶到洞庭湖口守門。從此龍君太子和漁家姑娘結成了一段苦難的姻緣，在水姑有身孕之後，龍君太子卻被水姑的父親老漁翁誤會，一刀刺死了他，隨後老漁翁也就與世長辭了。水姑失去先生又失去父親，在生下龍生之後，孤兒寡母地過了十六年，隨著龜丞相的造訪，龍生被洞庭龍君迎接回去，封了個掛甲將軍，鎮守水鄉。水姑呢！她這才被接回龍庭，正式地做了這個龍家族的媳婦。

（四）海洋世界的愛情婚姻觀念

甜美的愛情，幸福的婚姻，是有情男女劃破時空所追求的永恆。在 9〈金桃姑娘〉中，海龍王一怒將金桃公主以「違反國法，觸犯族規」的罪名，囚禁在海纜牢裡，終生罰做苦役，令公主與阮郎從此天各一方，不得聚首。試問這嚐到愛情苦果的金桃公主覺悟了嗎？先看看公主親手給阮郎寫的血書吧！她是這麼泣訴著：

…………

被迫離君還海國，勞役囚禁海欖中。
妾身遭禁無限苦，日夜思郎痛在胸。
更聞夫君歌悲切，心酸難忍血淚湧！
只聞悲聲不見人，愁上加愁難入夢！
想起同郎相聚日，妳是鸞來我是鳳；
白日去海妾跟隨，夜裡共枕恩情重。

只望白髮偕到老，卻恨龍王難相容。
拆散鴛鴦兩分飛，徒留相思對長空。
此生難望再見面，立誓來世再相逢！
妾語祈君須銘記，放開愁懷多保重！

對龍王不能包容她與阮郎的愛情，令他們鴛鴦兩分飛的痛苦，金桃公主是有恨在心的！但是她也無計可施，只能求得來世再相逢了！至於那與公主分手後就天天到海灘悲歌的阮郎，他的心裡又是怎麼想的呢？就先聽聽他的悲歌吧！

漫天的碧海啊！
你的胸懷看來多麼坦蕩寬廣，
可是為什麼喲，
無端奪去了我心上的金桃姑娘？
你海族的鱟魚喲，
尚且懂得互相愛慕，結對成雙，
為什麼啊為什麼，
偏偏使我和金桃離散，天各一方？
可憐我吃不下啊，睡不著，……

刺傷了的心裡苦血在流淌！
我恨不能把你翻騰的碧波粉碎，
我恨不能把你一口吞光！……

阮郎對金桃公主的愛情是多麼的執著，令人感動啊！他因愛情而激盪出來的勇氣是多麼的高張，令大海震撼啊！但遺憾的是，他還是摸不透龍王的心，認爲龍王是「無端」的奪走他心上的桃花姑娘呢！

當然，執著熾熱的愛情，可以讓情人們互相愛慕，生死不渝。但是要做結對成雙的夫妻，恐怕對海族愛情婚姻有關的家規、國法，就非得要有一點基本的認識不可。

審視童話世界中有關龍王公主的愛情故事，妳可以發現它都會先鋪述一段龍公主與人間男子的遭遇情節，做未來感情發展的伏筆，而這個情節多是世間男子有恩於龍王公主的內容。換言之，這內容是說明龍王對自家閨門女子的交友規範，原是不許她們與世間男子往來的，但是基於對方有恩於海族家人的事實，才在知恩圖報的大義之下，接納這些人厚道，心眼又好的凡間男子。若要問是否還有其他與龍王公主往來的管道嘛！好像還有一個，那就是凡間男孩必須要有點藝術的涵養。像 18〈虎果娶龍女〉，虎果的木葉調讓龍宮上下都為他傾倒了，他得到龍姑娘的讚美是：「簡直把整個龍宮都驚動了，連我爺爺老龍王聽了都說，他長了三千三百三十三歲，都沒有聽到過這麼好的木葉調哩！」。當然囉，虎果就交到了這位騎著鯉魚馬出龍宮來瞻仰他的龍公主了！22〈吹笛的少年與魚女〉，少年就因為笛子吹得好，救得魚女，並且得到魚后的認同，做了水族的女婿。64〈琴師哈桑〉，則是哈桑因為琴彈得太好了，不但得到海龍王的歡心，介聘做他女兒的琴藝教師，而且更是千方百計地挽留他呢！

是的！要海族家人接納這些世俗男子與他們的公主交往，並不容易。又在這樣的家規，國法下，如果不知道依照禮教行事，想要和龍公主結為人間夫婦，恐怕是會遭到困難的！

是什麼樣的禮教能夠讓龍王公主與心儀的凡間男子結為夫婦呢？就是先得

徵得龍王父親大人的同意，在龍王父親觀察考驗之後，才能正式結成夫婦，一起生活。如果照這禮教做，就合了家規，守了國法，得到水族家庭永久的祝福與支持。16〈登諾與阿柳〉中，阿柳大公主就是把喜訊先回告了龍王龍母，在龍王龍母笑顏逐開的情況下，同意把她匹配給登諾，讓她永住人間，過著美好的日子。

先徵得龍王龍母的同意，不但是對公主父母的一種尊重，實質上在得到了他們歡心的同時，又能享受到他們的恩賜呢！在 19〈郎付與三公主〉故事中，龍王肯定郎付，他知道爲老人家著想，而人又老實的表現，便以贈傘的形式，把三公主豔妮嫁給了郎付，同時也送了個「金寶勾」給女兒做陪嫁禮物，看它多管用呀！只要把它搖一搖，需要什麼就搖出什麼，豔妮只到火塘打個轉，就捧出一碗碗魚、蝦、蟹、螺、黃鱔、泥鰍和糯米飯，擺滿了一桌，孝順婆婆了！當然在龍王女兒女婿受到威脅有困難的時候，龍王就是他們最大的後援支柱，看這爲人妻子的龍女豔妮回到龍宮帶回來了什麼對付那邪惡的皇帝？是「一千兩百個怪物，獅不像獅，虎不像虎，耳大如芭蕉葉，眼暴如桐子果，肚脹如鼓樓裡的法鼓」，在豔妮把鐵沙、火藥給它們吃進肚裡，送到皇宮之後，就在這怪物吞下炭火的同時，把皇宮連人帶房子炸得精光。

當然龍王是愛女兒的，所以在大德不逾矩的情況下，龍王對自己女兒的選擇是尊重的，27〈格山與龍珠〉中，龍珠三公子爲了報答格山救命恩情，主動要求要和格山結爲夫妻，格山答應了，二人就在廟裡拜了天地，結成夫婦。在事隔三天之後，格山和龍珠來到美麗的龍宮，龍珠才把格山救他和成親的事告訴龍王。龍王不但沒生氣，見格山是個聰明、勇敢、誠實的人，二話沒說，就答應認了這門親事。

在童話的海洋世界裡，做父親對女兒的愛又豈能有貳心呢？在 39〈老白弓嫁女〉的童話中，老白弓嫌貧，不准女兒和雪白的白塗條往來；愛富，貪圖聘禮，居然把漂亮的女兒嫁給笨頭笨腦的瀨頭魟魚。一陣悲痛之後，白塗條連吐了幾口鮮血，把全身都染紅了，白塗條的子孫也因此變成了紅塗條魚；一樁不匹配的婚姻，媒人蝦子被詛咒變成瞎子啦！這蝦子更在大家的恥笑聲中，羞紅了臉，一路上沒敢再抬起頭來，一直到現在它還老是縮著身子，低著頭，紅著臉，不知道是不是還在爲這事慚愧著呢！當然老白弓的決定，水族一族是不可能認同的，他們說：「老白弓也真糊塗，這不把女兒坑害了！」像這不義之名，應當是可以讓水族家長們警惕的！

的確！婚姻是樁大事，千萬不要找那瞇著雙眼的蝦子做媒，要嘛！就找蛤蟆作媒吧！你看 22〈吹笛少年與魚女〉的故事中，魚王請來蛤蟆爲女兒女婿作媒，依水族方式結了婚，當這對新婚夫婦回到路地上後，勤苦幹活，互敬互愛，過著美滿而幸福的生活，多好呀！

可不！夫妻還真是要互敬、互愛、互相幫助呢！看 37〈青蟹夫婦換殼〉中，這青蟹兩口子在團結一致的情況下是「雄蟹咬住鰻魚的頭頸」，「雌蟹鉗住鰻魚的尾巴」，才讓破壞他們家園的鰻魚得到了教訓，更由於彼此的守護，才安然渡過八九月換殼的危險期，當然也因爲他們夫妻倆善於智慧的運用，終於讓鰻魚嚐到了苦頭，再也不敢欺侮他們了。

青蟹成對廝守的感情，是多麼的可貴呀！糊塗的孤兒連扎啊！你爲什麼要受到魔女的誘惑，和你深愛的妻子吾揚妮磅離婚了呢！就算你真的在死後變成頭頂上有白色羽毛的小鳥，天天在水面上飛來飛去，又能挽回什麼呢？吾揚妮磅已經有了新丈夫了，她是不可能再回頭的呀！而你再回頭想想吧！如果當初遇到魔女時，你就能夠堅持與吾揚妮磅長相廝守的高尙情操，勇敢地面對魔女並斬釘截鐵地對她說：「當我的內心已經感到滿足的時候，你再大的魔力，也不再具備有對我吸引的力量」，相信你們在海洋童話的感情世界中，將是愛情婚姻永恆的代表之一。

四、結語

在這童話的海洋世界裡，浪花傳遞著勤勞、誠實、善良的氣息，一波濤、一波濤，前撲後繼地淨化著我們的心靈，看透龍王那裡的牛馬是魔鬼，金銀財寶和糧食是疾病（見 28〈連扎和吾揚妮磅〉），我們去除了貪念。就像那困在湖水裡整整兩千年的大鯉魚，一心想變成飛魚，飛到天上去，可是牠跳了一萬回，都沒有成功，這天穆沙將鯉魚嘴裡和肚裡的寶貝掏淨了，嘩地一聲，他掀起一股十丈高的水流，飛到天上去了（見 65〈穆沙〉）。

實現理想是需要付出的！雖然海洋世界的時間是那麼的悠長，可以像那擺動身子慢慢向海中游去的海龜，游呀，游呀，在不知游了多長的時間之後，才靠岸（見 33〈九哥與布穀〉），但是相對在人世間的時間是多麼地倉促啊！在 31〈三進蛟龍殿〉中，我們看到了「水中一日，岸上數旬」的時間換算法則，你能不驚嘆人世間韶華流逝歲月易得嗎？再看看 60〈炸海乾石〉中的時間觀念，它是「海裡住一天，世上過去幾年」的折算法，這能不驚醒沉溺的我們，要像治水的大禹一樣，完全掌握住可貴的時光，做寸陰是競的努力呢！

掌握了時間，就掌握了生命，而生命要有璀璨的一頁，我們就要有追求幸福的方向與目標，就像 13〈孤兒和仙女〉故事中的葉西泳一樣，不要怕別人歧視、侮辱，不要在別人豪奪、榨取下低頭，一旦隨著爆發的洪水，衝開了制梏她的金銀銅鐵四道門，駕著旋風上到了人間，落在岩惹的竹籠裡，讓她追求幸福的願望有了起點，是的，他們結成了一對恩愛的夫婦，擁有自己的家園和甜蜜的生活！

當然，如果你的理想是超越家庭的，所擁有的志向是治國平天下，服務人世的大志，17〈龍女鬥旱魔〉中的龍王公主阿蔭和阿西，就是值得你效法的對象，她們爲了天下人的幸福，領了龍王命令，一面造海，一面斬除旱魔，不但造福了天下蒼生，也爲自己建立了一個具體可見的功業，那就是她們造出來的一片汪洋大海—「深青海」，也叫「養育海」。沉酣在這童話海洋世界接受海洋滋養的我們，請珍惜光陰拿出才智和魄力，勇敢真誠地爲你自己的理想造海吧！它將會是另一個養育海，蘊育著無限生命的種籽，以深青的色調，盪漾在你我童話的夢幻王國中，幫助你現在現實生命的每一個階段過程中，吐露芬芳，寫入童話。

臺灣書法藝術發展評述

臺中師範學院國文系

劉　瑩

一、前言－中國書法獨有的特質

讓我們放眼看世界上各國的文字，有那一種文字能在字形中兼具有事物的形象、意義和字音呢？有那一種文字可以藉特殊的書寫工具表達出繪畫的效果呢？我們只發現：中國文字是舉世無雙、獨一無二的藝術性文字。

中國文字不僅獨立的字形具有藝術性，再以能表現墨色濃淡趣味的毛筆，寫在千年不壞宣紙上，不但字體有篆、隸、草、楷、行書，作品的形式也有條幅、中堂、橫披、扇面、卷軸、斗方等，中國書法真是變化豐富的造型藝術。

要把文字寫在紙上，並懸掛起來，作爲欣賞的藝術品，必須先選取具有文學性的內容，少則一個字：仁、孝、龍、靜等（圖一），多則古籍名言、詩詞佳句，甚至整篇有名的文章，如諸葛亮〈出師表〉、李白〈春夜宴桃李園序〉、蘇東坡的〈赤壁賦〉，都可以用連屏的方式呈現（圖二），可見中國書法是一種富有文學性的藝術。

然而，中國書法藝術不僅是中國人獨有的藝術，更是全世界珍視的文化瑰寶，歷來多少書法家寫下多少優美的作品，不僅東亞的日韓友邦深深喜愛，甚至西洋各國也喜歡珍藏。

臺灣雖然曾是歷史上中國的邊陲地帶，但自從明清至今，不斷的有文化工作者經營開拓，爲臺灣的書法史，寫下豐富的成果，以下就分明清、日據時期、光復至今的書法藝術狀況作一番觀察。

二、明清時期的臺灣書壇

書法藝術的發展，與文人有絕大的關係，中原渡海來臺的人士，先有「臺灣文獻初祖」之稱的沈光文（圖三）爲前鋒，繼而是鄭成功父子率大批科舉文人來臺，受奉渡臺的寧靜王朱術桂（圖四）、明鄭第一文臣陳永華，都有相當優秀的作品傳世。

書法藝術依臨寫範本之不同，可分爲崇尚晉、唐書家楷、行、草名帖的「帖學」，與崇尚漢魏篆隸碑石拓本的「碑學」。中原的書風，受到帝王的好尚及科舉館閣體的影響，帖學一直是主流。中原文人對北碑金石的注意，起於清初，學界甚至掀起了尊碑抑帖的風氣。

這股風氣並未直接影響臺灣，一直到道光十七、八年時，才由「臺灣金石學導師」呂世宜傳入秦漢篆隸的碑版，開拓碑學的風氣。

清初臺灣書壇的名家，有許多是渡海來臺的文臣武將，他們都有相當深厚的書法造詣，但大抵不脫二王、趙孟頫、董其昌的帖學風格。而專門以書法揚名於當時，影響深遠的，中原來臺的名家有謝曦（圖五）、郭尚先（圖六），臺籍的名家有林朝英（圖七）、謝琯樵（圖八），仍以帖學爲主。直至清代中葉，雖由呂世宜（圖九）傳入碑學的風氣，影響有限，鹿港文人的鄭鴻猷、臺灣巡撫唐景崧及其門生丘逢甲，都是擅寫漢隸的代表。

三、日據時代的臺灣書壇

日本佔領臺灣期間，雖然政治思想受到箝制，但是由於日本全國人民原本喜歡書法藝術，反而把他們國內的熱絡的競書及展覽活動帶到臺灣來。

日據時代除了大部分文人崇帖，少部分尊碑之外，最重要的是六朝碑學的傳入。這緣自於 1880 年（光緒 6 年）我國金石、地理學家楊守敬隨公使赴日，並攜帶了一萬二千餘卷漢魏隋唐碑版，受到日本全國的喜愛，大家競相臨摹。當日本統治臺灣時，這股強大的崇碑風氣，就隨著書法叢書、雜誌，大量傳入臺灣。臺灣第一份推展六朝碑風的刊物，就是，1943 年（民國 32 年）八月在《詩報》雜誌上增闢的「書道壇」，由推動六朝書風最積極的「基隆書道會」主持，林成基、林耀西、李普同都以熟悉六朝法度而名聞一時。而曹容於流行六朝碑學之時，提出要廣取甲骨文、鐘鼎文、秦漢碑文、魏晉唐碑誌及帖學，以別於日本的書風，是能融合碑帖於一身的一代大師。

四、光復至今的臺灣書壇

臺灣光復後，整個社會雖然歷經日本與盟軍作戰，飽受轟炸的浩劫，但是經過一番休養生息，尤其國民政府的播遷來臺，大量的人才與文物，開展了臺灣書壇的新面貌。近代臺灣書壇，可以略分爲以下四期：[1]

[1] 依據《中華民國美術發展展覽座談會專輯》（臺灣省之美術館出版，1989 年），頁 52。記錄陳其銓將光復後臺灣書法界活動情形，分爲：一、光復後的沈滯期；二、民國四十三年左右的復甦期；三、民國五十八年以後的重振期。麥鳳秋女士則以民國五十五年文化復興運動開始時，歸列爲重振期。六〇年代以後爲書風多樣化的活絡期。本文參考麥氏之分期，而將復甦期提前至 1949 年政府遷臺時。

（一）光復初期的沉滯期（1944～1948）

1944 年（民國 33 年），日方與盟軍大戰方酣，臺灣遭受到猛烈的轟炸，各類藝文活動都暫停，連活動力最強的「基隆書道會」也暫停會務，暫停「詩報」的競書活動。

臺灣光復之後，由於經濟凋蔽，全民方思休養生息，無暇游心於藝術，再加上 1947 年（民國 36 年）的「二二八」事件，造成許多冤案，全島人心惶惶，這真是臺灣政治與文化的黑暗期。

（二）中樞遷臺的復甦期（1949～1965）

1949 年（民國 38 年）中央政府播遷來臺，不但帶來了原收藏在北京故宮的著名書畫作品，也帶來了許多精英人才，書名遠播的于右任來到臺灣，更被推崇爲藝林宗師，1960 年（民國 49 年）七月《中華詩苑》開闢書畫部，並且增版爲「中華藝苑」，採用古碑帖、中國近代名家墨蹟及于右任之書法爲臨寫課題，影響相當深遠。如今，被譽爲「一代草聖」。

1955 年（民國 44 年）秋天，于右任與賈景德發起成立「中國文藝界聯誼會」，每月五日雅集一次，凡是詩、文、書、畫、音樂、金石等任何一項有愛好的人士，都可以參加，著實是文藝界的盛會。

1961 年（民國 50 年），歷史博物館「國家畫廊」落成，提供了正式而重要的展覽場地；1965 年（民國 54 年）十一月，國立故宮博物館遷回臺北，歷代珍貴的碑帖，豐富了書家的視野，也提昇了作品的境界。

1962 年（民國 51 年）由馬壽華、王壯爲、李超哉、呂佛庭、李普同等人共同發起的「中國書法學會」，是第一個向內政部登記，凝聚力最大的書法社團。

1963 年（民國 52 年），電視臺開辦了書法講座，由傅申先生主講，同年由于右任囑劉延濤、李普同等成立「標準草書研究會」，希望以簡易的草書救國圖強。

（三）文藝復興的書風重振期（1966～1970）

當 1966 年（民國 55 年），中國大陸正厲行摧毀傳統文化的「文化大革命」之際，我們的總統蔣中正先生深具遠見地訂於十一月十二日爲「中華文化復興節」，開啓了文化復興運動，鼓勵了許多書學刊物的創辦和書法展覽的舉辦。全省美展於 1967 年（民國 56 年）增加書法競賽，尤具意義。

此後，定期舉辦全國性的書畫展、婦女書法展以及中、日、韓書法交流展，各項聯展、個展更是不計其數，展現了書壇的復興現象。

（四）書風多樣化的活絡期（1971年～至今）

民國六十年，正是我國退出聯合國，更追求自立自強的時刻，由於繼全省美展加入書法競賽之後，陸續有教育部辦的中山文藝獎、文藝創作獎，文建會辦的國家文藝獎，吳三連基金會文藝獎，全國美展、大專青年書法展，台北市美展、南瀛美展等，都有相當優厚的獎金，評審都相當客觀，不但吸引了許多青年參加，也造就了許多書壇新秀，民間學習書法的風氣，非常鼎盛。

另一方面，大陸出土了許多古文字，如 1920 年（民國 19 年）在中國西北部發現、1957 年（民國 46 年）才公布的漢代木簡、1951（民國 40 年）在湖南長沙發現楚國繒書、1965 年（民國 54 年）在山西侯馬發現的盟書、1972 年至 1977 年（民國 61～65 年）間，在馬王堆陸續發現了西漢竹簡、帛書老子與帛書戰國策等。1975 年（民國 64 年）又在湖北雲夢睡虎地的秦墓中，發現了一千多片木簡，這些古拙的古文字，給予中青代書法家一些新的靈感，以豐富了書法的風格。

台灣光復以來的書壇，經過渡海來臺的文化人士與本土書家共同的努力，建立了許多書壇典範，像領導文藝復興運動的蔣總統中正先生剛正勁健歐體楷書（圖十）；于右任融磅礴渾厚的碑風入楷行草書中（圖十一）；博學經史與科學的溥心畬，極重視臨帖，楷書行草皆靈秀雅逸（圖十二）；探求文字淵源，精研篆書的吳稚暉（圖十三）；潛心研究甲骨文的董作賓（圖十四）；當代師法顏魯公第一的賈景德（圖十五）；女書家張默君風骨剛勁的章草（圖十六）；被譽爲臺灣章草第一家的卓君庸（圖十七）；主張行草要帶碑意和篆隸筆趣的劉太希（圖十八）；兼擅書畫，尤長行書的馬壽華（圖十九）；工詩擅行草，以寫字爲文化服務，流傳墨蹟最廣的梁寒操（圖二十）；曾任外交部長、駐美大使，善畫竹、精研褚體行楷的葉公超（圖廿一）；精研二王行書；小楷獨步當代的董開章（圖廿二）；熱心推動標準草書的李超哉（圖廿三）；極重筆勢波磔，精研〈石鼓文〉、〈石門頌〉、〈石門銘〉，自號「三石老人」的謝宗安（圖廿四）；詩文造詣深厚，不吝爲人題詠寫書序、晚年精研大篆的李猷（圖廿五）；融籀文法度入小篆，獨步當代的奚南薰（圖廿六）；強調隸書當重波磔、潛心研究甲骨文、金文的陳其銓（圖廿七）。

中國文人向來主張書畫同源，有許多兼擅書畫的名家，在書法方面也建立了特別的風格，如以晉唐爲根基，參酌宋明體勢的陳定山（圖廿八）；以二王行草參融鐘鼎、篆隸、喜作墨色濃淡表達的鄭曼卿（圖廿九）；畢生追求「詩書畫合一」，精研宋明各家體勢，力求寫出氣勢磅礴之行草的高逸鴻（圖三十）；善寫奔放的狂草，字中有畫意的傅狷夫（圖卅一）；融合碑學與帖學，以畫理通書理的張大千（圖卅二）；主張以「半方半圓」筆意寫隸書，以二王筆意寫行書的曹緯初（圖卅三）；行書融二王、米芾筆趣與隸書扁平體勢於一爐，斜欹剛勁讀江兆申（圖卅四）；善以楷隸合體，獨樹一幟的呂佛庭（圖卅五）。

在學術界以教學研究爲主，於退休閒暇時從事臨池而有成就的，有擅寫隸書的臺大教授臺靜農（圖卅六）；專擅行草，如米芾爽利勁秀的輔仁大學教授王靜芝（圖卅七）；能兼寫靈秀行書，又寫壯闊漢隸的師範大學教授汪中（圖卅八）。

至於臺灣本土的書家，早期有精通顏體楷書，以迴腕法寫漢隸、師法顏柳行草的曹容（圖卅九）；被譽爲「臺灣第一名儒」，師法二王、褚遂良、米元章行書的林熊祥（圖四十）；近年則有融碑意入行草，筆力蒼勁，有「南臺書宗」美譽的陳丁奇（圖四十一）；以六朝碑風入楷，晚年致力於推動標準草書的李普同

（圖四十二）。

而受到前輩薰陶，能寫出自家風格，為現代中生代典範的，有到日本筑波大學攻讀書法碩士，精研各體，行草活潑蒼勁（圖四十三）；喜以漢簡筆趣寫入隸書（圖四十四）的杜忠誥；擅寫褚體楷書（圖四十五）、行書秀逸（圖四十六），漢隸氣勢磅礴（圖四十七）的陳維德；兼攻篆刻（圖四十八）與書法，行草壯麗飛揚（圖四十九），篆書清雅靈動（圖五十），北碑圓潤中有豪邁氣息（圖五十一）的薛平南。以上三位，是當今受到書法界最高獎項－國家文藝獎肯定的中生代書法家。

另外，像鄭聰明對歐陽詢書體的研究，麥鳳秋對三百年來臺灣書法發展的研究，是中生代書法研究者最具特色的。蕙風堂筆墨公司研究毛筆，與小學生書法教材，印製精良的碑帖、出版書法類的研究叢書，對推展書法藝術有相當的功勞。中華民國書法教育學會定期舉辦全國書法比賽、書法論文發表會，更促進了書法創作與研究的風氣。張炳煌在電視上示範毛筆書寫「每日一字」，創辦《書友》與《書法進階》雜誌，並設立「社區書法推動委員會」，對書法風氣的推動，有相當的助益。

臺灣的書壇始終呈現著活潑展的現象，這得力於民間愛好書法人士熱心地開班傳藝，又有許多書法競賽鼓舞許多書法藝術家脫穎而出。但是反觀學校的書法教育，呈現著缺乏書法教材、缺乏師資、學生練習不足的現象。師範院校的學生僅是選修課程，高中也只有少數文科學生選修，中學生受到升學壓力的影響，根本不寫，小學生在大多數老師不會教，又沒有固定的課本與練習本，往往是草草書寫，應付了事。書法成為少數學子課外學習的才藝活動之一。

當然，現在新課程、新教材正在修訂，除了蕙風堂、康軒、華信三家出版社已編有國小書法教科書，國立編譯館也意識到，過去四十多年來未編書法教材的缺失，已開始著手編寫。許多大學也在努力爭取設立書法研究所，加強培育書法方面的研究人才。

目前，教育部社教司正積極推動藝術技能的分級檢定授證工作，書法也是其中一項，陳維德教授與筆者都正從事這項工作的研究與推動，希望未來透過分級檢定活動，使民間學習書法的人受到鼓舞與肯定，以書法藝術作爲終身學習的優良休閒活動。

五、結語－推廣書法藝術到世界各地的展望

在現今科學昌明、物慾橫流，精神生活貧乏、心靈空虛的世風之中，最需要能清心靜慮，舒懷養生的良方，而書法藝術就是現代人類心靈飢渴時，最佳的清涼劑。

根據高尚仁的研究指出，[2] 書法練習者和靜坐者都能達到心律和血壓緩和的狀態，而靜坐只是靜態的活動，在精神上只達到了「靜」和「鬆弛」的境界，寫書法卻能在動態活動中除了達到「靜」與「鬆弛」之外，更同時享受了美感、創造感和寫字時的操作感，比靜坐多了許多附加價值，而所得到的靜與鬆弛，更是長壽最重要秘方。所以，書法藝術，不只是一項藝術活動，更是一項健康長壽的運動。希望，未來能推展中國書法藝術到世界各地，讓世人都能達到身心健康、世界和平的新境界。

（本文承麥鳳秋女士提供許多研究心得與圖片，特此致謝。）

參考書目

黃才郎主編　《明清時代臺灣書畫作品》　臺北，行政院文化建社委員會出版　1984。

高尚仁　《書法心理學》　臺北，三民書局出版　1986。

---

[2] 參高尚仁《書法心理學》，頁 241-244。臺北，三民書局，1986 年。

麥鳳秋 〈臺灣地區三百年來書法風格之遞嬗〉 《臺灣美術》13～22期 臺中，臺灣省立美術館出版 1991・07～1993・10。

李普同主持、麥鳳秋研究 《四十年來臺灣地區美術發展研究之五－書法研究報告、展覽輯彙編》 臺灣省立美術館出版 1996。

附圖：

圖一、一字書：謝茂軒之〈靜〉

圖二、連屏：
陳維德書李白〈春夜宴桃李園序〉

夫天地者萬物之逆旅也光陰
者百代之過客也而浮生若夢
為歡幾何古人秉燭夜遊良
有以也況陽春召我以煙景大塊
假我以文章會桃花之芳園
序天倫之樂事群季俊秀皆
為惠連吾人詠歌獨慚康樂
幽賞未已高談轉清開瓊筵
以坐花飛羽觴而醉月不有佳
作何伸雅懷如詩不成罰依金
谷酒數　青蓮居士春夜宴從弟
桃花園序　歲在丙子新正陳維德

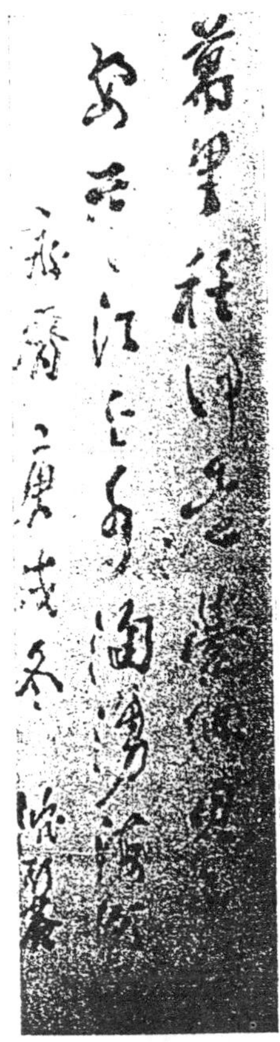
圖三、沈光文行書

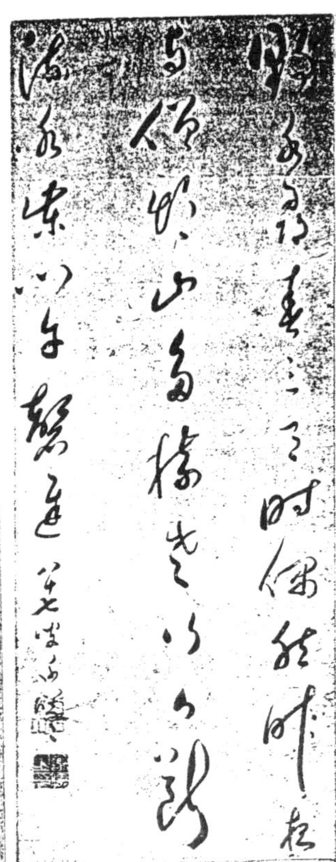
圖五、謝曦行書

圖四、朱術桂楷書

圖六、郭尚先行書

圖七、林朝英行書

圖八、謝琯樵行書

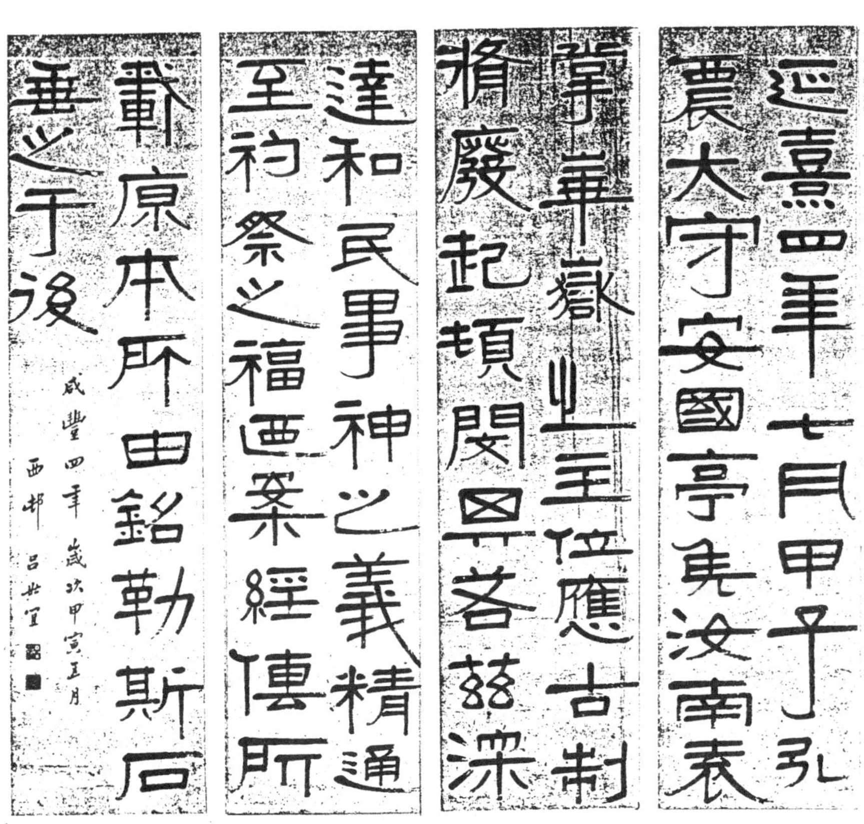
延熹四年七月甲子弘
農大守安國亭侯汝南袁
逢掌華嶽之主位應古制
脩廢起頓閔其若茲深
達和民事神之義精通
至礿祭之福迺案經傳所
載原本所由銘勒斯石
垂之于後
咸豐四年歲次甲寅正月
西郡 呂世宜

圖九、 呂世宜隸書

外王母姚太夫人傳

中正九歲而孤逾歲而母弟瑞青又殤當是時

先妣王太夫人哀痛之情重摧如中正固不得

盡識其苦然猶能領悟其一二乃至終身不能

忘蓋先妣之苦節與中正之孤露有非他人所

圖十、 蔣中正楷書

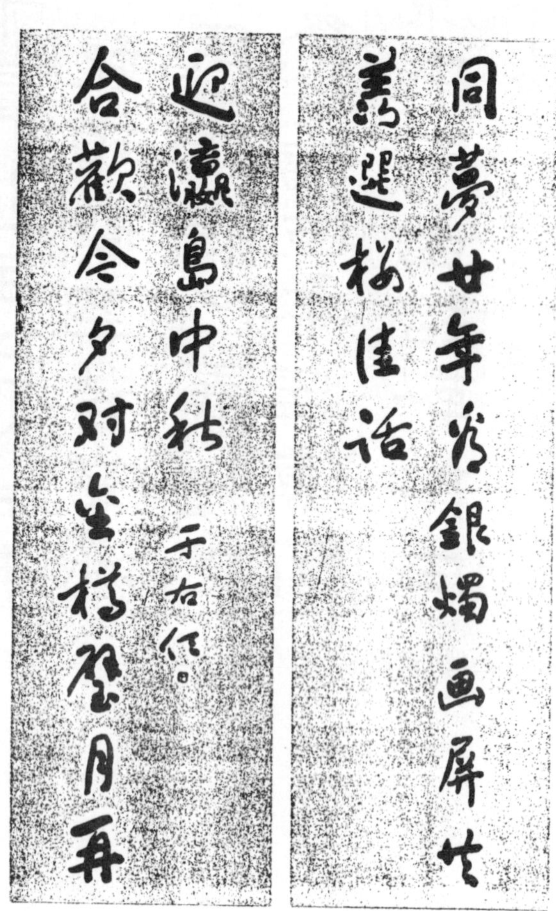

圖十一、 于右任草書

圖十二、 溥心畬楷書

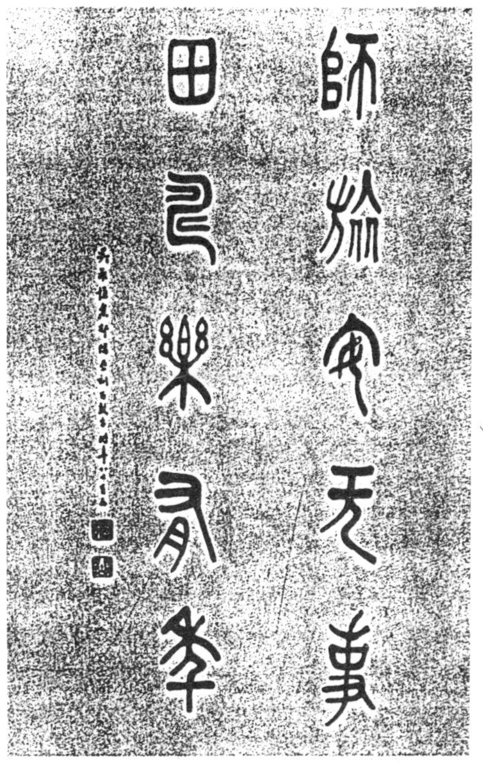

圖十三、 吳稚暉篆書

圖十四 董作賓甲骨文

妙趣千篇挂羚角

兼金一舸逐鴟夷

靄叢先生兩正 賈景德書贈

圖十五 賈景德顏體楷書

圖十六 張默君章草

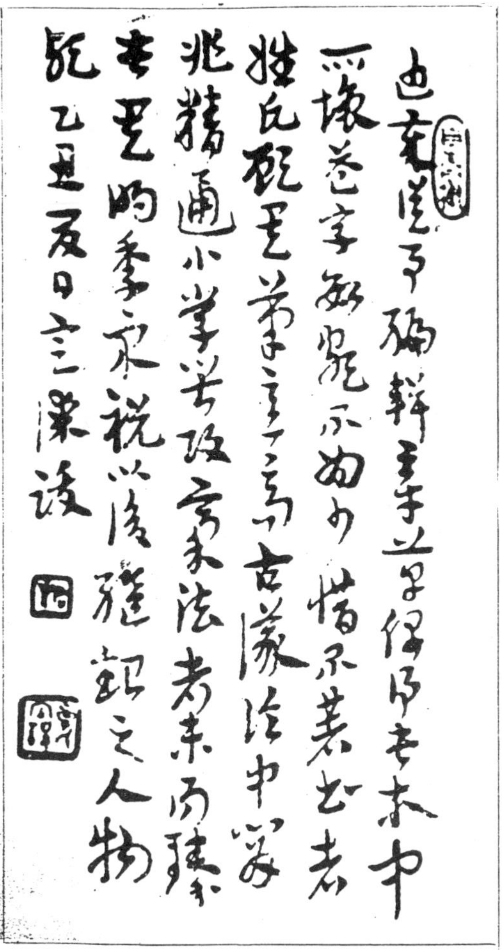

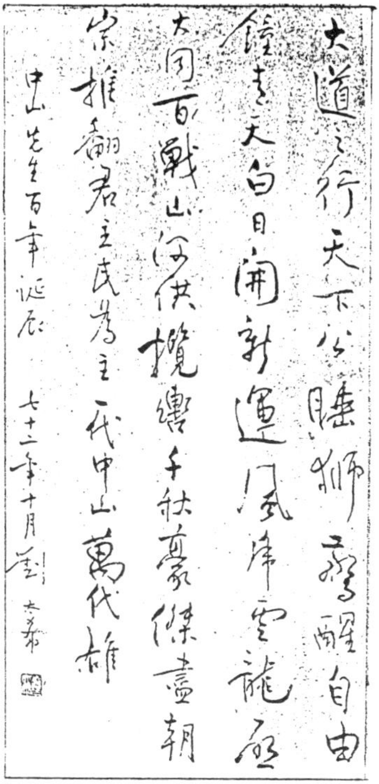

圖十八 劉太希行書

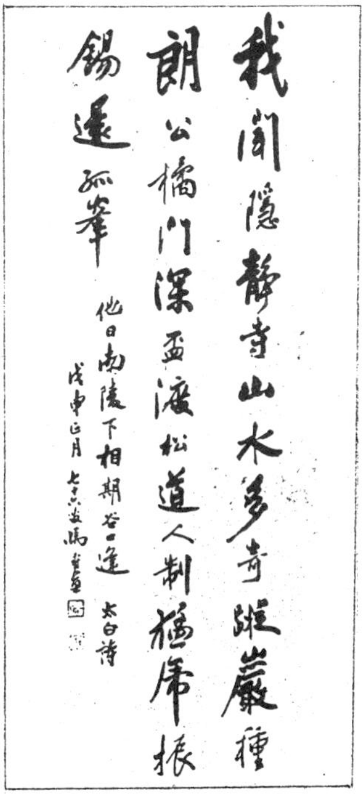

圖十九 馬壽華行書

圖十七 卓君庸章草

圖廿、梁寒操草書

圖廿一 葉公超行書

圖廿二 董開章行書

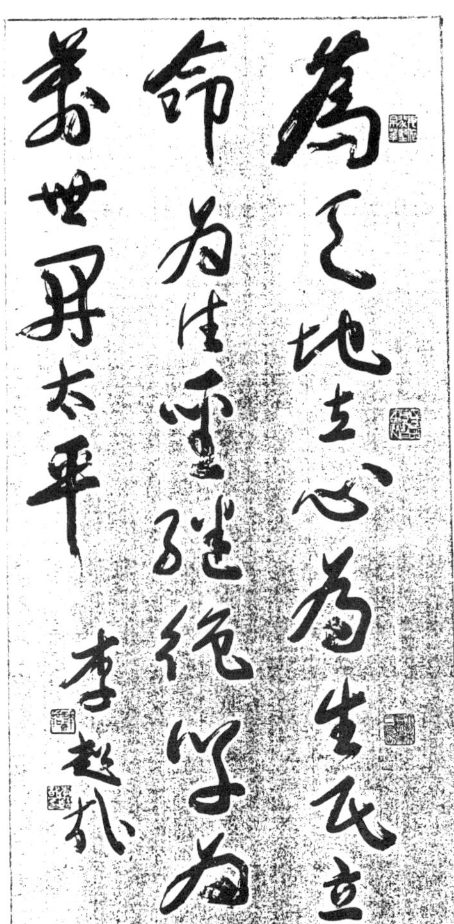

圖廿三李超哉標準草書

圖廿四、謝宗安隸書

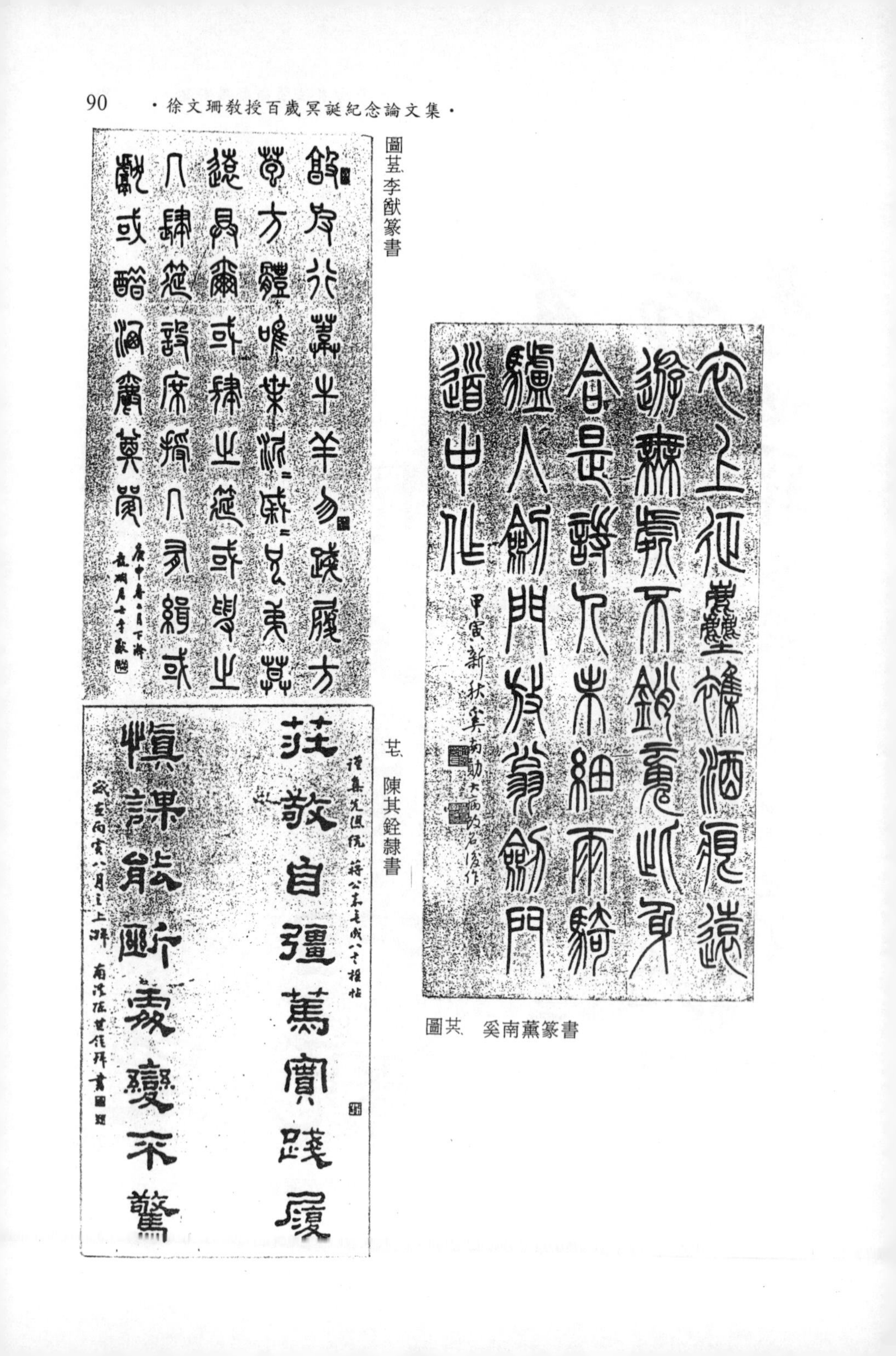

圖廿五、李猷篆書

廿七、陳其銓隸書

圖廿六、奚南薰篆書

圖廿八、陳定山行書

圖廿九、鄭曼卿行書

圖卅 高逸鴻行書

圖丗 傅狷夫狂草

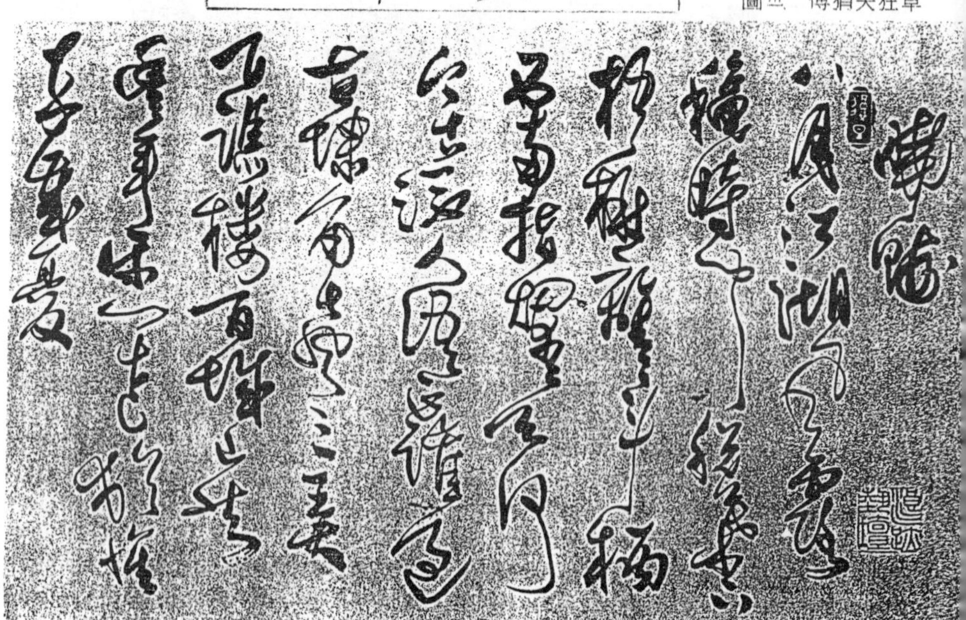

圖丗　張大千＜石門銘＞集聯

圖丗曹緯初隸書

圖卌　江兆申行書

茅屋半間任逍遙山路崎嶇賓客少看的是無名花艸聽的是枝上好鳥叫春花開得早夏蟬枝頭鬧黃葉飄飄秋來了白雪紛紛冬又到歎人生容易老終不如蓋一座安樂窩上寫道琴棋書画漁讀耕樵

錄鄭板橋安樂窩歌 呂佛庭

圖芸 呂佛庭楷書

早歲那知世事艱中原北望氣如山樓船夜雪瓜州渡鐵馬秋風大散關塞上長城空自許鏡中衰鬢已先斑出師一表真名世千載誰堪伯仲間

書書憤詩 王靜芝

圖芒王靜芝行草

書學石門頌 畫觀山海經

靜者書聯

圖共 臺靜農隸書

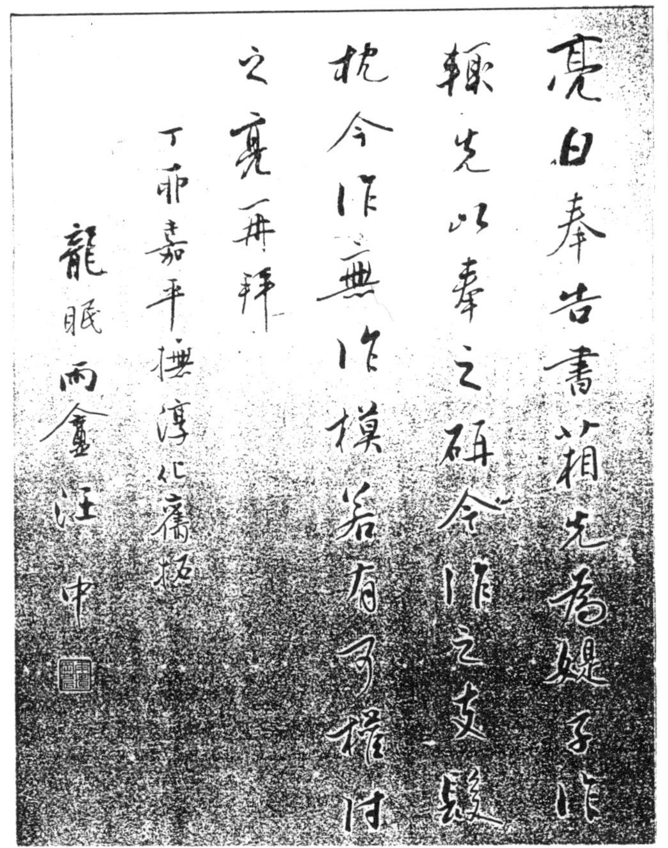

圖卅八、 汪中行書

圖卅九、 曹容行草

圖三 林熊祥行書

圖四 陳丁奇行楷

圖四二、李普同之楷書及標準草書

漢將承恩西破戎
捷書先奏未央宮
天子預開麟閣待
秖今誰數貳師功

岑參作破播仙凱歌二首之一 武陵李普同書於心太平室

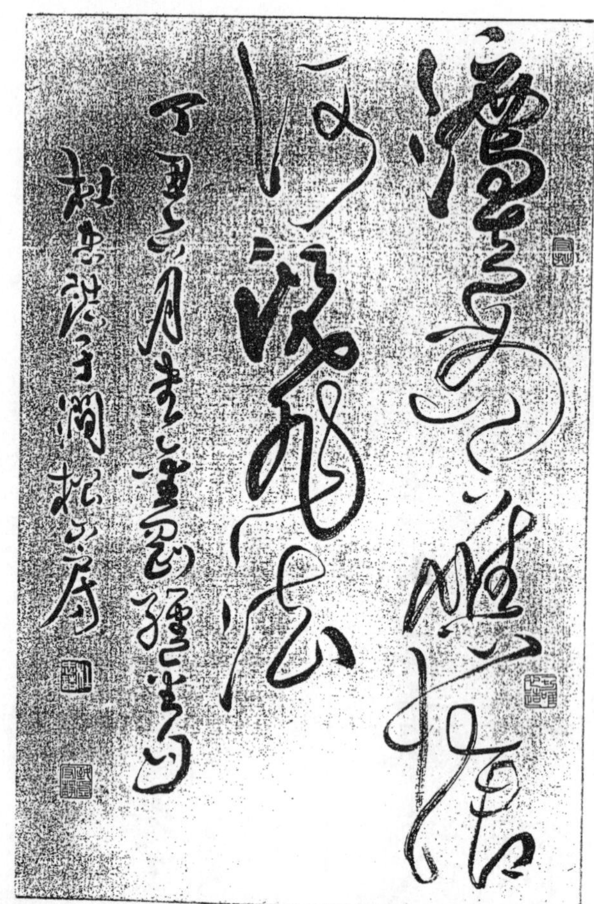

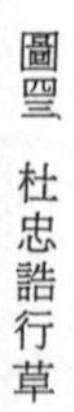

圖四三 杜忠誥行草

圖四四 杜忠誥隸書

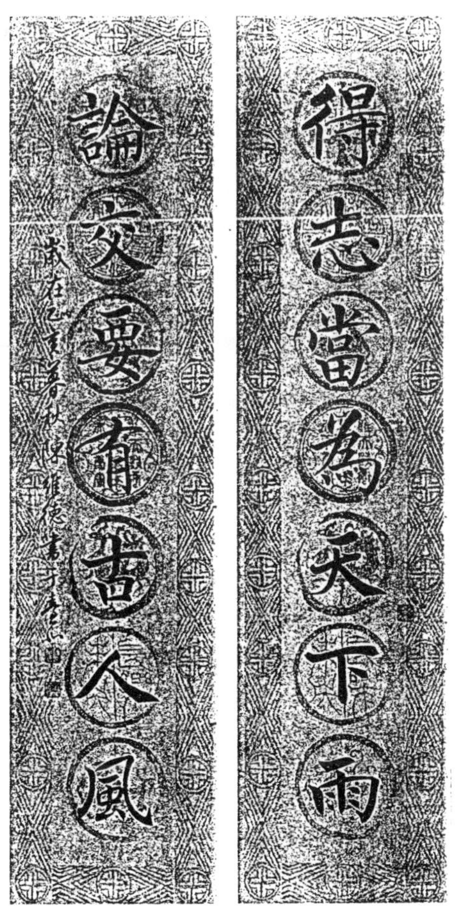

圖卌五、 陳維德楷書

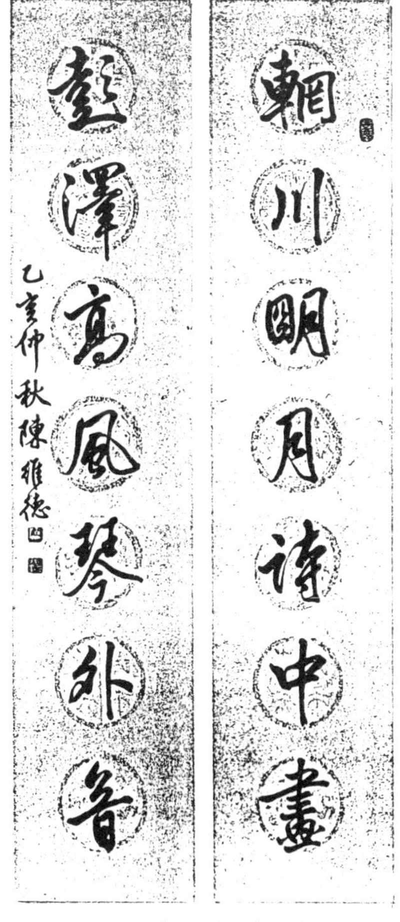

圖卌六、 陳維德行書

圖宅、 陳維德漢隸

圖卌八、 薛平南篆刻

圖卌九、 薛平南行草

圖五十、 薛平南篆書

圖五　薛平南楷書

論東漢桓靈之際之謠諺

中正大學中文系

劉文起

一、前言

在中國通俗文學作品中，民間謠諺是至為重要之一環。由早初之口頭吟唱到後來之文獻記錄，謠諺中所登錄者，多是些不經雕琢堆砌，卻又生動自然之民間文學作品，不但可呈現作者主觀之情意生命，更可視為客觀時代環境之揭示。

所謂謠諺，即指歌謠與諺語。而歌謠二者，其實亦有區別：蓋以聲而言，合樂為歌，徒歌為謠。《詩經．魏風．園有桃》：「園有桃，其實之殽。心之憂矣，我歌且謠。」《毛傳》：「曲合樂曰歌，徒歌曰謠。」《初學記》十五引《爾雅》：「聲比於琴瑟曰歌；徒歌曰謠。」[1]又引《韓詩章句》：「有曲章曰歌；無曲章曰謠。」觀乎此，則歌與謠之區別十分明顯。但是前引《詩》：「我歌且謠」《正義》云：「謠既徒歌，則歌不徒矣！故曰曲合樂曰歌。歌謠對文如此，散則歌為總名，未必合樂也。」是歌固可指入樂之歌曲，也可指徒歌。前者形式較長，後者則較短，形式短小之徒歌，與謠並無區別，故常合稱為歌謠。杜文瀾《古謠諺．凡例》：「謠與歌相對，則有徒歌、合樂之分。而歌字究係總名，凡單言之，則徒歌亦為歌，故謠可聯歌以言之，亦可借歌以稱之。」正是此義。諺語則指有韻之言語。《說文》：「諺，傳言也。」《段注》：「傳言者，古語也。古字從十

[1] 今本《爾雅》無首句七字。

口。識前言，凡經傳所稱之諺，無非前代故訓。」諺爲前人所傳之語言，《古謠諺·凡例》中又區分爲二類，一爲「彥士典雅之詞」，如：古諺、先聖諺、夏諺、周諺……等；一爲「傳世通行之說」，如：里諺、鄉諺、鄉里諺、民諺、父老諺……等。並稱：「諺本有韻之言語，故語字可訓諺言，諺亦可稱言稱語。然同一言語，而是諺非諺，不可不分。」或稱諺爲言，爲語，爲號，爲詛，其實都指的是諺，「蓋本係彥士之文言，故又能爲傳世之常言。」

謠與諺雖因爲性質不同，故常相對而稱，但卻又因爲形式短小，「有時且僅有一句，最長不過四句，四句以上，在諺可說是沒有的。謠則雖有已可屬於民歌，故以四句爲主的居多。」《中國俗文學概論》，再加上二者多出之於民間口語，故杜文瀾《古謠諺》中，將二者「合謠諺爲一集」，其所依據的理由，在「謠諺二字之本義，各有專屬主名。蓋謠訓徒歌，歌者詠言之謂。詠言即永言，永言即長言。諺訓傳言，言者直言之謂，直言即徑言，徑言即捷言也。長言主於詠歎，故曲折而紓徐；捷言欲其顯明，故平易而疾速，此謠諺所由判也。然二者皆係韻語，體格不甚懸殊，故對文則異，散文則通，可以彼此互訓。」（《古謠諺·凡例》）因此謠諺乃是一個泛稱，指的是一種具有不同之時間性（或早昔或當世）、空間性（或小或大）、階級性（或士農工商、或貧富貴賤）、多元性（政治，社會，民生經濟或個人生涯際遇）、功能性（或歌功頌德，或諷刺抨擊），利用直接陳述，或是委婉暗喻之方式所表現之民間口頭文學，在中國通俗文學之殿堂裡，佔有極重要的地位。而自史學之角度觀之，則民間謠諺實爲通俗化之歷史材料，其反映歷史、觀照歷史之功能，實可與史冊相呼應，成爲研治史學之重要資助。

二、漢世采集謠諺的意義

民間謠諺所以能成爲研治史學之重要資助，乃全拜專制官僚政治之賜。蓋政治乃群體眾人之事務，理應由公眾共同決定。若任由上位執政者之聞見知識裁斷，誠屬危險；故歷代提倡兼聽則明，偏信則闇，所謂「公生明，偏生闇」（《荀子·不苟》）之呼籲，每每不絕，既鼓勵在上位者應重視下屬百僚之箴規，更要「詢及芻蕘，參聽民氓」（《潛夫論·明闇》）。而芻蕘民氓心聲之具體表現，即是爲反映政治、社會、民生經濟而存在之歌謠。《列子》載堯治天下五十年，「不知天下治歟？不治歟？不知億兆之願戴己歟？不願戴己歟？堯於是微服遊於康衢，聞兒童謠曰：『立我蒸民，莫非爾極。不識不知，順帝之則。』……堯還宮，召舜，因禪天下。」《仲尼》此事雖難稽考，但仍有深長涵義在。《國語·晉語》：「風聽臚言於市，辨祆祥於謠」即是。而在人事制度與法令規章皆已初具規模之兩漢四百年間，采集謠諺更成爲督察政風的特殊方式，值得吾人關注。

西漢武帝時，「立樂府而采歌謠，於是有代趙之謳，秦楚之風，皆感於哀樂，緣事而發，亦可以觀風俗、知厚薄。」（《漢書·藝文志》）宣帝亦嘗遣使者十二人循行天下，「存問鰥寡，覽觀風俗，察吏治之得失，舉茂材異倫之士。」（《漢書·宣帝紀》）東漢和帝即位之初，即「分遣使者，皆微服單行，各至州縣，觀采風謠。」（《後漢書·方術李郃傳》）朝廷不單從民間搜集謠諺，了解政情得失，而後公卿大員更可以舉謠言以奏事。桓帝時，劉陶曾上奏議言：「聽民庶之謠吟，問路叟之所憂」（《後漢書·劉陶傳》）靈帝時，蔡邕上封事，有「五年制書，議遣八使，又令三公謠言奏事」（《後漢書·蔡邕傳》）之語，注引《漢官儀》：「三公聽采長吏臧否，人所疾苦，條奏之。」而范滂嘗爲太尉黃瓊所辟，靈帝「詔三府掾屬舉謠言」，范滂乃「奏刺史，二千石權豪之黨二十餘人。」《後漢書·黨錮范滂傳》注復引《漢官儀》：「頃者舉謠言，掾屬令史都會殿上，主者大言，州郡行狀云何，善者同聲稱知，不善者默爾銜枚。」依此記載，則所謂舉謠言，不論明察或暗訪，貴在下情上達，而事後對官員之獎懲，過程不但須公開而且還往復商議，遂成爲官場上下相監督的最佳手段。但是，官場種種是否因爲有此良法美意，就能救弊補闕、國治民安？桓靈二帝時所采集之謠諺，今日見在者爲數不少，[2]足可以爲此提供直接而又確切的答案。

[2] 本文所列桓靈時之謠諺計十九首。見《古謠諺》、《先秦漢魏晉南北朝詩》二書。

三、桓靈時謠諺內容分析

古代謠諺，皆起於民間，最初只發乎語言而未箸於文字，後雖筆之以文字且錄之以典籍，但依然是「天籟自鳴，直抒已志，如風行水上，自然成文。言有盡而意無窮，可以達下情而宣上德，其關係寄托，與風雅表裏相符。」（《古謠諺・序》）不管是文人學士，抑或尋常百姓，創作謠諺之目的，不外乎是「或以抒下情而通諷諭；或以宣上德而盡忠孝」（班固〈兩都賦・序〉），桓靈時之謠諺對此表現得尤其特殊強烈。但因爲達下情雖時常有之，而在上者常無德可宣，而下情沉淪，即或有鄂鄂之士在位，終究無俾益於大局。總之，爲政者雖斟酌民情而卻不能同其好惡，於是，「抒下情」與「宣上德」在此時就成爲既矛盾又對立之功能組合。而以史實徵之，更能感受到這些民間作品中所反映之諷刺、批判、抨擊諸種創作特徵。古人所謂「亂世之音，怨以怒，其政乖」（《毛詩・序》）實爲不誣。今試將桓靈謠諺內容分析如下：

（一）政風污濁，國祚衰微

東漢自光武以柔道治天下，明帝章帝之後，國力開始不振。[3]及至桓靈之際，帝國內憂外患集交，已然瀕臨滅亡，探究其原因，則自天子以下至州縣郡邑，主事者大多庸庸碌碌，偷進苟合，再加上女主干政，外戚宦官專權，致使政風污濁，國事不堪聞問，所謂「五邪嗣虐，流衍四方」（《後漢書・桓帝紀》）；「政移五倖，刑淫三獄」（同上）；「靈帝負乘，委體宦孽，徵亡備兆，小雅盡缺。」（《後漢書・靈帝紀》），范〈贊〉譏刺如此，而民間謠諺更是不遑多讓，如〈桓帝初京都童謠〉：

城上烏，尾畢逋。一年生九雛。公為吏，子為徒。一徒死，百乘車。車班班，入河間。河間姹女工數錢，以錢為室金作堂。石上慊慊

[3] 參見王夫之《讀通鑑論》卷一。

椿黃梁。梁下有懸鼓，我欲擊之丞卿怒。

依《後漢書・五行志一》所稱，則這首童謠，不但諷刺桓帝、靈帝，更及於靈帝母永樂太后及靈帝屬下群臣。所謂上樑不正下樑歪，我們翻閱史冊，桓帝延熹四年，「占賣關內侯、虎賁、羽林、緹騎營士、五大夫，錢各有差。」（《後漢書・桓帝紀》）至靈帝光和五年，竟然「初開西邸賣官，自關內侯、虎賁、羽林，入錢各有差。」（《後漢書・靈帝紀》）「時拜三公者，皆輸東園祉錢千萬，令中使督之，名爲左騶。」（《後漢書・羊續傳》）「刺史、二千石及茂才孝廉遷除，皆責助軍修宮錢，大郡至二三千萬，餘各有差。當之官者，皆先至西園諧價，然後得去。有錢不畢者，或至自殺，其守清者，乞不之官，皆迫遣之。」（《後漢書・宦者張讓傳》）所得之錢，則專供一已揮霍之用。史稱桓帝「采女數千，食肉衣綺，脂油粉黛，不可貲記。」（《後漢書・陳蕃傳》）靈帝則「遊於西園，起裸遊館千間，采綠苔而被土皆，引渠水以遶砌，周流澄澈。乘船游漾，選玉色宮人執篙楫，又奏招商之曲以來涼風，歌曰：『涼風起兮日照渠，青荷晝偃葉夜舒。惟日不足樂有餘，清絲流管歌玉鳧，千年萬歲嘉難踰。』」（《拾遺記・六》）奢靡如此，宜乎民間謠諺自不能不有感而發。

天子昏庸，整個官場風氣自不必寄予厚望，〈桓帝末京都童謠〉：

茅田一頃中有井，四方纖纖不可整。嚼復嚼，今年尚可後年鐃。

此見於《後漢書・五行志一》，描寫出官場上姦慝大熾，不可整理的形勢。「嚼復嚼」一句，注：「京都飲酒相強之辭也。言肉食者鄙，不恤王政，徒耽宴飲歌呼而已也。」其實宴飲呼叫還是小事，桓帝時，梁冀以大將軍之尊，親自設計「埤幘、狹冠、折上巾、擁身扇、狐尾單衣」（《後漢書・梁冀傳》），所開拓之林苑，「西至弘農，東界滎陽，南極魯陽，北達河淇，包含山藪，遠帶丘荒，周旋封域，殆將千里。」（同上）。東漢外戚財貨之巨，梁冀可稱最盛。而靈帝時，外戚四姓貴倖之家，亦「喪葬踰制，奢麗過禮，競相放效，莫肯矯拂。」（《後漢書・宦者呂強傳》）東漢末年之王符在《潛夫論・浮侈》中，批評王侯貴戚之人，只知「苟崇聚酒徒無行之人，傳空引滿，啁啾罵詈，晝夜鄂鄂，慢遊是好。」

實在絕非虛語。因爲這批權貴份子，「衣服飲食，車輿文飾廬舍，皆過王制，僭上甚矣！」所謂「富者競欲相過，貧者恥不逮及，是故一餐之所費，破終身之本業。」富者乘堅策肥，列鼎而食，百姓則常赤貧如洗，簞瓢屢空，自然就會借謠諺來發抒不平。如〈桓帝時天下爲四侯語〉：

左回天，具獨坐。徐臥虎，唐兩墮。

據錢大昕《後漢書補表・自序》統計，東漢封諸侯王六十一人外，封侯者共八百九十一人。其中宦者侯七十九人，就佔了相當比例。桓帝時，梁冀驕縱妄爲，桓帝得宦官單超、左悺、具瑗、徐璜、唐衡五人之助，捕殺梁冀及其宗親黨羽，五人同日封侯，世謂之爲「五侯」，從此「權歸宦官，朝廷日亂」（《後漢書・宦者單超傳》）。後來單超死，四侯更是肆無忌憚，「皆競起第宅，樓觀壯麗，窮極伎巧。金銀罽毦，施於犬馬。多取良人美女以爲姬妾，皆珍飾華侈，擬則宮人。其僕從皆乘牛車而從列騎。又養其疏屬，或乞嗣異姓，或買蒼頭爲子，並以傳國襲封。兄弟姻戚皆宰州臨郡，辜較百姓，與盜賊無異。」（《後漢書・宦者單超傳》）宦者原本刑餘之人，居然能「手握王爵，口含天憲」、「舉動回山海，呼吸變霜露。阿冒曲求，則光寵三族；直情忤意，則參夷五宗。」（《後漢書・宦者傳》）這首諺語，正足以道盡宦官不可一世之嘴臉。

在上位者既苟安專爲，作威作福，又利用其政經勢力，相互結交，透過血親、婚姻、地緣、門生故舊之關係，形成勢力網罟,相互利益輸送，勢力愈發龐大，腐化速度也就愈益驚人，所謂「豪族政治」，正是東漢政情的特殊現象。如〈京師爲袁成諺〉：

事不諧，問文開。

此處所指的是袁紹之父袁成，字文開，曾爲五官中郎將，「與梁冀結好，言無不從。」（《後漢書・袁紹傳注》）梁冀曾鴆殺質帝而立桓帝，又罔殺李固、杜喬等人，專權獨攬，大權在握，「一門前後七封侯、二皇后、六貴人、二大將軍、夫人、女食邑稱君者七人，尚公主者三人，其餘卿、將、尹、校五十七人。

在位二十餘年，窮極滿盛，威行內外，百僚側目，莫敢違命，天子恭己而不得有所親豫。」（《後漢書·梁冀傳》）袁文開之甘心願與梁冀親近，與「憔悴之音，載謠人口」（《後漢書·梁冀傳論》），實在是有因果關係。

梁冀之父梁商，在順帝之時，范史雖稱爲「賢輔」，但仍諷刺他「傳寵凶嗣」，以至於「破國傷家」（《後漢書·梁冀傳論》）。所以上述兩首諷刺袁成及四侯之謠諺，其實也可以視爲對梁冀的間接抨擊。而最後傾覆東漢國祚的董卓，民間謠諺自不會放過，〈靈帝中平中京都歌〉：

> 承樂世，董逃。遊四郭，董逃。蒙天恩，董逃。帶金紫，董逃。行謝恩，董逃。整車騎，董逃。垂欲發，董逃。與中辭，董逃。出西門，董逃。瞻宮殿，董逃。望京城，董逃。日夜絕，董逃。心摧傷，董逃。

這首歌謠見於《後漢書·五行志一》，並稱：「董謂董卓也，言雖跋扈，縱其殘暴，終歸逃竄，至於滅族也。」全篇共五十多字，在兩漢謠諺中，算是少見的長篇作品。

又獻帝踐祚之初，〈京都童謠〉：「千里草，何青青。十日卜，不得生。」案千里草爲董，十日卜爲卓，意謂董卓雖然暴盛，但一定不得善終。史稱董卓被呂布殺後，「士卒皆稱萬歲，百姓歌舞於道，長安中女士賣其珠玉衣裝市酒肉相慶者，填滿街肆。」（《後漢書·董卓傳》）雖然同是在撻伐董卓，但似乎比不上前面所引的兩首民謠，來得大膽，[4]來得生動。

（二）選舉不公，名實不符

中都官、郡國官、邊官三者，是漢代官制三大系統，[5]但因戚宦專權、女主干政，遂導致選舉仕進之途不公。所謂選舉、徵辟、貲選、任子、軍功等昇進途

---

[4]《風俗通》：「卓以董逃之歌主爲己發，大禁絕之，死者千數。」

[5] 參見勞榦先生「論漢代的內朝與外朝」一文，載中研院歷史語言研究所集刊第十三本。

徑，全由豪族權貴把持；再加上彼此經由血親、婚姻、地緣、及門生故舊等關係，形成「竊名僞服，浸以流競，權門貴仕，請謁繁興。」（《後漢書·左周黃列傳論》）之浮誇現象，於是整個官僚系統，只是「刻情修容，依恃道藝，以就其聲價，非所能通物方、弘時物也。」（《後漢書·方術列傳論》）所謂「以族舉德，以位命賢」（《潛夫論·論榮》），竟成爲東漢選舉仕進之寫照。雖有進賢之名，卻無進賢之實，民間謠諺自然會有所反映。如〈桓靈時人爲選舉語〉：

> 舉秀才，不知書。舉孝廉，父別居。寒素清白濁如泥，高第良將怯如雞。

又：

> 古人欲達勤誦經，今世圖官免治生。

這兩首諺語見於《抱朴子》：「靈獻之世，閹官用事，群姦秉權，危害忠良，臺閣失選用於上，州郡輕貢舉於下。夫選用失於上，則牧守非其人矣。貢舉輕於下，則秀孝不得賢矣。」（〈審舉〉）王符在《潛夫論》中，痛陳東漢末年之選舉風氣：「或以愚魯應茂材；以桀逆應至孝；以貪饕應廉吏；以狡猾應方正；以諂諛應直言；以輕薄應敦厚；以空虛應有道；以嚚瘖應明經；以殘酷應寬博；以怯弱應武猛；以愚頑應治擄。名實不相符，求貢不相稱。」（〈考績〉）而名實不相符，求貢不相稱之選舉風氣，實由來已久，[6]民間亦迭有反映，如〈更始時長安中語〉：

> 灶下養，中郎將。爛羊胃，騎都尉。爛羊頭，關內侯。

又如〈順帝末京都童謠〉：

---

[6] 如章帝建初元年詔：「選舉乖實，俗吏傷人，官職秏亂，刑罰不中，可不憂與？……今刺史、守相不明真僞，茂才、孝廉歲以百數，既非能顯，而當授之政事，甚無謂也。」《後漢書·章帝紀》和帝永元五年詔：「在位不以選舉爲憂，督察不以發覺爲負，非獨州郡也。是以庶官多非其人，下民被姦邪之傷，由法不行故也。」《後漢書·和帝紀》

直如弦，死道邊。曲如鉤，反封侯。

而到了桓帝時，選舉風氣更是偽舉成風，如「舊制，光祿舉三署郎，以高功久次才德尤異者爲茂才四行。時權富子弟多以人事得舉，而貧約守志者以窮退見遺。」（《後漢書·黃琬傳》）在這背景下，於是有〈京師爲光祿茂才謠〉：

欲得不能，光祿茂才。

再看桓帝本初元年詔：

選舉乖錯，害及元元。頃雖頗繩正，尤未懲改。……令秩滿百石，十歲以上，有殊才異行，乃得參選。臧吏子孫，不得察舉。杜絕邪偽請託之原，令廉白守道者得信其操。

次年，建和元年復詔曰：

詔大將軍、公、卿、校尉，舉賢良方正、能直言極諫者各一人。……又詔大將軍、公、卿、郡、國，舉至孝篤行之士各一人。

兩相對照之下，同是桓帝時的天子詔令，也同是桓帝時的民間諺言，爲何差距如此鉅大？這全是因爲桓靈之時，臣下僚屬對天子之詔令，常是虛應而已。如〈崔寔引里語〉：

州郡記，如霹靂。得詔書，但掛壁。

所謂「自違詔書，縱意出入」（《政論》），宜乎崔寔要感歎道：「自漢興以來，三百五十餘歲矣！詔令垢翫，上下怠懈，風俗凋敝，人庶巧僞，百姓囂然。」（《政論》），上下怠懈的原因，全在選舉不公，名實不符；而百姓囂然的表現，假謠諺諷刺譏評，最是自然不過之事。

當然，吾人亦須認知，在東漢末年官場中，在員額數目以十餘萬計的官場中，[7]並非沒有盡忠職守，戮力求治者。不單史書對此寄予無限贊美；民間謠諺也往往褒譽備至。如〈冀州民爲皇甫嵩歌〉：

> 天下大亂兮市為墟，母不保子兮妻失夫，賴得皇甫兮復安居。
> （案：嵩爲左車騎將軍，領冀州牧，封槐里侯。奏請冀州一年田租，以贍養饑民。帝從之。見《後漢書・皇甫嵩傳》）

〈桓帝初京師童謠〉：

> 游平（竇武，字游平，與太傅陳蕃，合心戮力，惟德是建。印綬所加，咸得其人，豪賢大姓，皆絕望矣。見（《後漢書・五行志一》）賣印自有平，不辟豪賢及大姓。

〈京兆爲爲李燮謠〉：

> 我府君（李燮拜京兆尹。詔發西園錢，燮上封事，遂止不發，吏民愛敬。見《後漢書・李燮傳》），道教舉。恩如春，威如虎。剛不吐，弱不茹。愛如母，訓如父。

而太學諸生三萬餘人，「郭林宗、賈偉節爲其冠，並與李膺、陳蕃、王暢更相褒重。學中語曰：『天下楷模李元禮；不畏強禦陳仲舉；天下俊士王叔茂。』……海內希風之流，遂共相標榜，指天下名士，爲之號稱。上曰『三君』，次曰『八俊』，次曰『八顧』，次曰『八及』，次曰『八廚』。猶古之『八元』、『八凱』也。」（《後漢書・黨錮傳》）黨錮諸君子，「依仁蹈義，舍命不渝。風雨如晦，雞鳴不已。三代以下，風俗之美，無尚於東京者。」（《日知錄》卷十七）所以能相互期許稱揚，居然是因爲「流言轉入太學」之故，[8]民間謠諺影響之大，於

---

[7] 《通典・職官典》卷三十六記東漢官秩差次：「都計內外官及職掌人十五萬二千九百八十六人。」

[8] 見《後漢書・黨錮列傳》。

此可以得知。

東漢自章帝、和帝之後，史稱治事之人，「其有善蹟者，往往不絕。」（《後漢書・循吏傳》）太學生「危言深論，不隱豪強，自公卿以下，莫不畏其貶議。」（《後漢書・宦者傳》）可惜桓靈二帝，不能效光武之「廣求民瘼，觀納風謠」（《後漢書・循吏傳》）加上政風污濁，選舉不公，以致帝國瀕於瓦解。吾人對此，除了感慨之外，也對謠諺之具有矛盾對立之功能組合，別有一番體會。

（三）外患瀕仍，民生凋敝，司法不公

政風污濁，選舉不公，已經足以動搖國本；而東漢末年羌亂轉劇，帶給平民百姓流離顛沛，逐道東走之痛苦，也在民間謠諺中呈現出來。如〈桓帝初天下童謠〉：

小麥青青大麥枯，誰當穫者婦與姑。丈人何在西擊胡。吏買馬，君具車，請為諸君鼓嚨胡。

據《後漢書・五行志一》載：「元嘉中，涼州諸羌一時俱反，南入蜀、漢，東抄三輔，延及并、冀，大爲民害。命將出眾，每戰常負。中國亦發甲卒，麥多委棄，但有婦女穫刈之也。『吏買馬、君具車』者，言調發重及有秩者也。『請爲諸君鼓嚨胡』者，不敢公言，私咽語。」這首童謠雖是桓帝永嘉時因羌亂而作，但文中所述，幾乎是整個羌亂的縮影。蓋東漢羌亂並非偶發單一事件，從光武建武十年，先零羌寇金城、隴西、爲中郎將來歙擊破於五谿開始，[9]「周秦之際，戎狄爲害。中興以來，羌寇最盛，誅之不盡，雖降復畔。」（《後漢書・段熲傳》）以至獻帝興平元年，馮翊羌爲郭汜、樊稠擊破爲止，[10]前後一百六十年之間，羌亂涵蓋的範圍，幾乎包括了中國西北地區。《潛夫論・救邊》稱：「始自并涼，延及司隸，東禍趙魏，西鈔蜀漢，五州殘破，六郡削跡。」即是。東漢與羌人征

9 見《後漢書・光武帝紀》。

10 見《後漢書・獻帝紀》。

戰之時日，在這一百六十年中，幾占半數，大規模之戰爭，前後更計有五次，[11]而財貲之損失，倘從安帝時開使算起，《後漢書・段熲傳》中即結之曰：「伏記永初中，諸羌反叛，十又四年，用二百四十億；永和之末，復經七年，用八十餘億。耗費如此，猶不誅盡，餘孽復起，于茲作害。」又記：「今若以騎五千，步萬人，車三千兩，三冬二夏，足以破定，無慮用費爲錢五十四億。」真是十足驚人。

東漢羌亂後來雖被皇甫規、張奐、段熲等人先後平定。但是「并涼之士，特衝殘斃，壯悍則委身於兵場，女婦則徽纆而爲虜，發冢露胔，死生塗炭。自西戎作逆，未有陵斥上國若斯其熾也。」（《後漢書・西羌傳》）觀所謂：「搖動數州之境，日耗千金之資」（《後漢書・西羌傳》），則童謠中稱「丈人何在西擊胡」實非虛語。而孤兒婦女，「爲人奴婢，遠見販賣，至今不能自活，不可勝數。」（《潛夫論・實邊》）若還能刈收棄麥如謠中所言之婦女，實爲少數僥倖之人。這首童謠，通篇文字平實，但字裏行間所透露出來的淡淡哀愁，以及敢怒而又不敢言的悲傷無助，足能使聞者動容。

若追究羌亂大熾之原因，對外范史先歸之於「朝規失綏御之和，戎帥騫然諾之信」（《後漢書・西羌傳》）；對內范史則又稱「朝議憚兵力之損，情存苟安。或以邊州難援，宜見捐棄；或懼疽食浸淫，莫知所限。」（同上）。官場上一味妥協苟安，轉相顧望，但知「計日月之權謀」，卻「忘經世之遠略」，甚至於有棄邊退守之議，[12]結果勢必使「謀夫回遑，猛士疑慮」（同上）。而〈王符引諺論守邊〉中所言，也就絲毫不足爲奇了：

痛不著身言忍之，錢不出家言與之。

這首諺語短短兩句，看似平淡無奇，但若仔細體會，當可感受到民間對官府因循爲用，殊無進取心態之無奈。而細民百姓「人情不安，竊憂卒然有非常之變」（《後漢書・虞詡傳》）之惶恐不安，也一一表露無遺。

---

[11] 參見馬長壽《氐與羌》第三章。

[12] 見《後漢書・馬援傳》、《後漢書・虞詡傳》。

羌亂所被覆的地區，史書稱「邊民死者不可勝數，并涼二州遂至虛耗」、「湟中諸縣，粟石萬錢」（《後漢書·西羌傳》）。而其他地區，民生凋敝，破敗殘缺的諸般景象，同樣也在民間童謠中赤裸裸地予以宣洩。如〈漢末洛中童謠〉：

雖有千黃金，無如我斗粟。斗粟自可飽，千金何所值？

又〈漢末江淮間童謠〉：

大兵如市，人死如林。持金易粟，粟貴於金。

這兩首童謠，都是爲反映「漢末大飢」（《述異記》）而作。實則百姓饑饉之現象，不但遍及全國，而且是由來已久。和帝時，「糧穀踊貴」（《後漢書·和帝紀》）；安帝時，「米穀踊貴，自關以西，道殣相望。」（《後漢書·馬融傳》）；「連年不登，穀石萬餘」（《後漢書·龐參傳》）；獻帝時，更是「穀一斛五十萬；豆麥一斛二十萬」（《後漢書·獻帝紀》）。那麼桓靈時，「五穀不登，人無宿儲」（《後漢書·桓帝紀》）米價騰踊，自然可以想見。造成這種現象，除了天災（水災、旱災、風災、蟲災、地震、疾疫等）、羌亂之外，賦稅繁多、傜役不止，土地兼併、末業畸形發展，在在均爲農民百姓之生計，劃下休止符。於是「生有終身之勤，死有曝骨之憂」（《政論》），竟使「三空之戹」」，所謂：田野空、朝廷空、倉庫空，成爲東漢末季之特異現象。[13]故桓帝時，先後就有「荊揚二州，人多餓死」、「京師廝舍，死者相枕，郡縣阡陌，往往有之」、「任城、梁國饑，民相食」、「百姓饑窮，流冗道路，至有數千萬戶，冀州尤甚。」「司隸、冀州饑，人相食」、「司隸、豫州飢死者什四五，至有滅戶者。」（《後漢書·桓帝紀》）之血淚史實。靈帝時，雖沒有諸多類此死亡流離之記載，但是「豪右辜搉，馬一匹至二百萬」（《後漢書·靈帝紀》）之登錄，也足可作爲當時人命危淺，朝不慮夕之旁證。

---

[13] 見《後漢書·陳蕃傳》。

又《古謠諺》卷六載〈范史雲歌〉：

甑中生塵范史雲，釜中生魚范萊蕪。

《後漢書・范冉傳》載，范冉字史雲，桓帝時爲萊蕪長，後遁身逃命於梁沛之間，「徒行敝服，賣卜於市。遭黨人禁錮，遂推鹿車，載妻子，捃拾自資。或寓息客廬，或依宿樹蔭。如此十餘年，乃結草室而居焉。所止單陋，有時糧粒盡，窮居自若，言貌無改。」這首歌謠贊美范冉簞瓢屢空，仍不改其樂之操守；但另一方面似乎也反向指出「狷急不能從俗」之范冉，先「受業於樊英」，後又「就馬融通經」，尚且際遇如此，那麼，眾多斗筲細民，又該如何自處？

徐幹爲此提出答案：「戶口漏於國版，夫家脫於聯伍。避役者有之，捐棄者有之，浮食者有之，於是姦心競生，僞端並作矣。」（《中論・民數》）姦心競生，僞端並作，確實是無辜百姓日暮途遠、走投無路之不得已抉擇。但是孰令爲之？孰令致之？沉淪無狀，百姓固須教化；而司法之整飭，尤爲當務之急。蓋唯有如此，方能破除弊端，恢復政經秩序。但是官場上的表現，從〈應劭引里語論讞獄〉這首諺語，即可以看出一些端倪：

縣官漫漫，冤死者半。

這首諺語見於《風俗通》：「頃者，廷尉多牆面，而苟充茲位。持書侍御史，不復平議，讞當糾紛，豈一事哉？」應劭是桓靈時人，曾「著《漢官禮儀故事》，凡朝廷制度，百官典式，多劭所立。」（《後漢書・應劭傳》）以應劭之博覽多聞，所謂苟充茲位，不復平議，應是司法不公最實際的寫照。

檢兩漢縣制，滿萬戶以上爲令；減萬戶爲長。令長之職守，是「皆掌治民，顯善勸義，禁姦罰惡，理訟平賊，恤民時務，秋冬集課，上計於所屬郡國。」（《續漢書・百官志五劉昭補注》）另外又可以貢士於所屬郡國及中央，甚而握有殺生之權；但是居然是「冤死者半」，其他體制下之表現，上至三公列侯、郡國守相；下至鄉亭部吏，自然也就可以想見。

平實而論，漢代律法，不可不謂詳備，除成文之「律」之外，天子單行之「令」，機動頒佈，尤可以補「律」之不足。[14]而且東漢時「憲令稍增，科條無限」、「典刑用法，猶尚深刻」（《後漢書・陳寵傳》），官吏若奉職不懈，則法治防姦止惡之基本功能，自然不難實現。但是因爲「州曰任郡，郡曰任縣，更相委遠，百姓怨窮。」（《後漢書・虞詡傳》）律法之執行方式與手段不公，則廢忽詔令，違背法律，就成了常態。上上下下，玩忽職守，於是「長吏臧滿三十萬而不糾舉者，刺史、二千石以縱避爲罪；若有擅相假印綬者，與殺人同棄市論。」（《後漢書・桓帝紀》）「使侍御史行詔獄亭郡，理冤枉，原輕繫，休囚徒」（《後漢書・靈帝紀》）桓靈二帝之詔書終究成了空談，而這首諺語，短短八字，也就成了「民多貧窮，豪傑務私，姦不軌得，獄豻不平」（《漢書・刑法志》）最實在的印證。

此外，赦贖過於頻繁，更是造成司法不公的主因。因爲元凶罪魁，根本不易悔改，赦贖云云，根本無濟於事。尋常百姓往往又因赦贖過度，易有非份僥倖之想，甚至既富且貴之豪門大族，因有赦贖爲其庇護，益發肆無忌憚，甘趨下流。故兩漢時不少有識之士，如：崔寔、荀悅、王符諸人，均期期以赦贖爲不可。而民間於此，也有相同之共識，如〈崔寔引里語〉：

一歲再赦，奴兒喑噁。

赦贖之事，權歸天子，漢時天子赦贖之事，大約類別有六：大赦、曲赦、別赦、赦徒、減等、贖罪。而踐祚、改元、立皇后、立太子、后臨朝、大喪、帝加冠、郊祀……都可以大赦天下其意原本在示恩行惠，「夫赦者，權時之宜，非常典也。」《漢紀》，但到了東漢之後，襲而不格，甚而變本加厲，於是災異、符瑞、徙宮、立廟，均有恩赦，致使「不軌之民，孰不肆意，遂以赦爲常俗，赦以趨赦，轉相趨蹴而不得息，雖曰赦之，亂彌繁也。」《政論》，即以桓靈之時言之，大赦天下之事，桓帝時有十四次，靈帝時有十九次，其中還有一歲再赦，甚至一歲參赦者。而出錢贖罪之事，桓帝時有一次，靈帝時有五次，不獨爲朝廷搜刮揮霍提供

---

[14] 參見孔慶明《秦漢法律史》。

資助，也爲權貴之人提供絕佳之犯罪保障，詳略雖不同，價錢也各有異，但因一般平民無力擔負，於是「入縑贖」就成爲富貴之人之專利，怪不得里語要大聲呼喊，抗議不公。

四、結語

東漢早期之時，因爲初經王莽喪亂之故，「海內之民，可得而數，裁十二三，邊陲蕭條，略無孑遺。」（《續漢書・郡國志五注》），故光武帝「知天下疲耗，思樂息肩，自隴、蜀平後，非儆急，未嘗復言軍旅。」（《後漢書・光武帝紀》）明章二帝亦號稱清平，「中興以後，逮於永元，雖頗有弛張，而俱存不擾，是以齊民歲增，闢土日廣。」（《後漢書・和帝紀》）但是和帝之後，隨著外戚宦官干政，官場昏庸、愚昧、殘苛、虛假之風氣，已無藥可救，貪吏則貪饕不法，酷吏則殺伐苛刻，俗吏則欺誣矯飾，雖然漢天子屢下求才孔急之詔，但是終無濟於大局。加上貧富不均，兩極對立之現象嚴重，整個經濟、社會體制，完全由豪門大族壟斷，而國防外患頻仍（烏桓、鮮卑、羌亂）未有休止，百姓受制於天災人禍之壓迫，忍無可忍，終於揭竿而起。從安帝永初二年，畢豪起事，至靈帝光和三年黃巾作亂，短短六七十年間，盜賊民變之次數，竟有四十餘次之眾，[15]不但規模愈來愈大，附合人數愈來愈多，而且到了桓靈之時，竟然自號「皇帝」、「皇帝子」、「太初皇帝」、「太上皇帝」、「太上皇」、「天子」[16]並且還設官置署，各有旗幟、名號，其取而代之意圖，十分明顯。而在建武、永平之時，因爲吏事深刻，於是光武「亟以謠言單辭，轉易守長」（《後漢書・循吏傳》）而桓靈時之謠諺，每一條都是記載黎民百姓斑斑血淚，哀痛逾恆的輓歌，反映如此強烈，指控如此深沈，呼籲如此直接，竟得不到朝庭之重視回應，於是整個東漢帝國的最後淪亡，也就成爲理所當然的結局；而拙文前面所稱民間謠諺可作爲研治歷史之資助，在此亦得到充分的印證。

---

15 參見鄒紀萬《兩漢土地問題研究》第五章。

16 見《後漢書・桓帝紀》、《後漢書・靈帝紀》。

宋·費袞《梁谿漫志》「東坡謫居中勇于為義」考論

中山大學中文系

劉昭明

一、前言

孔子說：「君子去仁，惡乎成名？君子無終食之間違仁，造次必於是，顛沛必於是。」[1]這是孔子對仁義君子的一種高標準要求，而東坡正是符合這種要求的仁義君子。東坡無論何時何地都一心爲人民謀福求利，縱然獲罪謫譴，淪爲罪人，顛沛流離，依然不計禍福，爲百姓貢獻心力，解決困苦。宋·費袞對東坡這種仁心義行最有體會，《梁谿漫志·東坡謫居中勇于爲義》載：

> **陸宣公謫居忠州，杜門謝客，惟集藥方，蓋出而與人交，動作言語之際，皆足以招謗，故公謹之。後人得罪遷徙者，多以此為法，至東坡則不然。其在惠州也，程正甫為廣中提刑，東坡與之中外，凡惠**

---

[1]《論語·里仁》，見《十三經注疏·論語注疏》（台北：大化書局，1989 年 10 月，4 版），冊八，頁 5364。本文徵引之書，首次見文時，詳註朝代、作者、書名、冊數、頁數、出版地、出版社、出版年月、版次，以便覆覈；再引用時，僅註明書名、冊數、頁數，以省篇幅。中國歷史紀年，首次見文時，標明西元紀年，再出現時則省略。

州官事悉以告之。諸軍闕營房，散居市井，窘急作過，坡欲令作營室三百間，又薦都監王約、指使藍生同幹。惠州納秋米六萬三千餘石，漕符乃令五萬以上折納見錢，坡以為嶺南錢荒，乞令人户納錢與米，並從其便。博羅大火，坡以為林令在式假，不當坐罪，又有心力可委，欲專牒令修復公宇、倉庫，仍約束本州科配。惠州造橋，坡以為吏孱而胥横，必四六分，分了錢，造成一座河樓橋，乞選一健幹吏來了此事。又與廣帥王敏仲書，薦道士鄧守安，令引蒲澗水入城，免一城人飲鹹苦水、春夏疾疫之患。凡此等事，多涉官政，亦易指以為恩怨，而坡奮然行之不疑。其勇于為義如此，謫居尚爾，則立朝之際，其可以死生禍福動之哉！[2]

費氏所言甚是！東坡在朝爲官，抗言直諫，極論朝政得失，盡力勸阻施行錯誤的政策，以免危害百姓，從不顧慮個人的利害得失。若得罪權貴，不容於朝，外放守郡，東坡就「因法以便民，民賴以少安。」[3]除了愛民如子，視民如傷，盡力減低新法對百姓的傷害與不便，東坡更積極興利除弊，自稱：「政雖無術，心則在民。」[4]於是，「家有畫像，飲食必祝。」[5]對於某些擾民的政策，東坡既無力扭轉，就以詩諷諫，希望能上達聖聽，力挽狂瀾，宋．蘇轍〈亡兄子瞻端明墓誌銘〉云：「初，公既補外，見事有不便於民者，不敢言，亦不敢默視也。緣詩人之義，託事以諷，庶幾有補於國。」[6]然東坡的政敵「以諷諫爲誹謗」，[7]處心積

[2] 見宋．費衮撰，《梁谿漫志》（上海：上海書店，1990年9月，1版1刷），卷四，頁2-3。

[3] 宋．蘇轍〈亡兄子瞻端明墓誌銘〉，見宋．蘇轍撰，曾棗莊、馬德富校點，《欒城集》（上海：上海古籍出版社，1987年3月，1版1刷），冊下，頁1412。

[4] 東坡〈謝晴祝文〉，見宋．蘇軾撰，孔凡禮點校，《蘇軾文集》（北京：中華書局，1990年4月，1版2刷），冊五，頁1922。

[5] 宋．蘇轍〈亡兄子瞻端明墓誌銘〉，見《欒城集》，冊下，頁1418。

[6] 見《欒城集》，冊下，頁1414。

[7] 東坡〈乞郡劄子〉云：「昔先帝召臣上殿，訪問古今，敕臣遇事即言。其後臣屢論事，未蒙施行，乃復作爲詩文，寓物托諷，庶幾流傳上達，感悟聖意。而李定、舒亶、何正臣三人，

慮地收集、箋注其詩文，「構造飛語，醞釀百端」，[8]東坡遂得罪入獄，這就是所謂的烏臺詩案。宋神宗元豐二年（1079）十二月二十九日，東坡出獄貶黃州。宋哲宗紹聖元年（1094）六月二十五日，告下，東坡再貶嶺南惠州；紹聖四年（1097）閏二月二十日，東坡三貶海外昌化。東坡謫居黃州、惠州、昌化時，政敵虎視眈眈，九死一生，情勢極險惡；榛莽荒厲，窮鄉僻壤，環境極落後，東坡卻奮不顧身地去爲當地百姓謀福求利，這是東坡最讓人尊敬的地方。宋·費衮《梁谿漫志》首先標舉東坡謫居中勇於爲義的志行，眼光獨到，有過人之處；可惜，所舉只限於惠州時期，而且浮光略影，並未深入闡發。於是，本文詳考東坡詩文及相關資料，綜合論述、深入分析東坡謫居黃州、惠州、昌化爲百姓興利除弊的種種事跡及相關情事，如此不僅能品鑒東坡在詩文上的藝術造詣，更能彰顯東坡令人崇敬的仁心義行。

二、勸阻溺殺嬰兒

東坡任密州太守時，有詩云：「磨刀入谷追窮寇，灑涕循城拾棄孩。」[9]密州的百姓遇到饑荒年，無法維持生計，每每把嬰兒拋棄在城外。東坡出城巡視，撿拾棄嬰，常哀傷落淚。爲了拯救這些棄嬰，東坡籌湊了幾百石「勸誘米」，每月給六斗米，讓人收養棄嬰。一年後，收養者對棄嬰產生了感情，棄嬰也就有了庇護的處所。用這個方法，東坡在密州救了幾千個嬰兒。等到東坡謫居黃州，發

因此言臣誹謗，臣遂得罪。然猶有近似者，以諷諫爲誹謗也。」見《蘇軾文集》，冊三，頁829。

[8] 東坡〈杭州召還乞郡狀〉云：「臣緣此懼禍乞出，連三任外補。而先帝眷臣不衰，時因賀謝表章，即對左右稱道。黨人疑臣復用，而李定、何正臣、舒亶三人，構造飛語，醞釀百端，必欲致臣於死。先帝初亦不聽，而此三人執奏不已，故臣得罪下獄。」見《蘇軾文集》，冊三，頁829。

[9]〈次韻劉貢父李公擇見寄二首〉其二，見宋·蘇軾撰，孔凡禮點校，《蘇軾詩集》（北京：中華書局，1987年10月，1版2刷），冊二，頁647。

現黃州也有類似的情形。當地的田野百姓有溺殺嬰兒的陋俗，而長江對岸的岳州、鄂州尤其嚴重。當地的百姓向來只養育兩個男孩和一個女孩，如果超過這個數目，尤其是女嬰，生下來後立刻加以溺殺。在溺殺的過程中，父母因不忍心觀看，於是轉過臉，閉著眼睛，將嬰兒壓在水盆裡，直到停止呻吟，窒息而死，真是慘絕人圜。因爲這種陋俗的關係，當地女少男多，很多男子娶不到妻子，形成了一種嚴重社會問題。東坡對這種陋俗，非常痛心，懇請鄂州太守朱壽昌務必重視這個問題。

首先，東坡建議朱壽昌主動偵察，申明法律，公告禁止溺殺嬰兒，違者依法處徒刑兩年，令鄰居、保正舉發溺嬰者，以賞錢鼓勵民眾檢舉違法者。其次，如果百姓真的因家貧無法養育嬰兒，則勸請地主、豪富提供財物資助救濟，等到父母對嬰兒有了感情以後，就不會加以溺殺了。到了這時候，有人無子嗣，想抱養嬰兒，父母反而捨不得將嬰兒給人了，這是東坡在密州撿拾棄嬰所得到的經驗。〈與朱鄂州書〉云：[10]

> 準律，故殺子孫，徒二年。此長吏所得按舉。願公明以告諸邑令佐，使召諸保正，告以法律，諭以禍福，約以必行，使歸轉以相語，乃錄條粉壁曉示，且立賞召人告官，賞錢以犯人及鄰保家財充，若客户則及其地主。婦人懷孕，經涉歲月，鄰保地主，無不知者。若後殺之，其勢足相舉覺，容而不告，使出賞固宜。若依律行遣數人，此風便革。公更使令佐各以至意誘諭地主豪户，若實貧甚不能舉子者，薄有以賙之。人非木石，亦必樂從。但得初生數日不殺，後雖勸之使殺，亦不肯矣。自今以往，緣公而得活者，豈可勝計哉。……此等事，在公如反手耳。恃深契，故不自外。不罪！不罪！

東坡認爲親子之愛乃是天性，黃州、岳州和鄂州的百姓之所以會溺殺嬰兒，只是被傳統習俗所牽引罷了。所以他發揮自已對鄂州太守朱壽昌的影響力，籲請明令禁絕溺嬰，借助官府的力量，賞罰分明，軟硬兼施，以改變當地溺殺嬰兒陋俗，

---

10 見《蘇軾文集》，冊四，頁 1417-1418。

恢復人性的光輝與天倫的親情。

鄂州太守朱壽昌生性仁善，是當時最有名的孝子，東坡曾作詩頌美他，[11]並藉以譏刺不服母喪的新黨小人李定，[12]成爲烏臺詩案的禍根。[13]對於東坡拯救溺嬰的建議，朱壽昌必然會施行。但爲了使拯救溺嬰的義行能確實有效，行之久遠，東坡又善用民間的力量，請黃州人古耕道發動募捐，讓當地的富人每年最少捐出十千錢，多多益善，由黃州安國寺僧繼蓮出面掌理財務收支，購買日常用品濟助窮人，希望每年最少能挽救一百個嬰兒的寶貴生命。〈黃鄂之風〉云：[14]

> **近聞黃州小民貧者生子多不舉，初生便於水盆中浸殺之，江南尤甚，聞之不忍。會故人朱壽昌康叔守鄂州，迺以書遺之，俾立賞罰以變此風。黃之士古耕道，雖椎魯無它長，然頗誠實，喜為善。乃使**

---

[11] 東坡〈朱壽昌郎中，少不知母所在，刺血寫經，求之五十年，去歲得之蜀中。以詩賀之〉云：「嗟君七歲知念母，憐君壯大心愈苦，羨君臨老得相逢，喜極無言淚如雨。不羡白衣作三公，不愛白日昇青天，愛君五十著綵服，兒啼卻得償當年。烹龍爲炙玉爲酒，鶴髮初生千萬壽。金花詔書錦作囊，白藤肩輿簾蹙繡。感君離合我酸辛，此事今無古或聞。長陵卻來見大姊，仲孺豈意逢將軍。開皇苦桃空記面，建中天子終不見。西河郡守誰復譏，潁谷豐人羞自薦。」見《蘇軾詩集》，冊二，頁 386-388。

[12] 東坡〈蔡延慶追服母喪〉云：「蔡延慶所生母亡，不爲服久矣，聞李定不服所生母，爲臺所彈，迺乞追服。迺知蟹筐蟬緌，不獨成人之喪也。是時有朱壽昌，其所生母，三歲捨去，長大刺血寫經，誓畢生尋訪。凡五十年，迺得之。奉養三年而母亡，壽昌至毀焉。善人惡人相去，迺爾遠耶？予謫居於黃，而壽昌爲鄂守，與予往還甚熟，予爲譔《梁武懺引》者也。」見《蘇軾文集》，冊六，頁 2288。

[13] 宋・魏泰《東軒筆錄》載：「司農少卿朱壽昌，方在襁褓，而所生母被出。及長，仕於四方，孜孜訪尋不逮。治平中，官至正郎矣，或傳其母嫁爲關中民妻，壽昌即棄官入關中，得母於陝州。士大夫嘉其孝節，多以歌詩美之，蘇子瞻爲作詩序，且譏激世人之不養者，李定見其序，大恚恨。會定爲中丞，劾軾嘗作詩謗訕朝廷，事下御史府鞫劾，時至不測，賴上保之，止黜爲黃州團練副使。」見《景印文淵閣四庫全書》冊一〇三七（台北：台灣商務印書館，1985 年 6 月，初版），頁 474。

[14] 見《蘇軾文集》，冊六，頁 2316。

率黃人之富者，歲出十千，如願過此者，亦聽。使耕道掌之，多買米布絹絮，使安國寺僧繼蓮書其出入。訪閭里田野有貧甚不舉子者，輒少遺之。若歲活得百個小兒，亦閑居一樂事也。吾雖貧，亦當出十千。

須知，每年出十千錢拯救棄嬰，對黃州富人來說，只是九牛一毛，毫無困難，可是對東坡來說，卻是一筆很大的負擔。東坡在黃州，家口既多，食指浩繁，有出無進，「窘乏殊甚」，[15]〈與章子厚參政書〉云：[16]

黃州僻陋多雨，氣象昏昏也。魚稻薪炭頗賤，甚與窮者相宜。然軾平生未嘗作活計，子厚所知之。俸入所得，隨手輒盡。而子由有七女，債負山積，賤累皆在渠處，未知何日到此。見寓僧舍，布衣蔬食，隨僧一餐，差為簡便，以此畏其到也。窮達得喪，粗了其理，但祿廩相絕，恐年載間，遂有饑寒之憂，不能不少念！

〈與章子厚〉云：[17]

江淮間歲豐物賤，百須易致，但貧窶所迫，營幹自費力耳。

〈答秦太虛〉云：[18]

初到黃，廩入既絕，人口不少，私甚憂之。但痛自節儉，日用不得過百五十，每月朔便取四千五百錢，斷為三十塊，掛屋梁上，平日用畫叉挑取一塊，即藏去叉，仍以大竹筒別貯用不盡者，以待賓客，此賈耘老法也。

〈與王定國〉亦云：[19]

---

15 〈與參寥子・四〉，見《蘇軾文集》，冊五，頁 1860。

16 〈與章子厚參政書・一〉，見《蘇軾文集》，冊四，頁 1412。

17 〈與章子厚・二〉，見《蘇軾文集》，冊四，頁 1640。

18 〈答秦太虛・四〉，見《蘇軾文集》，冊四，頁 1536。

> 廪入雖不繼，痛自節儉，每日限用百五十，自月朔日取錢四千五百足，繫作三十塊，掛屋梁上，平明以畫杈子挑取一塊，即藏去杈子，以大竹筒別貯用不盡者，可謂至儉。

從這些書信，不難想像東坡在黃州的窮困。至若東坡黃州詩更屢屢叫窮，如「雖云走仁義，未免違寒餓。」[20]「落第汝爲中酒味，吟詩我作忍飢聲。」[21]「起攜蠟炬遶空室，欲事烹煎無一可。」[22]「空床斂敗絮，破灶鬱生薪。相對不言寒，哀哉知我貧。」[23]類此之例，不勝枚舉。在這種情境下，東坡爲了增加收入解決衣食問題，決定開墾荒地，種稻植麥，〈東坡八首〉詩序云：「余至黃州，日以困匱。故人馬正卿哀余乏食，爲於郡中請故營地數十畝，使得躬耕其中。」[24]雖然東坡的經濟如此困窘，可是他手滑心慈，行義不落人後，東坡同黃州富人一樣，每年出錢十千，只希望能多救一些溺嬰，便是他謫居黃州生活的一大樂事：「若歲活得百個小兒，亦閒居一樂事也。」東坡謫居黃州，釜中生魚，甑中生塵，窮苦不堪，卻出錢出力，勇於爲義，令人尊敬。

三、施藥救人

東坡謫居黃州時，當地連年都發生疫癘，很多人都病倒了。東坡向來留意醫藥，此時又獲眉州同鄉巢穀傳授可治疫癘的聖散子藥方，於是大鍋熬煮，免費分送給病人服用，從死神的手中搶回了無數寶貴的生命。東坡在〈聖散子敘〉裡，

---

19 〈與王定國・八〉，見《蘇軾文集》，冊四，頁 1518。

20 〈遷居臨皋亭〉，見《蘇軾詩集》，冊四，頁 1054。

21 〈姪安節遠來夜坐三首〉其三，見《蘇軾詩集》，冊四，頁 1095。

22 〈徐使君分新火〉，見《蘇軾詩集》，冊四，頁 1114。

23 〈大寒步至東坡贈巢三〉，見《蘇軾詩集》，冊四，頁 1160。

24 見《蘇軾詩集》，冊四，頁 1079。

曾詳記此方的神奇效益與傳奇故事：[25]

> 若時疫留行，平旦於大釜中煮之，不問老少良賤，各服一大盞，即時氣不入其門。平居無疾，能空腹一服，則飲食倍常，百疾不生。眞濟世之具，衛家之寶也。其方不知所從出，得之於眉山人巢君穀。穀多學，好方秘，惜此方，不傳其子。余苦求得之。謫居黃州，比年時疫，合此藥散之，所活不可勝數。巢初授余，約不傳人，指江水為盟。余竊隘之，乃以傳其蘄水人龐安時。安時以善醫聞於世又善著書，欲以傳後，故以授之，亦使巢君之名，與此方同不朽也。

平常服用聖散子可以百病不生，疫癘流行時服用，可以不受感染，藥效真神奇！因爲東坡的胸襟氣度，聖散子才能由秘藏而傳世；因爲東坡的仁心義行，黃州的人民才能免於疫癘的荼毒。宋哲宗元祐五年（1090）三月，東坡知杭州，當地疫癘流行，死了不少人。東坡想到自己在黃州的經驗，就自費熬製聖散子讓患者服用，又救活了無數人。宋哲宗元祐六年（1091），東坡在汴京作〈聖散子後序〉回憶說：[26]

> 聖散子主疾，功效非一。去年春，杭之民病，得此藥全活者，不可勝數。所用皆中下品藥，略計每千錢即得千服，所濟已及千人。由此積之，其利甚博。

無論謫居黃州，或知杭州，東坡都施藥救人，博施濟眾，活人無數。

宋哲宗紹聖元年十月，東坡抵達惠州貶所，見此地生活落後，氣候濕熱，山川蒸鬱，瘴雨蠻煙，細菌和病毒流布極快，百姓的生命爲病魔所侵，有詩云：[27]

---

[25] 見《蘇軾文集》，冊一，頁 331。

[26] 見《蘇軾文集》，冊一，頁 332。

[27] 〈次韻定慧欽長老見寄八首〉其七，見《蘇軾詩集》，冊七，頁 2117。

少壯欲及物，老閑餘此心。微生山海間，坐受瘴霧侵。

東坡從年輕時就希望能救助人民，現在謫居惠州，已經六十歲了，雖然年紀大了，空閒也多了，依然保有救助百姓的仁襟義懷。這是東坡謫居惠州勇於行義的自述，從年少到年老，從榮華富貴到成爲罪人，東坡無時無刻都想要濟助苦難的百姓。於是，東坡在惠州大量培植「開心定魂魄」的人參、「丹田自宿火，渴肺還生津」的地黃、「大將玄吾鬢，小則餉我客」的枸杞、「香風入牙頰」的甘菊、「禦瘴傳神良」的薏苡，[28]東坡種這麼多藥用植物，不但自己能怡情養性，祛病強身，又可以幫助別人。有些藥材和熬製藥物的器具，本地不生產，東坡就託親友從外地買入，如〈與程正輔〉云：[29]

> 廣州多松脂，閩甫嘗買，用桑皮灰煉得甚精，因話告求數斤。仍告正輔與買生者十斤，因便寄示。舶上硫黃如不難得，亦告為買通明者數斤，欲以合藥散。鐵爐熬，可作時羅夾子者，亦告為致一副中樣者。三物，皆此中無有也。

程之才，字正輔，四川眉山人，是東坡母親程夫人的胞姪，也就是程夫人兄長程濬之子，又娶東坡之姊八娘爲妻。在名份上，程之才不但是東坡的表兄，也是東坡的姊夫。可是東坡的姊姊八娘於十八歲嫁到程家後，得不到公婆和丈夫的疼愛，兩年後鬱悶病死。蘇洵心疼愛女，作〈蘇氏族譜亭記〉痛罵程家，[30]又作〈自尤〉詩詳述八娘被程家虐待致死的經過，[31]兩家從此搆怨，斷絕往來。權相章惇與東坡論交幾十年，他熟知蘇、程兩家的恩怨，所以將東坡流竄惠州後，立刻選派程之才爲廣南東路提刑，巡按惠州，讓他整治東坡，爲自己宣泄怨恨，這是一種借刀殺人法。可是想不到，東坡與程之才卻在此時盡釋前嫌，化解上一代的恩

---

[28] 〈小圃五詠〉，見《蘇軾詩集》，冊七，頁 2156-2161。

[29] 〈與程正輔·七一〉，見《蘇軾文集》，冊四，頁 1621。

[30] 參見宋·蘇洵撰，曾棗莊、金成禮箋註，《嘉祐集箋註》（上海：上海古籍出版社，1993 年 3 月，1 版 1 刷），頁 390-392。

[31] 參見《嘉祐集箋註》，頁 511-513。

怨，兩人相處甚歡。於是，東坡請程之才代購松脂、硫磺等藥材，及熬製藥物所需的工具。〈與王敏仲〉又云：[32]

> 治瘴止用薑、蔥、豉三物濃煮熱呷，無不效者。而土人不知作豉。又此州無黑豆，聞五羊頗有之，便乞為致三碩，得為作豉，散飲疾者。

東坡治療瘴疫的秘方，是用薑、蔥、豆豉熬煮濃湯，趁熱飲用，功效顯著。可是，惠州不產黑豆，當地人又不懂得製豆豉。爲了治療得瘴癘的惠州百姓，東坡特別請廣州太守王古從該地購買黑豆，以便製成豆豉，與薑、蔥同煮，免費給得瘴疫者飲用。要注意的是，東坡請王古代購黑豆製豉，一次要三石之多，可以想見東坡在惠州施藥救人是相當有規模的。惠州太守詹範爲了幫助東坡推行施藥救人的義舉，還調派「買藥兵士」數人，[33]供東坡差遣指揮，幫忙購買藥材，聯絡事情。〈與程正輔〉又云：[34]

> 少事干告，此中太守已借數人白直，僅足使令，欲更告兄，輒借兩人，如許，即乞彼中先減兩白直，卻牒州差兩廂軍借使也。

東坡施藥救人的義舉越做越大，到後來，連本地太守所支援的兵士都已不敷差遣，東坡只好再向提刑程之才請求支援人手，使施藥救人的義行能順利推行，以造福更多的百姓。

東坡在惠州施藥救人，雖然耗費錢財與心力，極疲憊，極勞累，可是他的內心卻充滿了喜悅，〈書東皋子傳後〉云：[35]

> 常以謂人之至樂，莫若身無病而心無憂。我則無是二者矣。然人之

---

32 〈與王敏仲・十三〉見《蘇軾文集》，冊四，頁 1694。

33 東坡〈與程正輔・三七〉云：「某凡百如昨，近指使柯推及郡中買藥兵士三次奉狀，一一達否？」見《蘇軾文集》，冊四，頁 1605。

34 〈與程正輔・四五〉，見《蘇軾文集》，冊四，頁 1607。

35 見《蘇軾文集》，冊五，頁 2049。

有是者，接於予前，則予安得全其樂乎？故所至，常蓄善藥，有求者則與之，而尤喜釀酒以飲客。或曰：「子無病而多蓄藥，不飲而多釀酒，勞己以為人，何也？」予笑曰：「病者得藥，吾為之體輕，飲者困於酒，吾為之酣適，蓋專以自為也。

東坡自己雖然可以身無病、心無憂，無所不樂，可是看到別人有病痛煩憂，他又怎麼能快樂起來呢？所以，東坡說自己在惠州施藥救人，不是爲了幫助別人，而是專門爲自己設想，爲自己打算，只希望能完整保有自己的快樂罷了。東坡這種說辭，當然只是一種行善不居功、施恩不望報的謙辭。東坡恫瘝在抱，看到百姓有疾苦病痛，感同身受，好像自己身受疾苦病痛一樣，這才是東坡施藥救人的本心。

東坡謫居昌化以後，發現海南民智未開，迷信鬼神，唯巫是聽，有病不尋醫服藥，專以殺牛求巫、祭神禱鬼爲事，《儋縣志·海黎志·黎情》亦載「病則槌牛祀鬼」。[36]但本地不重視農耕和畜，自然沒有那麼多牛可以宰殺，只好仰賴船舶自外進口，牛價因此很昂貴，一隻牛可以換取一擔珍貴的沉水香。[37]雖然如此，但有錢人爲了祈求自己的生命，仍然一殺就是十幾隻。結果牛死了，病人也耽誤了治病的時機，不僅浪費金錢，荼毒生靈，妨害農耕，也危害自己的生命，東坡對此陋俗極感痛心！〈書柳子厚牛賦後〉：[38]

嶺外俗皆恬殺牛，而海南為甚。客自高化載牛渡海，百尾一舟，遇風不順，渴饑相倚以死者無數。牛登舟皆哀鳴出涕。既至海南，耕者與屠者常相半。病不飲藥，但殺牛以禱，富者至殺十數牛。死者不復云，幸而不死，即歸德於巫。以巫為醫，以牛為藥。間有飲藥

---

36 見彭元藻修，王國憲纂，《儋縣志》（台北：成文出版社，1974年12月，台1版），冊二，頁576。

37 宋·范成大《桂海虞衡志》載：「省民以牛博之於黎，一牛博香一擔。」見《景印文淵閣四庫全書》冊五八九（台北：台灣商務印書館，1984年10月，初版），頁372。

38 見《蘇軾文集》，冊五，頁2058。

者，巫輒云：「神怒，病不可復治！」親戚皆為卻藥，禁醫不得入門，人、牛皆死而後已。地產沉水香，香必以牛易之黎。黎人得牛，皆以祭鬼，無脫者。中國人以沉水香供佛，燎帝求福，此皆燒牛肉也，何福之能得，哀哉！予莫能救，故書柳子厚〈牛賦〉以遺瓊州僧道贇，使以曉喻其鄉人之有知者，庶幾其少衰乎？

海南島這種以巫爲醫、以牛爲藥的陋俗，往往導致牛死人亡，人財兩空，農業更無法發展，實在是最愚蠢的行爲。不過，海南人之所以出此下策，除了文明落後，迷信無知，此間物質貧乏，缺乏醫藥亦是原因之一，東坡曾歎說：「此間食無肉，病無藥，居無室，出無友，冬無炭，夏無寒泉，然未易細數，大率皆無耳。」[39]所以東坡不但以言語、文字分析利害，勸人變習易俗，又與兒子蘇過收錄驗方，四處採集藥草，以便自我調護，隨時施藥救人，詩云：「黃薑收土芋，蒼耳斫霜叢。兒瘦緣儲藥，奴肥爲種菘。」[40]

爲了幫忙老父收集、貯存藥草，蘇過竟然累得形體消瘦，可見東坡在昌化施藥救人的苦心與規模了。有一天，東坡發現自己所住屋舍旁竟長有良藥蒼耳，喜悅之情溢於言表，認爲是自己的一大幸事，〈蒼耳錄〉載：「海南無藥，惟此藥生舍下，遷客之幸也！」[41]此外，如〈海漆錄〉、[42]〈辨漆葉青黏散方〉、[43]〈天麻煎〉、[44]〈煉桌耳霜法〉、[45]〈代茶飲子〉[46]等驗方，都是東坡在海南島採藥行醫的心得與紀錄。宋・周必大曾親見東坡在昌化所寫的藥方，作〈題蘇季真家所

---

39 〈與程秀才・一〉，見《蘇軾文集》，冊四，頁 1628。

40 〈用過韻，冬至與諸生飲酒〉，見《蘇軾詩集》，冊七，頁 2324。

41 〈蒼耳錄〉，見《蘇軾文集》，冊六，頁 2359。

42 〈海漆錄〉，參見《蘇軾文集》，冊六，頁 2357。

43 〈辨漆葉青黏散方〉，參見《蘇軾文集》，冊六，頁 2355-2356。

44 〈天麻煎〉，參見《蘇軾文集》，冊六，頁 2351。

45 〈煉桌耳霜法〉，參見《蘇軾文集》，冊六，頁 2354。

46 〈代茶飲子〉，參見《蘇軾文集》，冊六，頁 2351。

藏東坡墨蹟〉發明東坡的苦心：[47]

> 陸宣公為忠州別駕，避謗不著書，又以地多瘴癘，抄集驗發五十卷，寓愛人利物之心。文忠蘇公手書藥法，亦在瓊州別駕時，其用意一也。

《蘇軾文集》中所載的驗方，以昌化時期爲最多，這些都是東坡在海南島行醫救人所留下的驗證，是東坡仁心義行的具體紀錄。

雖然東坡努力採集藥物，但有很多藥材海南島並不生產，東坡只好仰賴內陸親友的支援，如〈書杜子美詩〉云：「廣州舶信到，得柴胡等藥，偶錄此詩遣悶。」[48]這批藥物，先由住在惠州白鶴峰的蘇邁寄往廣州，再由廣州天慶觀道士何德順託船運到海南島給東坡，層層轉託，費時費力，得來不易。〈與羅秘校〉云：[49]

> 此間百事不類海北，但杜門面壁而已。彼中有麤藥可治病者，為致少許。此間如蒼朮、菊皮之類，皆不可得，但不論麤賤，為相度致數品。

海南島藥物奇缺，所以東坡請在海豐、陸豐任職的羅秘校爲他找一些寄來，不論好壞，有就好。語氣既急迫，又無奈，顯示東坡救治昌化百姓的心情是多麼急切，而對於當地藥物的缺乏卻又充滿了無力感。〈與程全父〉又云：[50]

> 久不得毗陵信，如聞浙中去歲不甚熟，曾得家信否？彼土出藥否？有易致者，不拘名物，為寄少許。此間舉無有，得者即為希奇也。間或有麤藥，以授病者，入口如神，蓋未嘗識爾。

---

47 宋·周必大《益公題跋》，見《宋人題跋》（台北：世界書局，1992 年 3 月，4 版），冊上，頁 641。

48 見《蘇軾文集》，冊五，頁 2118。

49 〈與羅秘校·四〉，見《蘇軾文集》，冊四，頁 1770。

50 〈與程全父·十二〉，見《蘇軾文集》，冊四，頁 1627。

所謂「毗陵」，指東坡住在常州的次子蘇迨。東坡請程全父轉告蘇迨，希望他能寄一些藥物到昌化，任何藥物，不管好壞，都可以。昌化因民智未開，又缺乏醫藥，居民很少有服藥的經驗，細菌和病毒完全沒有抗藥性。於是，東坡用來醫治當地民眾的藥物都成了特效藥，一服見效，藥效如神，令東坡驚訝不已。而這一封信，也正是東坡在昌化行醫濟眾、施藥救人的重要證據。[51]關於東坡一生施藥行醫的仁舉，以清·王文誥體會最深，所言亦最簡要：[52]

> 公之言醫，始於密州。讀仁宗所頒〈惠民濟眾方〉，輒榜以便民，後在黃州與龐安常善，遂究心此道。而帥杭則有病坊之設，至是竟以施藥為事矣。後復勸王敏仲行於廣州，且治孫思邈《千金方》。在海南則講求《嘉祐本草》，尤以醫藥為用。殆北歸至於虔州，則日攜藥囊以出，遇有疾者，親為疏方發藥，欣然如有所得。蓋其利濟之心，出於天性，所謂一息尚存，不容少懈者也。

只要東坡還有一口氣，只要還活在這世上，就會盡力康濟小民，救治民眾的病痛，一刻也不會鬆懈，這是東坡的與生俱來的仁義胸懷。明白了這一點，對於東坡謫居黃州、惠州、昌化都致力於施藥救人，也就不難體會了。

四、收葬暴骨

東坡不但在惠州施藥救人，活人無數，更恩及死者，收葬暴露於荒郊野外的無主白骨，〈詹守攜酒見過，用前韻作詩，聊復和之〉有句云：「江干白骨已銜

---

51 清·王文誥云：「此書乃公在海外以醫藥濟人之證。『希奇』二字乃浙中俗諺，公在浙久，已習浙語，誦之如聞鄉音，恨知之晚，不及告翟灝晴江氏使入《通俗編》也。」見《蘇文忠公詩編註集成·總案》（台北：台灣學生書局，1979 年 8 月，再版），冊三，頁 1427。

52 見《蘇文忠公詩編註集成·總案》，冊三，頁 1304。

恩」，東坡自註：「時詹方議葬暴骨」，[53]清·紀昀評說：「『江干』句突出似無理，細玩乃寓收骨瘴江之感。」[54]東坡與惠州太守詹範商議，在山邊建造一個大墳墓，把那些散處郊野的白骨收葬在一起，請提刑程之材親臨主持典禮，東坡爲作〈惠州官葬暴骨銘〉、[55]〈惠州祭枯骨文〉，[56]希望那些收葬在一起的死者能情同兄弟，和睦相處，不要爭吵，能入土爲安，解脫無戀，超生人天。

其後，東坡更出錢出力，進一步將收葬暴骨的義舉推行到遠方去，〈與羅秘校〉云：[57]

> **掩骼之事，知甚留意。旦夕再遣馮、何二士去面稟，亦有少錢在二士處。此不靦縷。**

關於東坡這一封書信，清·王文誥詮釋說：[58]

> **羅秘校，名無考，蓋嘗為秘閣校理，官於海、陸二豐者也。掩骼一事，程正輔、詹範皆預。據此書，則設立專司，徧及遠方，已成盛舉，非偶然湖上而已也。**

雖然，海豐、陸豐距離惠州遠達二、三百里，可是東坡卻不怕麻煩，派人去和羅秘校商議收葬暴骨諸事，又捐錢贊助，只希望能讓收葬更多的暴骨。在東坡出錢

---

[53] 見《蘇軾詩集》，冊六，頁 2084。

[54] 見清·紀昀評《蘇文忠公詩集》（臺北：宏業書局，1969 年 6 月，未著版次），頁 734。

[55] 東坡〈惠州官葬暴骨銘〉云：「有宋紹聖二年，官葬暴骨于是。是豈無主？仁人君主斯其主矣。東坡居士銘其藏曰：人耶？天耶？隨念而徂。有未能然，宅此枯顱。後有君子，無廢此心。陵谷變壞，復棺衾之。」見《蘇軾文集·蘇軾佚文彙編》，冊六，頁 2420-2421。

[56] 東坡〈惠州祭枯骨文〉云：「爾等暴骨于野，莫知何年。非兵則民，皆吾赤子。恭惟朝廷法令，有掩骼之文；監司舉行，無吝財之意。是用一新此宅，永安厥居。所恨犬豕傷殘，螻蟻穿穴。但爲聚冢，罕致全軀。幸雜居而靡爭，義同兄弟；或解脫而無戀，超生人天。」見《蘇軾文集》，冊五，頁 1961。

[57] 〈與羅秘校·二〉，見《蘇軾文集》，冊四，頁 1769。

[58] 見《蘇文忠公詩編註集成·總案》，冊三，頁 1330。

出力用心經營之下，收葬暴骨的義行做得有聲有色，不但官府有專人負責其事，而且施行的地區也不限於惠州而已。

東坡在惠州，曾作詩自述施藥救人、收葬暴骨的心志：[59]

> 閒居蓄百毒，救彼跛與盲。依山作陶穴，掩此暴骨橫。區區效一溉，豈能濟含生。力惡不己出，時哉非汝爭。

東坡說自己平日儲積藥物以救人，又掩埋散落各處的暴骨，但個人的能力有限，只能有一溉之功，無法救助所有的生靈。雖然如此，自己已盡了全力，限於時運，也是無可奈何的事。此詩在藝術技巧上雖沒有什麼特出的地方，卻可讓我們體會東坡施仁行義必求盡力的心志。東坡以罪人的身份謫居惠州，限於現實環境，當然不可能博施濟眾，但他還是盡力去雪中送炭，造福百姓。事實上，東坡施藥救人與收葬暴骨兩項義舉都有不小的規模，所謂一溉之功，只是東坡的謙辭，東坡爲惠州百姓所付出的心血，爲惠州人民所謀求的福澤，已極爲可觀。

五、建東新橋與西新橋

東江流貫惠州，水東是歸善縣，水西是惠州州治，平常依靠竹浮橋聯絡兩岸，故東坡詩云：「小邑浮橋外，青山石岸東。」[60]惠州與歸善縣兩地交通頻繁，行人如織，然大江和溪水在此匯合，水流湍急，舊有的竹浮橋屢建屢壞。竹浮橋毀壞後，惠州居民只好乘小船渡江，不但往來不便，且水流峻急，小船常翻覆，很多人因而被溺斃。孟子說「無禹思天下有溺者，由己溺之也！」[61]東坡雖無官責，卻有一顆人溺己溺的仁心，他籲請提刑程之才新建一座竹浮橋，每月檢修維

---

59 〈次韻定慧欽長老見寄八首〉其六，見《蘇軾詩集》，冊七，頁 2117。

60 〈新年五首〉其四，見《蘇軾詩集》，冊七，頁 2182。

61 《孟子·離婁下》，見《十三經注疏·孟子注疏》，冊八，頁 5934。

護，使百姓能通行無止：[62]

> 賤易成，創新不過二十千，一兩月修一次，每次不過費三千，惟頻修為要。

建一座竹浮橋，雖然不必很多錢，但容易毀壞，須不斷維修。爲求長固久安，東坡提議建一座比較堅固耐用的船浮橋，由道士鄧守安主其事。爲了建造船橋，惠州太守詹範向掌管財賦的轉運使司乞求支援經費，然久久未有下文。爲求順利撥款，東坡運用他的影響力，鍥而不舍，連寫二信，請提刑程之才代向轉運使傅才元關說：[63]

> 本州近申乞支阜民監糞土錢，未蒙止揮。告與漕使一言，此橋不成，公私皆病，敢望留意。

東坡在另一篇寫給程之才的書信，又叮嚀說：[64]

> 老兄留意浮橋事，公私蒙利，未易遽數。本州申漕司，乞支阜民監買糞土錢，若蒙支與，則鄧道士者可以力募緣成之矣。告與一言，某不當僭管。但見冬有覆溺之憂，太守見禱，故不忍默也。但鄧君肯管，其工必堅久也。不罪！不罪！仍乞密之，勿云出於老弟也。

東坡知道以重罪之身，自己這種行爲已僭越法度，可是爲了惠州百姓的安危，東坡甘冒大不諱，以自己的禍福作賭注，但求程之才爲其保守秘密，以免惹禍上身。在東坡的奔走請託之下，轉運使司終於派人來估算工程費用。扣除官方所能補助的經費，離建橋所需，還差了「四五百千」，[65]有待東坡捐助和籌募。

---

62 〈與程正輔・三六〉，見《蘇軾文集》，冊四，頁 1604。

63 〈與程正輔・三十〉，見《蘇軾文集》，冊四，頁 1600。

64 〈與程正輔・二七〉，見《蘇軾文集》，冊四，頁 1599。

65 〈與程正輔・三六〉載：「近因柯推行，奉狀必達。示諭修橋事，問得才元，行牒已到本州，差官估所費，蓋八九百千。除有不係省諸般錢外，猶少四五百千。」見《蘇軾文集》，當時，惠州府城西邊橫跨豐湖兩岸的豐樂橋也毀壞無法通行，[66]急須改建。豐湖廣十里，因葦藕蒲魚與灌溉之利甚豐而得名，東坡詩亦云：「豐湖有藤菜，似可敵蓴羹。」[67]豐湖因位在惠州城西，又稱西湖，附近名勝甚多，有棲禪寺、羅浮道院、逍遙堂等廟觀，又有點翠洲、熙春臺、雜花島、歸雲洞等美景，嵐影水光，風月無邊，東坡常前往遊玩，對那裡的一草一木與方外僧道都非常熟悉，〈殘臘獨出二首〉云：[68]

> 幽尋本無事，獨往意自長。釣魚豐樂橋，采杞逍遙堂。羅浮春欲動，雲日有清光。處處野梅開，家家臘酒香。路逢眇道士，疑是左元放。我欲從之語，恐復化為羊。江邊有微行，詰曲背城市。平湖春草合，步到棲禪寺。堂空不見人，老稚掩關睡。所營在一食，食已寧復事。客來豈無得，施子淨掃地。風松獨不靜，送我作鼓吹。

這是東坡白天去豐湖遊賞的紀錄，景物清幽，心情閒適，充滿了野趣。到了秋夜，明媚的豐湖，皓月千里，白露橫江，水天一色，或浮光耀金，或靜影沉璧，各處佳勝都蒙上一層空靈的外紗。東坡此時秉燭夜遊，水光月色奔赴筆下，詩作特別清逸，特別悠遠，〈江月五首・并引：嶺南氣候不常。吾嘗曰：菊花開時乃重陽，涼天佳月即中秋，不須以日月爲斷也。今歲九月，殘暑方退，既望之後，月出愈遲。予嘗夜起登合江樓，或與客遊豐湖，入棲禪寺，叩羅浮道院，登逍遙堂，逮曉乃歸。杜子美云：「四更山土月，殘夜水明樓。」此殆古今絕唱也。因其句作五首，仍以「殘夜水明樓」爲韻〉云：[69]

冊四，頁 1604。

66 東坡〈殘臘獨出二首〉云：「釣魚豐樂橋，采杞逍遙堂。」（其一）清・翁方綱註云：「《惠州西湖志》載此詩，題作〈殘臘獨出湖上〉。又此詩所謂『釣魚豐樂橋』者，西新橋舊名豐樂橋，見紹熙中通判許騫〈西新橋記〉。」見清・翁方綱撰，《蘇詩補注》（台北：廣文書局，1980 年 7 月，4 版），頁 50。

67 〈新年五首〉其三，見《蘇軾詩集》，冊七，頁 2182。

68 見《蘇軾詩集》，冊七，頁 2162。

69 見《蘇軾詩集》，冊七，頁 2140-2142。

一更山吐月，玉塔臥微瀾。正似西湖上，湧金門外看。冰輪橫海闊，香霧入樓寒。停鞭且莫上，照我一杯殘。

二更山吐月，幽人方獨夜。可憐人與月，夜夜江樓下。風枝久未停，露草不可藉。歸來掩關臥，唧唧蟲夜話。

三更山吐月，棲鳥亦驚起。起尋夢中游，清絕正如此。驅雲掃眾宿，俯仰迷空水。幸可飲我牛，不須違洗耳。

四更山吐月，皎皎為誰明。幽人赴我約，坐待玉繩橫。野橋多斷板，山寺有微行。今夕定何夕，夢中遊化城。

五更山吐月，窗迥室幽幽。玉鉤還挂户，江練卻明樓。星河澹欲曉，鼓角冷知秋。不眠翻五詠，清切變蠻謳。

東坡對豐湖月色的觀察何其幽微，對豐湖夜景的描寫多麼動人，這種細緻的體會不是一天、兩天就可以做到的。宋·劉克莊認爲這是上帝怕東坡謫居惠州太無聊，所以特地讓他管理豐湖，只有東坡的生花妙筆能將豐湖的靈秀描摹出來。[70]豐湖雖是人間仙境，遺憾的是，豐樂橋損毀，遊人無法直接過橋欣賞美景，居民往來也不方便，東坡曾歎說：「斷橋隔勝踐」。[71]因而，當湖畔棲禪寺僧希固提議用石鹽木重建樓橋時，立即獲得東坡的支持。

在建造二橋的龐大工程裡，無可避免地，會遇到許多的問題和困擾，如不肖

---

70 宋·劉克莊《後村先生大全集·豐湖》云：「岷峨一老古來少，杭潁二湖天下無。帝恐先生晚牢落，南遷猶得管豐湖。」「小朱侍郎生較晚，龍眠居士遠難呼。不知若箇丹青手，能寫微瀾玉塔圖。」見《四部叢刊正編》（台北：台灣商務印書館，1979 年 11 月，初版），冊六一，頁 109。

71 〈正月二十四日，與兒子過、賴仙芝、王原秀才、僧曇穎、行全、道士何宗一同遊羅浮道院及棲禪精舍，過作詩，和其韻，寄邁、迨一首〉，見《蘇軾詩集》，冊七，頁 20 99。

官吏貪污工程款、[72]工人怠工等，[73]但東坡未雨綢繆，預先防範，勇於任事，所有的問題和困擾都迎刃而解，二橋皆順利建成，取名東新橋、西新橋，東坡爲作〈兩橋詩·并引：惠州之東，江溪合流，有橋，多廢壞，以小舟渡。羅浮道士鄧守安，始作浮橋。以四十舟爲二十舫，鐵鎖石碇，隨水漲落，榜曰東新橋。州西豐湖上，有長橋，屢作屢壞。棲禪院僧希固築進兩岸，爲飛樓九間，盡用石鹽木，堅若鐵石，榜曰西新橋。皆以紹聖三年六月畢工，作二詩落之〉。〈東新橋〉云：[74]

> 群鯨貫鐵索，背負橫空霓。首搖翻雪江，尾插崩雲溪。
> 機牙任信縮，漲落隨高低。轆轤卷巨綆，青蛟挂長隄。
> 奔舟免狂觸，脫筏妨撞擊。一橋何足云，讙傳廣東西。
> 父老有不識，喜笑爭攀躋。魚龍亦驚逃，雷雹生馬蹄。
> 嗟此病涉久，公私困留稽。姦民食此險，出沒如梟鷖。
> 似賣失船壺，如去登樓梯。不知百年來，幾人隕沙泥。
> 豈知濤瀾上，安若堂與閨。往來無晨夜，醉病休扶攜。
> 使君飲我言，妙割無牛雞。不云二子勞，歎我捐腰犀。
> 我亦壽使君，一言聽扶藜。常當修未壞，勿使後噬臍。

〈西新橋〉云：

---

[72] 東坡〈與程正輔·三六〉云：「然老弟以卑見度之，（修橋事）恐不能成。何者，吏暗而孱，胥狡而橫，若上司應副，破許多錢，必四六分入公私下頭，做成一坐河樓橋也，必矣！必矣！才元必欲成之，選一健幹吏令來權簽判，專了此事。」見《蘇軾文集》，冊四，頁 1604。

[73] 東坡〈與林天和·十八〉云：「豐樂橋數木匠請假暫歸，多日不至，敢煩指揮勾押送來爲幸。」見《蘇軾文集》，冊四，頁 1634。

[74] 見《蘇軾詩集》，冊七，頁 2199-2201。

昔橋本千柱，挂湖如斷霓。浮梁陷積淖，破板隨奔溪。
笑看遠岸沒，坐覺孤城低。聊因三農隙，稍進百步隄。
炎州無堅植，潦水輕推擠。千年誰在者，鐵柱羅浮西。
獨有石鹽木，白蟻不敢躋。似開銅駝峰，如鑿鐵馬蹄。
岌岌類鞭石，山川非會稽。嗟我久閣筆，不書紙尾鷖。
蕭然無尺箠，欲構飛空梯。百夫下一杙，椓此百尺泥。
探囊賴故侯，寶錢出金閨。父老喜雲集，簞壺無空攜。
三日飲不散，殺盡西村雞。似聞百歲前，海近湖有犀。
那知陵谷變，枯瀆生茭藜。後來勿忘今，冬涉水過臍。

清·汪師韓對東坡這兩首詩非常推崇，認爲其作意、筆法是前人所未見，評〈東新橋〉云：「先寫浮橋之狀，次言橋成之利，而以『常當修未壞』終之，驚采絕豔，直是爲浮橋作贊頌，前賢詩中無此倔奇。」評〈西新橋〉云：「序記事跡與東橋體格不同，而波瀾意度，開闔盡致，意曲折而筆恣肆，獨以和韻顯其奇。」[75]不過，我們讀此二詩，不能只強調藝術成就，卻忽略了作品的意涵，忽略了東坡的仁心義行。爲了建造東新橋，東坡苦心籌畫，捐助金錢，更捐出自己的珍藏——以犀牛角爲佩飾的腰帶，希望多變賣一些錢，爲建橋多盡一些心力！〈東新橋〉云：「使君飲我言，妙割無牛雞。不云二子勞，歎我捐腰犀。」東坡自註：「二子造橋，余嘗助施犀帶。」[76]惠州太守詹範歎服東坡籌畫建橋的才幹，歎服東坡的慷慨解囊，特地向其敬酒致意；可是，東坡輕財好義，行不居功，認爲鄧守安道士和棲禪寺僧希固督建二橋更加辛苦，所以把功勞推給二人。爲了建造西新橋，東坡除了自己慷慨捐輸，又向愛弟蘇轍、弟婦史夫人請求捐獻，募得昔日內宮所賜黃金錢數千，故〈西新橋〉云：「探囊賴故侯，寶錢出金閨。」東坡自

75 清·汪師韓《蘇詩選評》，見四川大學中文系唐宋文學研究室編，《蘇軾資料彙編》（北京：中華書局，1994 年 4 月，1 版 1 刷），下編，頁 1849。

76 見《蘇軾詩集》，冊七，頁 2200。

註：「子由之婦史，頃入內，得賜黃金錢數千。」[77]爲了建造二橋，東坡傾囊相付，動用了可用的一切資源。須知，東坡南遷，經濟已不寬裕，幸賴蘇轍分俸七千，才能使長子蘇邁帶領家眷到宜興生活。[78]到了惠州，簞瓢屢空，生活更加困窘，詩云：「門生饋薪米，救我廚無煙。」[79]「先生失膏粱，便腹委敗鼓。」[80]「米盡初不知，但怪飢鼠遷。」[81]「典衣作重陽，徂歲慘將寒。無衣粟我膚，無酒嚬我顏。貧居真可歎，二事長相關。」[82]這些都是東坡在惠州的窮苦之語。雖然經濟如此拮据，可是爲了解除民瘼，東坡還是盡力捐助。日後，宋．劉克莊曾遊歷惠州，對東坡樂善好施的義行非常仰佩，作〈豐湖〉詩稱頌說：[83]

> **作橋聊結眾生緣，不計全家落瘴煙。內翰翻身脱犀帶，黃門勸婦助金錢。**

由於東坡在惠州大量施捨金錢從事施藥救人、掩埋暴骼、建造二橋等義行，等到

---

[77] 見《蘇軾詩集》，冊七，頁 2201。

[78] 東坡〈與參寥子．十三〉云：「某垂老再被嚴譴，皆愚自取，無足言者。事皆已往，譬之墜甑，無可追。計從來奉養陋薄，廩入雖微，亦可供饘粥。及子由分俸七千，邁將家大半就食宜興，既不失所，何復掛心，實翛然此行也。」見《蘇軾文集》，冊五，頁 1863。清．王文誥評說：「元祐以前，子由債負山積，其後久官京師，始彌縫其事。殆後累年執政，祿入優厚，非前比矣。公則祿入無幾，又南北奔走，耗於道路，此其故不同也。使非子由分俸，其與邁行計幾不可辦。」見《蘇文忠公詩編註集成．總案》，冊二，頁 1273。

[79] 〈和陶歸園田居六首〉其一，見《蘇軾詩集》，冊七，頁 2104。

[80] 〈食檳榔〉，見《蘇軾詩集》，冊七，頁 2153。

[81] 〈和陶歲暮作和張常侍．并引：十二月二十五日，酒盡，取米欲釀，米欲竭。時吳遠遊、陸道士皆客於余，因讀淵明〈歲暮和張常侍〉詩，亦以無酒爲歎，乃用其韻贈二子〉，見《蘇軾詩集》，冊七，頁 2217。

[82] 〈和陶貧士七首．并引：余遷惠州一年，衣食漸窘，重九伊邇，樽俎蕭然。乃和淵明〈貧士〉七篇，以寄許下、高安、宜興諸子姪，并令過同作〉其五，見《蘇軾詩集》，冊七，頁 2217。

[83] 宋．劉克莊《後村先生大全集．豐湖》，見《四部叢刊正編》，冊六一，頁 109。

白鶴峰新居蓋好以後，已囊橐蕭然，一窮二白，〈與南華辯老〉云：[84]

> 久忝侍從，囊中薄有餘貲，深恐書生薄福，難蓄此物。到此以來，收葬暴骨，助修兩橋，施藥造屋，務散此物，以消塵障。今則索然，僅存朝暮，漸覺此身輕安矣。

東坡話雖說得輕鬆、瀟灑，可是殘酷的現實卻讓他連生活都有困難，〈與王敏仲〉云：「某爲起宅子，用六七百千，囊爲一空，旦夕之憂也。」[85]加上此時長子蘇邁又自宜興攜家帶眷到惠州，「老稚紛紛，口眾食貧。」[86]「食口猥多，不知所爲計。」[87]雖然如此，東坡以自己的窮困，換來惠州百姓能安穩渡河，不再有溺水之憂，試看〈東新橋〉云：「嗟此病涉久，公私困留稽。姦民食此險，出沒如鳧鷖。似賣失船壺，如去登樓梯。不知百年來，幾人隕沙泥。豈知濤瀾上，安若堂與閨。往來無晨夜，醉病休扶攜。」東坡以自己的窮困，換來惠州百姓的歡欣鼓舞，試看〈東新橋〉云：「一橋何足云，讙傳廣東西。父老有不識，喜笑爭攀躋。」〈西新橋〉亦云：「父老喜雲集，簞壺無空攜。三日飲不散，殺盡西村雞。」爲了慶祝二橋落成，惠州的居民狂歡三日，痛飲美酒，殺盡雞隻，雖然有點誇張，但惠州民眾的喜悅快樂亦表露無遺。今日我們讀〈兩橋詩〉，當日惠州居民的鳧趨雀躍與歡聲雷動依稀可見。宋·蘇轍〈亡兄子瞻端明墓誌銘〉云：[88]

> 公以侍從齒嶺南編户，獨以少子過自隨，瘴癘所侵，蠻蜑所侮，胸中泊然無所蔕芥。人無賢愚，皆得其歡心，疾苦者畀之藥，殞斃者納之竁。又率眾為二橋以濟病涉者，惠人愛敬之。

東坡在惠州施藥救人、收葬暴骨、建造二橋，毫無保留地付出，只求解決民眾的

---

84 〈與南華辯老·十二〉，見《蘇軾文集》，冊五，頁 1875。

85 〈與王敏仲·十二〉，見《蘇軾文集》，冊四，頁 1694。

86 〈與林天和·十二〉，見《蘇軾文集》，冊四，頁 1632。

87 〈與王敏仲·六〉，見《蘇軾文集》，冊四，頁 1691。

88 見《欒城集》，冊下，頁 1421。

疾苦，從未顧慮到自己的生計，不但贏得惠州百姓的敬愛，讓蘇轍引以為榮，也讓後人崇拜敬仰。

六、推廣秧馬

中國古代以農立國，所以東坡對農業很重視，對農民很關懷，對農器很留意。宋神宗熙寧七年（1074），東坡任杭州通判時，曾作〈無錫稻中賦水車〉云：[89]

> 翻翻聯聯銜尾鴉，犖犖确确蜕骨蛇。分疇翠浪走雲陣，刺水綠鍼抽稻芽。洞庭五月欲飛沙，鼍鳴窟中如打衙。天公不見老翁泣，喚取阿香推雷車。

東坡形容水車轉動時好像一隻隻銜尾而飛的烏鴉，靜止時又像一隻隻剛蛻完皮瘦骨嶙峋的長蛇。五月時，太湖洞庭山乾旱不雨，塵土飛揚，鼉鼓雷鳴，可是經由水車的汲引，源源不斷的清水灌溉到田畦裡，稻子得到滋潤，都長出了新芽。雷神阿香推動雷車，可以行雲佈雨，普降甘霖，滋潤眾生，其效益是水車所比不上。可是，善用水車，卻可以暫時舒解農民的困擾。清・紀昀評此詩說：「節短勢險，句句奇矯。」[90]不過，東坡對農業的重視，對農民的關懷，對農器的重視，更值得我們注意。

東坡謫居黃州時，曾在武昌見農民利用秧馬來插秧，非常方便。[91]東坡南遷惠州，舟泊江西盧陵，觀曾安止所著《禾譜》，認為其書文筆平順優雅，內容詳細實用。然而美中不足的地方，是未著錄農器，故作詩詳述自己昔日所見的秧馬

---

[89] 見《蘇軾詩集》，冊二，頁 558。

[90] 見清・紀昀評《蘇文忠公詩集》，頁 266。

[91] 東坡〈題秧馬歌後四首・四〉云：「吾嘗在湖北，見農夫用秧馬行泥中，極便。」見《蘇軾文集》，冊五，頁 2153。

以補其不足，〈秧馬歌·并引：過廬陵，見宣德郎致仕曾君安止。文既溫雅，事亦詳實，惜其有所缺，不譜農器也。予昔遊武昌，見農夫皆騎秧馬。以榆棗爲腹欲其滑，以楸桐爲背欲其輕，腹如小舟，昂其首尾，背如覆瓦，以便兩髀，雀躍於泥中，繫束槁其首以縛秧。日行千畦，較之傴僂而作者，勞佚相絕矣。《史記》：「禹乘四載，泥行乘橇。」解者曰：「橇形如箕，擿行泥上。」豈秧馬之類乎？作〈秧馬歌〉一首，附於《禾譜》之末云〉：[92]

> **春雲濛濛雨淒淒，春秧欲老翠剡齊。嗟我婦子行水泥，朝分一壟暮千畦。腰如箜篌首啄雞，筋煩骨殆聲酸嘶。我有桐馬手自提，頭尻軒昂腹脅低。背如覆瓦去角圭，以我兩足為四蹄。聳踴滑汰如鳧鷖，纖纖束槁亦可齎。何用繁纓與月題，卻從畦東走畦西。山城欲閉聞鼓鼙，忽作的盧躍檀溪。歸來挂壁從高棲，了無芻秣飢不啼。少壯騎汝逮老黧，何曾蹶軼防顛躋。錦韉公子朝金閨，笑我一生蹋牛犁，不知自有木□騠。**

秧馬是北宋農民發明的一種農耕器具，用榆棗楸桐等木材製造，前高後翹，中間低平，外形像一隻小木船，船頭綑一束綁滿秧苗的稻稈。農人騎在秧馬上，以兩腳蹬動滑行，輕輕按下秧馬的首端，很容易就插好秧苗，極輕巧，極便捷。利用秧馬，農民插秧事半功倍，再也不必低著頭、彎著腰地辛苦插秧，再也不必忍受腰酸背痛、筋骨疲憊的折磨了。東坡此詩以真馬喻秧馬，詳述其材質、範式、與妙用，極獲稱賞，如清·紀昀譽說：「奇器以奇語寫之，筆筆欲活。」[93]清·汪師韓譽稱：「直以馬喻非馬，瑰偉連犿，其說解頤，其談清耳。」[94]宋·周必大〈跋東坡秧馬歌〉譽曰：「東坡蘇公年五十九，南遷過太和縣，作〈秧馬歌〉遺曾移忠，心聲心畫，惟意所適，如王湛騎難乘馬于羊腸蟻封之間，姿容既妙，回

---

92 見《蘇軾詩集》，冊六，頁 2051-2052。

93 見清·紀昀評《蘇文忠公詩集》，頁 721。

94 清·汪師韓《蘇詩選評》，見《蘇軾資料彙編》，下編，頁 1845。

策如縈，無異乎康莊，是殆得意之作。」[95]東坡此詩之所以特別著力，不厭其煩地去描摹，就是希望能吸引人們對秧馬的注意與興趣，進而去製造秧馬，利用秧馬，推廣秧馬，以減輕農民的辛苦。東坡在廬陵推廣秧馬，因停留時間不長，並沒有看到什麼效果[96]。然而，根據宋．周必大〈曾氏《農器譜》題辭〉的記載，東坡作〈秧馬歌〉時，曾安止兩眼已瞎，無力完成東坡的心願，改由姪孫曾之謹完成東坡的心願，作《農器譜》以補足《禾譜》「不譜農器」的缺失，「凡耒耜、耨鎛、車戽、簑笠、篠蕢、杵臼、斗斛、斧甑、倉庾，厥類惟十，附以雜記，勒成三卷。皆考之經傳，參合今制，無不備者，是可補伯祖之書，成蘇公之志矣。」[97]東坡的苦心終究沒有白費，東坡重視農器、造福農民的心志終於有了具體的結果。

東坡在惠州，見此地遍植稻麥，心裡非常高興。可是本地農民插秧時，除了會腰酸背痛，更因習慣在腳脛上清洗、打掉秧根的雜土，長期下來，農民的腳脛都潰爛了。東坡看了很不忍心，就把所作〈秧馬歌〉抄錄給當地的官吏，[98]希望能藉助官方的力量推行秧馬，解除農民的苦痛。其中，以博羅縣令林抃最有心，他根據東坡的指導，親自帶領農民製造秧馬，試用秧馬，發現東坡所傳授的秧馬還有一些缺失可以改進，東坡〈題秧馬歌後〉云：[99]

> 惠州博羅縣令林君抃，勤民恤農，僕出此歌以示之。林君喜甚，躬率田者製作閱試，以謂背當如覆瓦，然須起首尾如馬鞍狀，使前卻

---

[95] 宋．周必大《益公題跋．跋東坡秧馬歌》，見《宋人題跋》，冊上，頁 569。原書，「如王湛騎難乘馬」漏一「騎」字，「無異乎康莊」誤作「無意乎康莊」，今訂正。

[96] 東坡〈題秧馬歌後四首．四〉云：「頃來江西作〈秧馬歌〉以教人，罕有從者。」見《蘇軾文集》，冊五，頁 2153。

[97] 宋．周必大《文忠集．曾氏農器譜題辭》，見《景印文淵閣四庫全書》冊一一四七（台北：台灣商務印書館，1985 年 12 月，初版），頁 570-571。

[98] 宋．周必大《益公題跋．跋東坡秧馬歌》云：「（東坡）既到嶺南，往往錄示邑宰，予家亦藏一本。」見《宋人題跋》，冊上，頁 569。

[99] 〈題秧馬歌後四首．一〉，見《蘇軾文集》，冊五，頁 2152。

> 有力。今惠州民皆已施用，甚便之。

東坡在另一篇〈題秧馬歌後〉又云：[100]

> 林博羅又云：「以榆棗為腹患其重，當以梔木，則滑而輕矣。」又云：「俯傴秧田，非獨腰脊之苦，而農夫例於脛上打洗秧根，積久皆至瘡爛。今得秧馬，則又於兩小頰子上打洗，又完其脛矣。

經過林抃的試用、改良與推廣，秧馬更加方便實用，惠州的農民都利用秧馬來插秧，不但省時省力，農民改在秧馬前頭兩端清洗秧苗，腳脛再也不會潰爛了。〈與林天和〉云：[101]

> 秧馬聊助美政萬一爾，何足云乎？承示喻，愧悚之至。

對於東坡推廣秧馬造福農民的義行，林抃向其道謝，東坡卻一點也不居功，說自己只不過幫林抃多推行一些愛民利民的仁政罷了。事實上，東坡很賞識林抃，日後博羅發生嚴重的火災，燒毀了很多的房舍，幸賴東坡仗義直言，爲其向提刑程之才申訴，林抃才能免於被責罰。

東坡在惠州推廣秧馬，顯著的效果爲大家所目睹，所以常有人來向東坡請益，東坡儼然成爲一個農器專家。如翟東玉要到廣東龍川當縣令，特地向東坡請教秧馬的製造要領和使用方法，希望能傳給當地的農民。東坡對翟氏愛惜人民的苦心非常嘉許：[102]

> 翟東玉將令龍川，從予求秧馬式而去。此老農之事，何足云者，然已知其志之在民也。願君以古人為師，使民不畏吏，則東作西成，不勸而自力，是家賜之牛，而人予之種，豈特一秧馬之比哉！

---

100 〈題秧馬歌後四首·二〉，見《蘇軾文集》，冊五，頁 2152。

101 〈與林天和·十七〉，見《蘇軾文集》，冊四，頁 1633-1634。

102 〈題秧馬歌後四首·三〉，見《蘇軾文集》，冊五，頁 2152-2153。

東坡認爲教導農民使用秧馬，不但可以減輕農民的辛苦，也可以讓百姓體會官吏愛民的苦心。如此，官吏不須勸農，農民自然會勤勞耕種，其事雖小，其利實大，這也是東坡用心推廣秧馬的原因。

雖然東坡在惠州推行秧馬有很好的績效，不過，東坡並不以此爲滿足，他懷有一個心願，希望將秧馬推廣到稻米最多的江浙地區，〈題秧馬歌後〉云：[103]

> 念浙中稻米幾半天下，獨未知為此，而僕又有薄田在陽羨，意欲以教之。適會衢州進士梁君琯過我而西，乃得指示，口授其詳，歸見張秉道，可備言範式尺寸及乘馭之狀，仍製一枚，傳之吳人，因以教陽羨兒子，尤幸也。

東坡在另一篇〈題秧馬歌後〉又云：[104]

> 近讀《唐書·回紇部族黠戛斯傳》，其人以木馬行水上，以板薦之，以曲木支腋下，一蹴輒百餘步，意殆與秧馬類歟？聊復記之，異日詳問其狀，以告江南人也。

爲了改良秧馬，東坡考證典籍，苦思熟慮；爲了推廣秧馬到江浙地區，東坡不但傳授梁琯有關秧馬的範式尺寸，還實際製造一枚秧馬讓他帶走，真是用心良苦。東坡在惠州推廣秧馬的仁心義行，在所著四篇〈題秧馬歌後〉表露無遺。在東坡積極發揚傳播之下，到了南宋時，江、浙地區的農民已普遍使用秧馬來幫助農耕了。

七、建香積寺機碓水磨與海會院寢堂放生池

東坡推廣秧馬，受益者是廣大的農民，然東坡在惠州，連只能爲一些僧人省

---

[103] 〈題秧馬歌後四首・一〉，見《蘇軾文集》，冊五，頁 2152。

[104] 〈題秧馬歌後四首・四〉，見《蘇軾文集》，冊五，頁 2153。

下勞力的義行善事，他也極力去促成，〈遊博羅香積寺·并引：寺去縣七里，三山犬牙，夾道皆美田，麥禾甚茂。寺下溪水，可作碓磨。若築塘百步閘而落之，可轉兩輪舉四杵也。以屬縣令林抃，使督成之〉云：[105]

> 二年流落蛙魚鄉，朝來喜見麥吐芒。東風搖波舞淨綠，初日泫露酣嬌黃。汪汪春泥已沒膝，剡剡秋穀初分秧。誰言萬里出無友，見此二美喜欲狂。三山屏擁僧舍小，一溪雷轉松陰涼。要令水力供臼磨，與相地脈增隄防。霏霏落雪看收麵，隱隱疊鼓聞舂糠。散流一啜雲子白，炊裂十字瓊肌香。豈惟牢丸薦古味，要使眞一流天漿。詩成捧腹便絕倒，書生說食眞膏肓。

東坡與提刑程之才、博羅縣令林抃遊香積寺，發現可以在溪上築堤防，作陂塘，設置機碓水磨，利用天然水力的推動，幫助寺僧舂搗米麥節省體力。詩云：「要令水力供臼磨，與相地脈增隄防。」由「要令」二字，可知此時機碓水磨尚未建成，還處於勘察地勢、規畫設計的階段。可是，東坡卻想像機碓水磨建成後的美好情景：水磨開始磨麥，潔白的麵粉像雪花般四處紛飛；機碓不停地舂米，彷彿傳來打鼓的聲音。不久，用米粒熬煮的雪白稀飯好了，用麵粉烘炊的香酥餅乾好了，湯糰上桌了，以米、麥爲原料的真一酒也釀好了，[106]所有的食品都色香味俱全，讓人垂涎欲滴。此詩通篇屬對，以意貫串，揮灑自如，混融現實景物與藝術幻想爲一體，極富浪漫精神，清·汪師韓譽說：「固是硬語排奡，須看其字字鎔鑄而成，有回萬牛之力，有轉丸珠之巧。」[107]然清·紀昀卻責備說：「水磨是利民正事，縣令督成，頗爲鄭重，不得以遊戲了之！後半語雖工而意未協。」[108]紀氏認爲東坡既有心爲人民做事，使博羅縣令林抃建造機碓水磨，就該嚴肅地去面

---

105 見《蘇軾詩集》，冊七，頁 2111-2112。

106 東坡〈真一酒〉詩序云：「米、麥、水三一而已，此東坡先生真一酒也。」見《蘇軾詩集》，冊七，頁 2124。

107 清·汪師韓《蘇詩選評》，見《蘇軾資料彙編》，下編，頁 1848。

108 見清·紀昀評《蘇文忠公詩集》，頁 266。

對這件事，不該嬉笑落筆，寫出這樣一首充滿想像、趣味的詩篇。紀昀這種說法，不但迂腐可笑，對東坡建造機碓水磨的對象與目的也沒有正確認知，清・王文誥駁斥說：[109]

> 考詩敘云：「可轉兩輪舉四杵」，乃公使林抃作以濟寺僧者，故日給而有餘。若以四杵之米，指為利民正事，是浮屠家皆能以一缽餉五千人矣，所論甚謬。

王氏所言甚是。等到機碓水磨建成，林抃請東坡前往驗收成果，東坡〈與林天和〉云：「僧磨已成，秋涼當往觀也。」[110]由「僧磨」之語，可知機碓水磨是爲香積寺的僧人建造的。其後，東坡舊地重遊，作〈與正輔遊香積寺〉云：[111]

> 山僧類有道，辛苦常谷汲。我慚作機舂，鑿破混沌穴。

東坡說香積寺的有道高僧每天到溪谷汲水，雖然辛苦，卻不以爲意，自己費心爲其建造機碓水磨，破壞和諧的自然環境，似嫌多事。由此可見，機碓水磨是爲香積寺的僧人建造的，其效應也只是爲寺僧節省一些勞力罷了，談不上什麼「利民正事」。至於說，被紀昀所詰問的那些充滿幻想、趣味的詩句，不但不是詩病，反而是本詩的優點與特色，優秀的文學創作本來就要有豐富的趣味與瑰麗的想像。

在中國各地，大家出錢建造寺廟，是一種常見的事情，也是地方上一大盛事。東坡謫居惠州時，地方父老發願興建一座規模宏麗的海會寺，恭請海會禪師駐錫。東坡在惠州，是外來的謫客，是異鄉人，不是土生土長的本地人，依例實在沒有必要助施金錢。不過，東坡對惠州極有認同感，與地方父老有深厚的感情，對海會禪師更是敬重，所以他共襄盛舉，捐錢助建寢堂供僧侶及進香客居住，並

---

109 見《蘇文忠公詩編註集成・總案》，冊三，頁 1310。

110 〈與林天和・十七〉，見《蘇軾文集》，冊七，頁 1634。

111 〈與正輔遊香積寺〉，見《蘇軾詩集》，冊七，頁 2150。

爲作〈海會殿上梁文〉，[112]幫地方父老完成心願，提供惠州居民一座安頓心靈的地方。此外，東坡見寺旁有座長一里多的陂塘逶迤於眾山之間，地主到了歲末年終，就封閉水池，竭澤而漁，魚蝦無一倖免。東坡想要把這座陂塘買下來作爲海會院的放生池，不但惠州居民可以在此賞玩嵐影湖光，也可保全陂塘裡麟甲的生命。不過，這陂塘實在太大了，地主雖然願減價廉售，東坡依然無力獨資購買，所以他又向愛弟蘇轍和提刑程之才請求幫忙。〈與程正輔〉云：[113]

> 少懇冒聞。向所見海會長老，甚不易得。院子亦漸興葺。已建法堂甚宏壯，某亦助三十緡足，令起寢堂，歲終當完備也。院旁有一陂，詰曲群山間，長一里有餘。意欲買此陂（屬百姓見說數十千可得），稍加葺築，作一放生池。囊中已竭，輒欲緣化。老兄及子由齊出十五千足，某亦竭力共成此事。所活鱗介，歲有數萬矣。老大沒用處，猶欲作少有為功德，不知兄意如何？如可，便乞附至，不罪！不罪！

不久，東坡又寫一封信給程之才，進一步說明自己的想法和作法：[114]

> 此中湖魚之利，下塘常為啓閉之所，歲終竭澤而取，略無脱者。今若作放生池，但牢築下塘，永不開口，水漲溢，即聽其自在出入，則所活不貲矣。

經過一番努力，東坡終於買下了這座陂塘，所活水族無數，不但海會院多了一份寺產，擴充了不少面積，惠州居民也多了一處水光山色風景秀麗的遊憩場所。可注意的是，東坡已傾其所有，已盡了最大的力量，可是依然感歎說：「老大沒用處」。對於東坡這種心志性行，清．王文誥曾有所闡釋發明：[115]

---

112 參見《蘇軾文集》，冊五，頁 1990。

113〈與程正輔．二三〉，見《蘇軾文集》，冊四，頁 1597-1598。

114〈與程正輔．二四〉，見《蘇軾文集》，冊四，頁 1598。

115 見《蘇文忠公詩編註集成．總案》，冊三，頁 1331。

> 公在惠餘澤不少，而猶以「老人沒用處」為歎，蓋其愛民憂國之意，未嘗一日忘也。海惠院今名永福寺，此陂自寺之右繚繞而達於前麓，左則築長隄與豐湖為界而瀦。其中，汪洋渺瀰，皆魚樂國。寺俛瞰其上，近嵐遠翠，上下一碧，皆昔時景狀。惠人則磨穹碑，大書深刻而丹之，表其道曰：「宋蘇文忠公放生湖」。歲時伏臘，則既有崇祠之薦，而春秋勝日，則舉國逐隊於湖之上，相與放生游泳，歌呼嘻笑，以頌公之盛德。嗚呼，公斯志也，蓋歷劫而不可變矣。

東坡在惠州，對別人幫自己推行義舉都心懷感激，常加以稱揚，可是他對自己卻要求很嚴格，總覺得自己做得不夠多，做得不夠好，心有餘而力不足。東坡這種感歎，其實正是其仁義襟懷的流露，只恨自己不能衣被群生。事實上，東坡的恩澤既廣大，又久遠，直到清朝，惠州的居民還在享受他的恩澤，還在稱頌他的恩德。

八、促救風災與火災

惠州的地理位置離熱帶海洋不遠，所以常遭颱風侵襲，造成不少損失。颱風，古人又稱爲颶風，《太平御覽·天部·風》引《南越志》云：「颶者，具四方之風也。一曰懼風，言怖懼也。常以六、七月興，未至時三日，雞犬爲之不鳴。大者或至七日，小者一、二日。」[116]古人對颱風的驚懼，可以想見。宋哲宗紹聖二年（1095）八月，颱風肆虐廣州和惠州，東坡詩云：「颶作海渾，天水溟濛。雲屯九河，雪立三江。」[117]海水混濁，江水倒立，烏雲遮天，水天迷濛，氣勢驚

116 宋·李昉等撰，《太平御覽》，見《景印文淵閣四庫全書》冊八九三（台北：台灣商務印書館，1985 年 6 月，初版），頁 238。

117 〈和陶停雲四首〉其二，見《蘇軾詩集》，冊七，頁 2270。

人，東坡所描寫的就是颱風侵襲惠州時的自然景象。隨侍老父身側的蘇過作〈颶風賦〉形容說：[118]

> 排户破牖，隕瓦擗屋。礧擊巨石，揉拔喬木。勢翻渤澥，響振坤軸。疑屏翳之赫怒，執陽侯而將戮。鼓千尺之濤瀾，襄百仞之陵谷。吞泥沙於一卷，落崩崖於再觸，列萬馬而并騖，潰千車而爭逐。虎豹慴駭，鯨鯢奔蹙。類鉅鹿之戰，殷聲呼而動地；似昆陽之役，舉百萬於一覆。予亦為之股慄毛聳，索氣側足。夜拊榻而九徙，晝命龜而三卜。蓋三日而後息也。

由於是賦體，辭極誇張鋪飾，然翻江倒海、捲天鋪地的暴烈風勢亦可以想見。由「三日而後息」，可知此次颱風侵肆虐惠州，前後達三天之久。而「夜拊榻而九徙」更是紀實之語，當時東坡寄住在三司行衙合江樓，屋漏偏逢夜雨，飽嚐風吹雨打，無法安居，〈連雨江漲二首〉云：[119]

> 越井岡頭雲出山，牂牁江上水如天。床床避漏幽人屋，浦浦移家蜑子船。龍卷魚蝦并雨落，人隨雞犬上牆眠。只應樓下平階水，應記先生過嶺年。

> 急雨蕭蕭作晚涼，臥聞榕葉響長廊。微明燈火耿殘夢，半濕簾櫳浥舊香。高浪隱床吹甕盎，暗風驚樹擺琳琅。先生不出晴無用，留與空階滴夜長。

首章寫颱風帶來了豪雨，合江樓上漏下濕，竅如七星，令東坡無法安席，狼狽不堪，東坡詩之「床床避漏幽人屋，浦浦移家蜑子船。」正是蘇過賦之「夜拊榻而九徙」，是當時的真實情景。此外，大雨也導致東江水位暴漲，直淹到了合江樓

---

118 見宋·蘇過撰，舒大剛、蔣宗許等校注，《斜川集校注》（成都：巴蜀書社，1996 年 12 月，1 版 1 刷），頁 450。

119 見《蘇軾詩集》，冊七，頁 2120-2121。

的門階，情勢岌岌可危。不過，東坡畢竟善於擺脫，筆勢輕輕一轉，後章跟前詩相比，已化感慨爲閒適，我們既無力改變外面現實世界的風風雨雨，何妨調適我們的心情去適應、欣賞呢？

不過，超曠的東坡可以不在意風災雨禍，可以在狂風暴雨中昂首挺立，可是他卻不能不擔憂遭風雨侵襲的苦難百姓，〈江漲用過韻〉云：[120]

草木生故墟，牛羊滿空瀆。
春江圍草市，夜浪浮竹屋。
已連漲海白，尚帶霍山綠。
坎離更休王，魚鱉橫陵陸。
得非崑崙囚，欲報陸渾衄。
長驅連山燒，一掃含沙毒。
孤吟愍造化，何時停倚伏。
當憐水旱甿，不作舟車蓄。
江流倘席捲，社酒期茅縮。

凡人只圖謀私人的利益，只擔憂自己的安危，而仁義君子卻以蒼生爲念，此詩結尾三聯，憂心民瘼，誠心祝禱，語摯情切，正是東坡仁胸義懷的真誠流露！清．紀昀評說：「純寫人事之感」，[121]清．趙克宜評說：「筆力沉厚，直欲追配少陵。」[122]正乃有之，所以似之，東坡詩藝不僅直追杜甫，東坡悲天憫人的胸懷更與杜甫相同。

颱風過後，各地不斷傳來災情，廣州的公家建築和民眾房舍被吹倒了兩千多

---

120 見《蘇軾詩集》，冊七，頁 2119。

121 見清．紀昀評《蘇文忠公詩集》，頁 740。

122 見清．趙克宜纂輯，《蘇詩評註彙鈔》（台北：新興書局，1967 年 9 月，新 1 版），冊三，頁 1453。

間，大樹被連根拔起，連廣州乾明寺內四百年的巨大菩提樹也被吹倒了，災情非常慘重。不但來自內陸四川的東坡沒看過這麼可怕的颱風，當地的父老也是生平僅見。東坡雖受到相當程度的驚嚇，但最令他憂心的還是那些飽受颱風侵襲的可憐百姓，所以他寫信促請駐節韶州的提刑程之才趕快來廣州、惠州視察災情，救助災民：[123]

> 廣倅書報，近日颶風異常，公私屋倒二千餘間，大木盡拔。乾明訶子樹已倒，此四百年物也。父老云：「生平未見此異。」老兄莫緣此一到南海，拊視為佳，惠人亦望使車一到。若早來，民受賜多矣。必察此意。

此次風災，以臨近大海的廣州最慘烈，惠州較輕微。[124]東坡是謫居惠州的罪人，爲何廣州通判卻要向他通報當地的災情呢？只因爲他知道提刑程之才最聽東坡的話，有求必應，只有求助東坡，才能迅速獲得上級官府的支援。而東坡也不負所託，立即寫信促請程之才前來視察救災，讓飽受颱風摧殘的廣州、惠州居民能早日獲得救助，早日重建家園。所以說，東坡不但是惠州居民的守護者，連廣州的百姓也受其庇護。

宋哲宗紹聖三年（1096）正月一日，惠州博羅縣的居民熱烈慶祝新年，沒想到夜裡卻發生了火災，風力助長火勢，一發不可收拾，許多官府和民眾的房舍都被燒毀了。

上千個民眾無家可歸，只好露宿沙灘，非常可憐。惠州推官黃燾，既廉潔，又有才幹，緊急籌得三萬根竹竿，運去給災民重建住屋，深受東坡讚賞，希望提刑程之才今年能加以舉薦，使其出人頭地，更上一層樓。不過，光有竹竿是不夠的，還須有相關的物料才能建造房屋。東坡向提刑程之才建言，這些龐大的起造物料，必須由官府依實價向人民購買，不可以向人民強迫攤派，否則人民所受的災害

---

123 〈與程正輔·四一〉，見《蘇軾文集》，冊四，頁 1606。

124 清·王文誥云：「廣州大颶，惠州鮮不波及，而被災則輕，其地勢然也。」見《蘇文忠公詩編註集成·總案》，冊三，頁 1326。

就要比火災還來得嚴重了。博羅縣令林抃曾幫助東坡推廣秧馬，改良秧馬，東坡對其精敏的才幹與愛民恤民的仁心頗有認知。博羅發生火災時，林抃剛好在例假，由高主簿權代縣令的職務。因此，東坡認爲林抃不該負政治責任，遂代向提刑程之才申說，且認爲林抃有才幹，可重用：[125]

> 火後事極佳，林令有心力，可委。他在式假，自不當坐此。願兄專牒此子，令修復公宇、倉庫之類，及存撫被災之民，彈壓寇賊，則小民受賜矣。又，起造物料，若不依實價和買而行科配，則害民又甚於火矣。願兄嚴切約束本州，或更關牒漕司，依實支破，或專委黃推官提舉點檢催促及覺察科配。幸恕僭易。

此次博羅大火，從無辜的百姓，到廉潔愛民、才幹特出的官吏，都受到東坡的關照與呵護。受祝融侵害的百姓有屋可住，平常百姓不必被攤派起造物料，博羅縣令林抃不必被責罰，惠州推官黃燾可以被舉薦，東坡心思細密，考慮周詳，面面俱到。

九、議除稅役掊剋

至於〈與程正輔〉末三句所云：「若早來，民受賜多矣。必察此意。」東坡語雖懇切期盼，卻又似乎有所保留，欲言又止，爲什麼會有如此情境呢？清·王文誥詮釋說：[126]

> 此書固以察災為重，其末二句，則專指估價掊剋之事，故云：「早來受賜，必察此意。」其叮嚀者至矣！

王氏觀察入微，所言甚是。本來，依稅法，農民可視收成的實際情形，自由選擇

---

125 〈與程正輔·十八〉，見《蘇軾詩集》，冊四，頁 1595。

126 見《蘇文忠公詩編註集成·總案》，冊三，頁 1324。

以稻米或金錢繳納各種稅款，可是新法施行以後，錢荒米賤，官府大都要錢不要米，形成嚴重的社會問題。宋神宗熙寧熙寧七年四月，司馬光作〈應詔言朝政闕失狀〉批評說：[127]

> （新法）青苗、免役錢為害尤大。……無問市井田野之民，由中及外，自朝至暮，惟錢是求。農民值豐歲，賤糶其所收之穀以輸官，比常歲之價，或三分減二，於斗斛之數，或十分加二，以求售於人。若值凶年，無穀可糴，吏責其錢不已，欲賣田則家家賣田，欲賣屋則家家賣屋，欲賣牛則家家賣牛。無田可售，不免伐桑棗，撤屋材，賣其薪，或殺牛賣其肉，得錢以輸官。一年如此，明年將何以為生乎？

事隔多年，這種弊端依然存在。今年惠州稻米大豐收，稻米的價格暴跌，米多而賤，錢荒而貴，在這種情況下，農民自然選擇以稻米繳稅較伐算。可是，轉運使司卻以種種理由不準農民以稻米繳稅。結果，稻米的價格更加低賤，穀賤傷農，農民的損失更加慘重。此外，轉運使雖允許某些下戶貧民能以稻米繳稅，可是不肖官吏卻又故意低估稻米的價格，讓那些下戶貧民增加不少負擔，而稻米的市價也跟著更加低廉了。

東坡對官府這種要錢不要米的行徑向來非常厭惡，早在宋神宗熙寧五年（1072）十二月，東坡通判杭州時，在湖州察看松江隄堰，就曾作〈吳中田婦嘆〉加以諷刺：[128]

> 今年粳稻熟苦遲，庶見霜風來幾時。霜風來時雨如瀉，杷頭出菌鐮生衣。眼枯淚盡雨不盡，忍見黃穗臥青泥。茅苫一月隴上宿，天晴

---

127 見四川大學古籍整理研究所編，曾棗莊、劉琳主編，《全宋文》冊二八（成都：巴蜀書社，1992 年 8 月，1 版 1 刷），頁 186。宋哲宗元祐二年，東坡作〈辯試館職策問劄子〉亦云：「免役之害，掊斂民財，十室九空，錢聚於上，而下有錢荒之患。」見《蘇軾文集》，冊二，頁 791。

128 見《蘇軾詩集》，冊二，頁 404。

> 穫稻隨車歸。汗流肩赬載入市，價錢乞與如糠粞。賣牛納稅拆屋炊，慮淺不及明年饑。官今要錢不要米，西北萬里招羌兒。龔黃滿朝人更苦，不如卻作河伯婦。

如今，東坡謫居惠州，又見到官方這種不顧人民死活的惡劣措施，所以他寫信向提刑程之才控訴官吏違反朝廷法律：[129]

> 朝廷新行役法，監司宜共將傍人户令易為徵催，準條支移折變，委轉運司相視收成豐歉，務從民變，據此敕意，即是豐則約米，歉則約錢。今乃反之，豈為穩便。

東坡在另一篇寫給程之才的書信又強調說：[130]

> 謹按《編敕》，支移折變，令轉運司相視豐歉，務從民變。詳此敕意，專務便民，豐則納米，歉則納錢。今乃反之，違條甚矣。某切謂提刑、提舉司當依敕文檢坐此條，改正施行。

最後，東坡促請提刑程之才立刻趕到廣州，與轉運使傅才元、提舉常平蕭世京協商，連名上奏、行文各州縣解決此一問題：[131]

> 某不避僭易，欲兄專為此，一到廣州，與傅、蕭面議，反覆究竟，權利害。二公皆仁人君子也，必商量得成。即願三司連銜入一文字，專牒逐州知通，大略云：今年秋熟，恐米賤傷農，所以聽從民便，任納錢米。……若蒙採用，一路生靈受賜也。

東坡謫居惠州，權相章惇必欲置其於死地，情境極險惡，而這些建議都牽涉到官政，東坡擔心被政敵陷害，亂扣帽子，所以再三請求程之才務必保密：「切望兄

---

129 〈與程正輔‧四七〉，見《蘇軾文集》，冊四，頁 1608。

130 〈與程正輔‧四九〉，見《蘇軾文集》，冊四，頁 1610。原書「今乃反之」，誤作「今乃返之」，今訂正。

131 〈與程正輔‧四九〉，見《蘇軾文集》，冊四，頁 1611。

留意，仍密之，勿令人知自弟出也，千萬！千萬！」[132]「恃眷知，如此率易，死罪！死罪！此事切勿令人知出不肖之言也。切告！切告！」[133]類此之例，不勝枚舉，憂懼之心溢於言表。可是爲了苦難的百姓，東坡還是冒險建言，勇於行義，置個人死生於度外。

十、議建駐軍營房

東坡在惠州，發現本地駐軍幾十年來，因營房不足，只能兩個軍人共住一間房子，生活非常不方便。有些軍人甚至無營舍可住，須向百姓租屋，分散在街市間。無論是住營房，或是在民間租屋，都須負擔一定的房租，成爲軍人的一大負擔。更嚴重的是，由於軍人散處各地，管理不善，有些軍人飲酒、賭博，違法亂紀，無所不爲，等到無力償債，被逼急了，就棄職逃亡，成爲盜賊，危害地方的治安。而那些逃亡軍人的妻子，也常紅杏出牆，與人通姦，觸犯法律，一個美好的家庭就此破滅。惠州城兵力單薄，又無堅固的城郭護衛居民，萬一軍人無心守衛，賊寇乘隙而入；甚至，軍紀敗壞，由軍人轉爲盜寇，那可就麻煩了。爲了根本解決這個問題，東坡找好了一塊地方，規劃好所需物料、人工，請提刑程之才會同轉運司、提舉司建造三百多間房舍讓惠州駐軍集中居住，方便軍方管理，提高生活水準，去除日常陋習，讓那些駐軍能安心守衛惠州，不再危害地方。爲了控管資金，防止貪污，確保營房的品質，東坡特別推薦幹吏權都監王約、指使藍生負責其事。〈與程正輔〉云：[134]

> 江海之間，寇攘淵藪。近日鹽賊，幸而皆已獲，不爾豈細故哉。謫居之人，只顧安帖。如惠州兵衛單寡，了無城郭，姦盜所窺，又若營房不立，軍政墮壞，安知無大姦生心乎？此孤旅之人，所以輒貢

---

132 〈與程正輔·四七〉，見《蘇軾文集》，冊四，頁 1608。

133 〈與程正輔·四九〉，見《蘇軾文集》，冊四，頁 1612。

134 〈與程正輔·三十〉，見《蘇軾文集》，冊四，頁 1602。

縷言也。與指使藍生語，覺似了了，可令來此與王約者同幹否？不揆僭言，非兄莫能容之。然此本乞一詳覽，便付火，雖二外甥，亦勿令見。若人知其自劣弟出，大不可不可。

東坡在另一篇寫給程之才的書信又說：[135]

前日指揮使去時，曾拜聞營房事，後來思之，亦與此同，度官吏必了不得也。深不欲言，恐誤老兄事，故冒言，千萬密之。與才元言，但只作兄意也。至懇！至懇！

由這些文字，不難看出東坡謫居惠州，不忘為軍士謀福利、為惠州求安定的苦心。別人或許能做到居安思危，可是東坡謫居惠州，身處患難，自顧不暇，尚且為軍士謀福利，為地方求安定，為邦國謀太平，豈不更值得尊敬。可歎的是，東坡付出這麼多心血，所換來的卻是受驚害怕，擔憂被政敵陷害，真是情何以堪？

東坡在惠州推行的種種義舉，舉凡如施藥救人、收葬暴骨、建造東新橋與西新橋、建香積寺機碓水磨與海會院放生池、救助風災與火災、免除稅役掊剋、建駐軍營房，提刑程之才無論在人力、物力都無條件大力支援，清・王文誥評說：[136]

如正輔者，健吏也，所過無不作威福之理，然其後違條害民、建立營房諸難為之事，公建議使行之，皆一一如所教，而提轉亦無有打格之者，正以其健，故了得也，惟在善馭之而已。

沒有程之才的支持與幫助，東坡在惠州所從事的種種義舉不可能如此成功，故東坡寫信向他道謝：[137]

軾入冬，眠食甚佳，几席之下，澄江碧色，鷗鷺翔集，魚蝦出沒，有足樂者。又時走湖上，觀作新橋。掩骼之事，亦有條理，皆粗慰

135 〈與程正輔・三六〉，見《蘇軾文集》，冊四，頁 1604-1605。

136 見《蘇文忠公詩編註集成・總案》，冊三，頁 1309。

137 〈與程正輔・六十〉，見《蘇軾文集》，冊四，頁 1616。

> **人意。蓋優哉游哉，聊以卒歲，知之，免憂。藥錢亦已如請。比來數事，皆蒙賜左右，此邦老稚，共荷戴也。**

其實，程之才之所以熱心援助種種義舉，全看東坡面子，全賴東坡在背後推動。然而，東坡無伐善，無施勞，把所有的功勞推給程之才，說惠州老少都荷負恩惠，承受德澤，受其庇護。

十一、導引蒲澗水入廣州城

杭州近海，古代是汪洋澤國，所以水泉鹹苦無法食用。唐・李泌任杭州刺史時建造六口大井，導引西湖淡水供居民飲用。白居易任杭州刺史，又整治西湖，疏浚六井，刻石湖畔，稱爲「錢塘六井」。到了宋朝，六井中的金牛池已枯竭，無法使用。宋仁宗嘉祐年間，沈遘知杭州，新開一口「南井」，補足「錢塘六井」之數，後來稱之爲「沈公井」。宋神宗熙寧五年，陳襄知杭州，六井年久失修，居民無水可飲，生活很不方便。陳襄說：「嘻，甚矣，吾在此，可使民求水而不得乎！」[138]於是，命通判東坡督導，由僧人仲文、子珪、如正、思坦等人負責重新疏浚六井，以竹管輸送西湖淡水供居民飲用，縱然遇到乾旱年也不必擔憂。此次浚井，東坡全程參與，作〈錢塘六井記〉詳細記載六井的建造歷史和疏浚過程。十八年後，到了宋哲宗元祐四年（1089），東坡知杭州，錢塘六井與沈公井都已廢壞，「終歲枯涸，居民去水遠者，率以七八錢買水一斛，而軍營尤以爲苦。」[139]當年參與治井的僧人，只有子珪碩果僅存。於是，東坡請子珪負責重新修復六井，建造結構完密、堅固耐用的瓦筒管來輸送淡水，使杭州城的居民都可享用到甘甜的西湖水。

同杭州一樣，廣州近海，水泉鹹苦，不適合飲用。當地的官員和有錢人，都

---

[138] 〈錢塘六井記〉，見《蘇軾文集》，冊二，頁 379。

[139] 〈乞子珪師號狀〉，見《蘇軾文集》，冊三，頁 902。

喝劉王山的井水。可是，一般的居民不能負擔這種開支，只能飲用城內鹹苦的水泉。可是這種鹹苦水泉喝了容易生病，尤其是在春夏疫癘盛行的季節，很多人因此而病亡。東坡在惠州聽鄧守安道士述說這種情形後，想到自己以前在杭州浚治六井、輸送西湖淡水入城的經驗，就和鄧守安道士精心設計了一個解決廣州居民飲水問題的方法。原來，離廣州城二十里有一座蒲澗山，當日東坡南遷時，曾前往遊玩，作〈廣州蒲澗寺〉云：[140]

> 不用山僧導我前，自尋雲外出山泉。千章古木臨無地，百尺飛濤瀉漏天。

從「出山泉」、「百尺飛濤」之語，可知蒲澗山有很多水泉、瀑布，蘊藏著豐富的淡水資源，宋．樂史《太平寰宇記》亦載：「菖蒲澗，一名甘溪。裴氏《廣州記》：菖蒲生盤石上，水從上過，味甘冷異于常流。」[141]東坡想要開發利用的，正是蒲澗山充沛甘甜的淡水資源。他建議廣州太守王古，在地勢較高的蒲澗山滴水巖建造大石槽匯集淡水，然後鋪設五排二十里長的大竹管，竹管接續處先用麻繩緊緊纏繞，再塗上油漆，以防漏水，這樣就可以把蒲澗山的淡水輸送到廣州城貯存起來。東坡還推薦鄧守安來執行此項飲水工程：[142]

> 自有廣州以來，以此為患，若人户知有此作，其欣願可知。喜捨之心，料非復塔廟之比矣。然非道士至誠不欺，精力勤幹，不能成也。敏仲見訪及物之事，敢以此獻，兼乞裁度。如可作，告差人持簡招之，可詳陳也。此人潔廉，修行苦行，直望仙爾，世間貪愛無絲毫也，可以無疑。從來帥漕諸公，亦多請與語。某喜公濟物之意，故密以告，可否更在熟籌，慎勿令人知出於不肖也。

---

140 見《蘇軾詩集》，冊六，頁 2065。

141 宋．樂史《太平寰宇記》，見《景印文淵閣四庫全書》冊四七〇（台北：台灣商務印書館，1985 年 6 月，初版），頁 466。

142 〈與王敏仲，十一〉，見《蘇軾文集》，冊四，頁 1693。

由於東坡的引水計畫確實可行，鄧道士的人品、能力更是卓越不凡，於是，王古全盤接受東坡的建議，由鄧道士主持其事。

東坡得知蒲澗山的引水工程已開始進行，覺得很欣慰。可是，竹管長達二十里，時間一久，難免有所阻塞，到時候恐怕不知道要抽換那一根竹管才好。所以，聰明的東坡建議預先在每根竹管上鑽個小洞，再塞入一支小竹針，平常不妨礙蒲澗水的輸送，一但阻塞不通，只要由源頭的竹管拔起小竹針，逐一檢查小竹針是乾燥，還是濕潤，很容易就能判斷出是那根竹管阻塞不通了，〈與王敏仲〉云：[143]

> 聞遂作管引蒲澗水，甚善。每竿上，須鑽一小眼，如菉豆大，以小竹針窒之，以驗通塞。道遠，日久，無不塞之理。若無以驗之，則一竿之塞，輒累百竿矣。仍願公擘畫少錢，令歲入五十餘竿竹，不住抽換，永不廢。僭言，必不訝也。

從事前的規畫設計，到事後的維修保養、永續經營，東坡無不詳細建言，仔細叮嚀，東坡不但是勇於行義的仁人君子，更是聰慧細心的智者、勇於任事的勇者，智仁勇兼具，難怪他謫居惠州所推行的種種義舉都能順利完成。雖然，東坡以罪人之身，謀畫官政，建設地方，僭越本份，常心懷憂懼；但是，如果東坡只顧慮自己的安危，不敢建言，不敢勇於行義，那麼惠州、廣州的軍民恐怕就要忍受許多不便和災厄呢！宋·蘇轍〈亡兄子瞻端明墓誌銘〉譽說：「其於人，見善稱之如恐不及，見不善斥之如恐不盡；見義勇於敢爲，而不顧其害。」[144]信然！

不久，蒲澗水導引工程大功告成，一城同飲甘涼，香甜的淡水不再是奢侈品，不再是官吏和有錢人的專利，廣州城的居民都能享用，再也不必喝鹹苦水、感染疫癘了。東坡的計畫雖然完善，但若非王古有「濟物之意」，好行「及物之事」，[145]即知即行，積極建設地方，造福民眾，恐怕也無法那麼快就成功，故清·

143 〈與王敏仲·十五〉，見《蘇軾文集》，冊四，頁 1695。

144 見《欒城集》，冊下，頁 1423。

145 〈與王敏仲·十一〉，見《蘇軾文集》，冊四，頁 1693。

王文誥譽說：[146]

> 賢者勇於立事，苟聞便民之舉，輒不隔宿而行，故動手完工，民生已沾實惠。若庸流當之，則議論紛如，中情惶惑，每蹶數月，而漸以寢閣。此其私欲多而顧慮重，但取資口角，而本非實心為民，蓋比比矣。王古乃祐之曾孫，旦之孫，素之從子，靖之子也。自宋興以來，王氏累以其豐功偉業，盛德厚澤，黼黻其全盛之世。而古猶能於末流衰思之時，奮其事功，經略領海，雖終不見容，卒入黨籍，抑何王氏之多賢也。夫以韓琦而有孫侂胄，文彥博而有子及甫，皆釀為亂階，隤其家聲。至范仲淹之孫，而純仁之子，曰正平，富弼之子曰紹庭，則又滅跡消聲，僅以保其前烈。若古者庶幾後先炳耀，克邁前光，而與其盛衰相終始，是則終宋之世，一人而已！

王古能克紹箕裘，仁民愛物，維護家族的聲譽，固然值得敬佩，但蒲澗水導引工程能順利完成，負責其事的鄧守安道士也功不可沒。當時，東坡甚至向王古力薦說，非鄧道士不足以成其事。事實上，除了蒲澗水導引工程之外，東坡在惠州之所以能完成施藥救人、收葬暴骨、建造東新橋等義舉，都有賴鄧道士的熱心幫忙。鄧道士提供民間的助力，提刑程之才提供官方的資源，兩者都不可欠缺。

鄧守安，字道立，是羅浮山沖虛觀的道士。東坡原本不認識鄧道士，宋哲宗紹聖元年九月，東坡於南遷惠州途中，遊羅浮山，特意往訪。可惜，鄧道士恰巧外出，兩人並未見面。不過，東坡卻主動伸出友誼的手，留下一篇〈書單道開傳後〉，「以備山中逸事」。[147]紹聖二年正月二日，東坡以一壺自釀的羅浮春美酒作詩寄贈鄧守安，〈寄鄧道士・并引：羅浮山有野人，相傳葛稚川之隸也。鄧道士守安，山中有道者也。嘗於庵前，見其足跡長二尺許。紹聖二年正月二日，予偶讀韋蘇州〈寄全椒山中道士〉詩云：「今朝郡齋冷，忽念山中客。澗底束荊薪，歸來煮白石。遙持一樽酒，遠慰風雨夕。落葉滿空山，何處尋行跡。」乃以酒

---

[146] 見《蘇文忠公詩編註集成・總案》，冊三，頁 1360-1361。

[147] 見《蘇軾文集》，冊五，頁 2046。

一壺，依蘇州韻，作詩寄之〉云：[148]

一杯羅浮春，遠餉采薇客。遙知獨酌罷，醉臥松下石。幽人不可見，清嘯聞月夕。聊戲庵中人，空飛本無跡。

清·紀昀評說：「絕唱詩不必和，昔人已嘗論之。此詩若不言和蘇州詩，固未嘗不佳。」[149]韋應物原唱高妙絕詣，餘韻無窮，東坡雖和其詩，實無意與其爭勝。事實上，東坡與韋應物詩風不同，二詩亦各有其特色，清·趙克宜評說：「頗作清語，而去韋詩遠甚。一自然，一安排也。唐、宋人之身分，亦判於此。」[150]所言似較持平。東坡之所以作此詩，是認爲鄧道士的身份、氣度如同全椒山道士，而自己對鄧道士的懷思，就如同韋應物對全道士的懷思，故依韋應物詩韻作詩致意。鄧道士於紹聖二年三月到惠州拜會東坡，東坡爲其引見程之才，詩云：「羅浮道人一傾蓋，欲繫白日留君顏。」[151]清·王文誥釋說：「羅浮道士，謂鄧守安也。時見程正輔於博羅，方議建惠州船橋事。」[152]由於三人相處甚歡，對於程之才的離去，東坡與鄧道士都依依不捨。從此，鄧道士成爲東坡的得力助手，東坡作詩譽說：[153]

可憐鄧道士，攝衣問呻吟。覆舟卻私渡，斷橋費千金。

鄧守安道士熱心公益，提起衣襟，救助、慰問百姓的病痛，又四處募款建造東新橋，以免人民冒險渡河，有滅頂之憂，深獲東坡敬愛。〈與王敏仲〉譽稱：[154]

羅浮山道士，字道立。山野拙訥，然道行過人，廣、惠間敬愛之，

---

[148] 見《蘇軾詩集》，冊七，頁 2097。

[149] 見清·紀昀評《蘇文忠公詩集》，頁 735。

[150] 見《蘇詩評註彙鈔》，冊三，頁 1444。

[151] 〈再用前韻〉，見《蘇軾詩集》，冊七，頁 2111。

[152] 見《蘇文忠公詩編註集成》，冊六，頁 3387。

[153] 〈次韻定慧欽長老見寄八首〉其七，見《蘇軾詩集》，冊七，頁 2117。

[154] 〈與王敏仲·十一〉，見《蘇軾文集》，冊四，頁 1692。

好為勤身濟物之事。

〈與程正輔〉又譬說：[155]

鄧道士州中住兩月，已歸山。究其所得，亦無他奇，但歸根寧極，造次顛倒，心未嘗離爾。此士信能力行，又篤信不欺，常欲損己濟物，發於至誠也。知之！知之！

正因爲東坡與鄧道士都性行高潔，誠信不欺，又「好爲勤身濟物之事」，「常欲損已濟物」，所以兩人一見如故，攜手合作，在惠州施藥救人，收葬暴骨，建造東新橋。又把仁心義行推廣到廣州，共同策畫廣州蒲澗水的導引工程，造福許多百姓。

十二、議建廣州醫院

宋仁宗曾詔太醫搜集著名醫方，編成《簡要濟眾方》，刻版印賜各郡縣。可惜，到後來，地方官吏把《簡要濟眾方》和律令典藏起來，導致民眾無法善用這一本好醫書。東坡知密州時，特別把《簡要濟眾方》寫在方板，公布在交通四方八達的城市，希望能「流傳民間，痊痾癒疾。」[156]宋哲宗元祐五年三月，東坡知杭州，見杭州是水陸交通要地，客商眾多，往來頻繁，較容易傳播疫癘，百姓常染病死亡。於是，東坡煮濃稠的稀飯調護窮人，熬製藥物救治病人，又撥用官錢兩千貫，捐出私人積蓄黃金五十兩，在眾安橋邊建造一間名叫「安樂坊」的醫院來收容、醫治病患。東坡將安樂坊交由僧人負責管理，三年內醫治的病患超過一千人，東坡奏請朝廷賜給紫色袈裟以示尊寵和嘉許。宋·蘇轍〈亡兄子瞻端明墓誌銘〉云：[157]

---

[155] 〈與程正輔·三八〉，見《蘇軾文集》，冊四，頁 1605。

[156] 〈書濟眾方後〉，見《蘇軾文集》，冊五，頁 2066。

[157] 見《欒城集》，冊下，頁 1416。

> 及至杭，吏民習公舊政，不勞而治。歲適大旱，饑疫並作，公請於朝，免本路上供米三之一，故米不翔貴，復得賜度僧牒百，易米以救飢者。明年方春，即減價糶常平米，民遂免大旱之苦。公又多作饘粥、藥劑，遣吏挾醫分坊治病，活者甚眾。公曰：「杭，水陸之會，因疫病死比他處常多。」乃裒羨緡得二千，復發私橐得黃金五十兩，以作病坊，稍畜錢糧以待之，至于今不廢。

據宋·周煇《清波別志》所載，由於東坡規畫完善，善用民間佛教團體的力量來經營醫院，後來的官吏承續其制度，直到南宋時，安樂坊改名爲安濟坊，依然發揮救治病患的功能。[158]安樂坊雖是官方設立的醫院，事實上，其中有一大部分的資金是東坡個人捐助的。清·王文誥對東坡創立病坊的仁心義舉極推崇：[159]

> 本集論醫藥其多，從不及杭城置病坊一事，惟見於〈墓誌〉及《宋史》本傳，載在五年減價糶常平米之下，今得周煇之說，而其事備矣。公守密州，以仁宗所頒《簡要濟眾》五卷，有司與律令同藏，一紀以來，民未聞知。因書於方板，揭之通會，以廣流傳。此則恐民力有不逮，故為之饘粥，為之醫，為之藥，而所主即《惠民濟眾方》也。其推廣仁宗之心至是，而卒無一言及之，此豈宋有第二人乎？七百年來，未見有知其心跡者，故為表而出之。凡百有位，視此刻文焉可也。

---

158 宋·周煇《清波別志》載：「蘇文忠公知杭州，以私帑金五十兩助官緡於城中置病坊一所，名安樂，以僧主之，三年醫愈千人，與紫衣。後兩浙漕臣申請，乞自今管幹病坊僧三年滿所醫之數，賜紫衣及祠部牒一道。從之。仍改爲安濟坊。煇四十年前見祥符寺一老僧言之：『先師實隸安濟坊，坊元在眾安橋，遷於湖上，亦未多年。』今官府既無提督，縱多生全，亦無以激勸。駐蹕之地，理宜優異，若舉行舊制，推廣仁政，以幸疾告之民，州縣長吏其毋忽！」見《景印文淵閣四庫全書》冊一〇三九（台北：台灣商務印書館，1985 年 6 月，初版），頁 99。

159 見《蘇文忠公詩編註集成·總案》，冊三，頁 1091。

東坡的仁心義行，不但在宋朝無出其右，在後世也無人可比。

東坡謫居惠州，見廣東與杭州一樣，都是水陸交通要地，客商雲集，交通繁忙。客商來廣州做生意，往往從外地帶來疫癘，不但自己病發死亡，而且把疾病傳染給本地居民，因而得疫癘而死的較別處多。於是，東坡以自己在杭州、惠州施藥救人的經驗，指導廣東太守王古在當地施藥救人，得到很好的效果。不但王古自己很高興，東坡也極嘉許，〈與王敏仲〉云：[160]

承諭津遣孤孀，救藥疾癘，政無急於此者矣。非敏仲莫能行之，幸甚！幸甚！……來諭以此等為仕宦快意事，美哉此言，誰肯然者！

當官的快樂不是賺大錢，而在於解民倒懸，這是東坡與王古共同的心志。而東坡無論當官，或謫爲罪人，都以此爲最高信念，更值得崇敬。爲了使廣東的醫療制度可長可久，東坡又以自己在杭州建造安樂坊的經驗，建議王古除了施藥救人，最好能建一間醫院來收容、醫治病患：[161]

廣州商旅所聚，及疾疫之作，客先僵仆，因薰染居者，事與杭相類。莫可擘畫一病院，要須有歲入課利供之，乃長久之利，試留意。

不過，空有醫院而沒有好醫生，那麼醫院只是一間沒有生命的建築物。因而，不但要有好醫院，更要有好醫生來診治病患。東坡對建造醫院和施藥行醫都有很豐富的經驗，深知其中的道理，所以又向王古推薦醫技精湛的林忠彥去擔任博士助教。[162]從此，廣州有了好醫院，也有了好醫生，因疫病而死的民眾也就少了許多，這一切都該感謝東坡的仁心義行。

---

160 〈與王敏仲．九〉，見《蘇軾文集》，冊四，頁 1692。

161 〈與王敏仲．九〉，見《蘇軾文集》，冊四，頁 1692。

162 東坡〈與王敏仲．十二〉云：「有醫人林忠彥者，技頗精，一郡賴之，欲得一博士助教名目，而本州無闕，不知經略司有闕可補否？如得之，皆謫居幸事也。」〈與王敏仲．十三〉又載：「林醫遂蒙補授，於旅泊衰病，非小補也。又攻小兒、產科。幼累將至，且留調理，渠欲往謝，未令去也，乞不罪。」見《蘇軾文集》，冊四，頁 1694。

十三、勸和黎子明父子

東坡雖然名動天下，可是生性幽默風趣，平易近人，喜歡交朋友，尤其喜歡與市井小民接觸交往，自稱：「上可以陪玉皇大帝，下可以陪悲田院乞兒。」[163]東坡謫居黃州時，「幅巾芒屩，與田父野老相從溪谷之間。」[164]自稱：「吾師卜子夏，四海皆弟昆。」[165]東坡謫居惠州時，「人無賢愚，皆得其歡心。」[166]常「步從父老語」。[167]東坡謫居昌化時，「時從其父老遊，亦無間也。」[168]東坡和當地土著融洽和諧，彼此常喝酒同樂，〈用過韻，冬至與諸生飲酒〉云：「華夷兩樽合，醉笑一歡同。」[169]其中，東坡和黎子雲、黎子明、黎子威等幾兄弟最友好，最常往來，〈和陶田舍始春懷古二首·并引：儋人黎子雲兄弟，居城東南，躬農圃之勞。偶與軍使張中同訪之。居臨大池，水木幽茂。坐客欲爲醵錢作屋，予亦欣然同之。名其屋曰載酒堂，用淵明〈始春懷古田舍〉韻〉：[170]

退居有成言，垂老竟未踐。

何曾淵明歸，屢作敬通免。

休閑等一味，妄想生愧靦。

聊將自知明，稍積在家善。

---

163 宋·高文虎《蓼花洲閒錄》引《滄浪野錄》，見《叢書集成初編》冊四三二（長沙：商務印書館，1936年2月，初版），頁11。

164 宋·蘇轍〈亡兄子瞻端明墓誌銘〉，見《欒城集》，冊下，頁1414。

165 〈東坡八首〉其七，見《蘇軾詩集》，冊四，頁1079。

166 宋·蘇轍〈亡兄子瞻端明墓誌銘〉，見《欒城集》，冊下，頁1420。

167 〈和陶歸園田居六首〉其三，見《蘇軾詩集》，冊七，頁2104。

168 宋·蘇轍〈亡兄子瞻端明墓誌銘〉，見《欒城集》，冊下，頁1421。

169 見《蘇軾詩集》，冊七，頁2324。

170 見《蘇軾詩集》，冊七，頁2280-2281。

城東兩黎子，室邇人自遠。

呼我釣其池，人魚兩忘返。

使君亦命駕，恨子林塘淺。

茅茨破不補，嗟子乃爾貧。

菜肥人愈瘦，灶閑井常勤。

我欲致薄少，解衣勸坐人。

臨池作虛堂，雨急瓦聲新。

客來有美載，果熟多幽欣。

丹荔破玉膚，黃柑溢芳津。

借我三畝地，結茅為子鄰。

鴃舌倘可學，化為黎母民。

此二詩用典不多，淺顯易懂，寫情極真，摹景極美，有音響，有容色。由於黎氏兄弟品佳情厚，慷慨好客，邀請東坡常來釣魚、喝酒、摘水果，令流落蠻荒的東坡倍感溫馨，所以在結尾發出借地卜鄰、化爲黎民的心聲。載酒堂在大家出錢出力之下，順利建成，東坡常和一些朋友在此相聚，雖無昔日西園雅集的盛況，卻另有一番鄉野幽趣。有一天，東坡造訪黎氏兄弟，突然下起雨來，東坡在賞足「雨急瓦聲新」之後，向黎氏兄弟借了一雙又高又厚的木屐和一頂竹葉編成的雨笠，冒雨衝回家。由於模樣滑稽，引來「婦人小兒相隨爭笑，邑犬群吠。」[171]人們

[171] 宋‧費袞《梁谿漫志‧東坡戴笠》載：「東坡在儋耳，一日過黎子雲。遇雨，乃從農家借篛笠戴之，著屐而歸。婦人小兒相隨爭笑，邑犬群吠。竹坡周少隱有詩云：『持節休誇海上蘇，前身便是牧羊奴。應嫌朱紱當年夢，故作黃冠一笑娛。遺跡與公歸物外，淸風爲我襲庭隅。憑誰喚起王摩詰，畫作東坡戴笠圖。』今時亦有畫此者，然多俗筆也。」卷四，頁 5-6。宋‧張端義《貴耳集》亦載：「一日遇雨，借笠、屐而歸。人畫作圖。東坡自贊：人所笑也，犬所吠也，笑亦怪也。用子厚語。」（台北：木鐸出版社，1982 年 5 月，初版），頁 14。

把這一幕情景繪成圖畫，就是著名的「東坡笠屐」。不到一年，東坡被新黨派人逐出所僦官屋，果真在城南大池旁買地建屋，與黎氏兄弟爲鄰，果真應驗了「借我三畝地，結茅爲子鄰」的詩語。

黎氏兄弟雖家境貧困，卻勤奮好學，東坡〈五色雀〉譽說：「寂寞兩黎生，食菜真臞儒。」[172]東坡愛讀書，可是昌化卻極缺乏書籍，東坡曾向他們借書來看。宋·張端義《貴耳集》載：[173]

> 東坡在儋耳，無書可讀。黎子家有柳文數冊，盡日玩誦。

宋·許顗《彥周詩話》亦載：[174]

> 東坡在海外，方盛稱柳柳州詩。後嘗有人得罪過海，見黎子雲秀才，說海外絕無書，適渠家有柳文，東坡日夕玩味。

在昌化，東坡把柳宗元與陶淵明的詩文集，「常置左右，目爲二友」。[175]黎氏兄弟固然對東坡極友善，極熱情，相對的，東坡對他們也很關心。當時，黎子明因聽信繼室的讒言，父子失和，把前妻之子逐出家門。後來，黎子明及其繼室都後悔自己的行爲，被逐出家門的兒子也有意回家，可是彼此都不知如何開口。東坡與黎氏兄弟往來密切，探知大家的心思，就扮演穎谷封人的角色，出面勸和黎氏父子。東坡〈黎子明父子〉云：[176]

> 黎子明之子，為繼母所讒，出數月。其父年高，子幼，不給於耕，夫婦父子皆有悔意而不能自還。予為買羊沽酒送歸其家，為父子如

---

[172] 見《蘇軾詩集》，冊七，頁 2347。

[173] 見《貴耳集》，頁 14。

[174] 見清·何文煥輯，《歷代詩話》（台北：漢京文化事業公司，1983 年 1 月，初版），冊一，頁 383。

[175] 東坡〈與程全父·十一〉云：「流轉海外，如逃空谷，既無與晤語者，又書籍舉無有，惟陶淵明一集，柳子厚詩文數冊，常置左右，目爲二友。」見《蘇軾文集》，冊四，頁 1627。

[176] 見《蘇軾文集》，冊六，頁 2297。

初，庶幾潁谷封人之意。

須知，東坡在昌化，生活困窘，手頭拮据，常常連米都買不起，詩云：「得米如得珠，食菜不敢留。」[177]「北船不到米如珠，醉飽蕭條半月無。」[178]「典衣剩買河源米，屈指新篘作上元。」[179]「一落泥途跡愈深，尺薪如桂米如金。」[180]因無錢買米，家無儋石，饔飧不繼，東坡準備與兒子蘇過學習龜息大法辟穀之術，以免餓死，〈學龜息法〉云：「元符二年，儋耳米貴，吾方有絕糧之憂，欲與過子共行此法，故書以授之。」[181]爲了維持生活，東坡只好開闢園圃，種植蔬菜，供應副食，詩云：「無錢種菜爲家業」，[182]生活如此窮困，可是爲了勸和黎子明父子，古道熱腸、輕財好義的東坡卻自掏腰包，傾其所有，既買羊，又買酒，順順利利、高高興興地把黎子明之子送回家門，讓他們一家人重享天倫之樂，重拾父母子女之愛。雖然這只是一件小善事，小義行，但正可以看出東坡勇於行義的心志。所謂勿以善小而不爲，勿以惡小而爲之，東坡實當之無愧。在窮荒不文的海南島，東坡能獲吏民的敬愛，[183]其來有自。

---

177 〈謫居三適三首·夜臥濯足〉，見《蘇軾詩集》，冊七，頁 2286-2287。

178 〈縱筆三首〉其三，見《蘇軾詩集》，冊七，頁 2328。

179 〈庚辰歲人日作，時聞黃河已復北流，老臣舊數論此，今斯言乃驗，二首〉其一，見《蘇軾詩集》，冊七，頁 2343。

180 〈次韻鄭介夫二首〉其一，見《蘇軾詩集》，冊七，頁 2406。

181 〈學龜息法〉，見《蘇軾文集》，冊六，頁 2339-2340。

182 〈次韻詔守狄大夫見贈二首〉其一，見《蘇軾詩集》，冊七，頁 2407。

183 宋·費袞撰《梁谿漫志·貶所敬蘇黃》載：「元祐黨禍烈于熾火，小人交煽其燄，傍觀之君子深畏其酷，惟恐黨人之塵點汙之也。而東坡之在儋，儋守張中事之甚至，且日從叔黨棋，以娛東坡。……其義氣可書，張竟以此坐謫云。」卷四，頁 7。東坡〈與程秀才·一〉云：「近與小兒子結茅數椽居之，僅庇風雨，然勞費已不貲矣。賴十數學生助工作，躬泥水之役，愧之不可言也。」見《蘇軾文集》，冊四，頁 1628。宋·蘇轍〈亡兄子瞻端明墓誌銘〉載：「（惠州）居三年，大臣以流竄者爲未足也，四年，復以瓊州別駕安置昌化。昌化非人所居，食飲不具，藥石無有，初僦官屋以庇風雨，有司猶謂不可，則買地築室，昌化士人畚土運甓以助之，爲屋三間。」見《欒城集》，冊下，頁 1421。

十四、結語

從以上的考辨析論，可知東坡謫居黃州、惠州、昌化所從事的義行，共有勸阻溺殺嬰兒、施藥救人、收葬暴骨、建東新橋與西新橋、推廣秧馬、建香積寺機碓水磨與海會院寢堂放生池、促救風災與火災、議除稅役掊剋、議建駐軍營房、導引蒲澗水入廣州城、議建廣州醫院、勸和黎子明父子等，項目甚繁。施行的地區，則不限於謫居地，從黃州延伸到長江對岸的鄂州、岳州，從惠州擴充到鄰近的廣州，範圍甚廣。施行的對象，從枯骨到生民，從小嬰兒到病患，從黎子明父子、香積寺僧人到惠州、廣州所有的軍民，人數甚多。他們的生死、病痛、墓穴、交通、農耕、信仰、災害、房舍、稅賦、飲水，都受到東坡的幫助和恩庇。其中，拯救嬰兒、施藥救人、建造醫院、救助災民、導引淡水等義行，東坡在擔任地方官時曾有施行的經驗，所以謫居時期施行起來，特別有心得，特別得心應手。幫忙東坡推行種種義舉的主要人物，黃州時期有鄂州太守朱壽昌、黃州人古耕道、安國寺僧繼蓮等；惠州時期有廣南東路提刑程之才、惠州太守詹範、博羅縣令林抃、廣州太守王古、沖虛觀道士鄧守安、棲禪寺僧希固等；昌化時期，則以三子蘇過爲主要助手。東坡思慮周密，剛毅果決，精敏幹練，又善用官方和民間的力量，所以種種義舉都能順利推行。從高居廟堂，出守方州，到謫爲罪人；從飛黃騰達，到貧困卑賤，東坡只要一息尙存，都不改其救苦救難的仁心義行。尤其是施藥救人一項，無論在黃州，在惠州，在昌化，東坡都積極去從事，活人無數，可見解除百姓的病痛，拯救人民的性命，是東坡一生念茲在茲的志業。東坡在政敵環伺、危濤顛沛的險惡情境中，在蠻荒瘴癘、蛇虺魍魎的落後地區裡，不顧慮個人的安危，不考量個人的生計，散盡家財，費盡心力，完成這麼多的感人義舉，救助這麼多的無助百姓，在中國歷史上無人可望其項背。難怪，東坡行跡所及，都能留德愛，繫去思，讓人民瞻戀無窮，爭相傳說其事蹟，歌頌其恩德。宋朝的費衮特別稱揚東坡謫居時期的仁心義行，在這裡，我們也要向東坡致上最崇高的敬意。

文字探索與文學理論的關係
——以《文心雕龍》為例

臺灣師範大學國文系

蔡 宗 陽

劉勰《文心雕龍》係中國文學創作與批評理論最早的一部專著。《文心雕龍》除〈序志〉是緒論，〈原道〉至〈辨騷〉是文原論，〈明詩〉至〈書記〉是文體論，〈神思〉至〈總術〉是文術論，〈時序〉至〈程器〉是文評論。《文心雕龍》中所運用的文字，有些文字是本義，有些文字則是引申義，有些文字既非本義，又非引申義。不論本義、引申義、或非本義、非引申義，皆與文學理論攸關。囿於篇幅，僅從《文心雕龍》中所運用的「道」、「體」、「情」、「釆」、「奇」、「正」等文字，來探索文學本源、文學體裁、文學創作、文學批評。本文以文字探索為經，以文學理論為緯，以《文心雕龍》為例，加以闡析詮證。

一、道

《文心雕龍》中「道」字的涵義有十一種：（一）「道路」、「途徑」、「方法」之意。（二）「某種思想」、「學說」、「學理」之意。（三）「道家思想」之意。（四）「情理」、「文情」、「內容」、「義理」之意。（五）「一般的規律或法則」、「道理」之意。（六）「說」、「談」之意。（七）「人名」之意。（八）「言辭」、「文辭」、「文釆」之意。（九）「傳統」、「作用」之意。（十）「文學藝術源於自然規律的自然」之意。（十一）「體現自然之道的儒家聖人經典之道」之意。[1]但本文「道」字的探索，則以文原論爲主，加以闡論。至於「 道 」字旁及文體論、文術論的文句，則斟酌採用部分文句，來詮證與《說文》、段注有關的文字探索。

許慎《說文解字》云：「道，所行道也。」段玉裁注：「道者，人所行，故亦謂之行。道之引伸爲道理，亦爲引道。」[2]依《說文》之意，道是「道路」之意。《文心雕龍》中的「道」字，有「道路」之意。如《文心雕龍·哀弔》云：[3]

> **齊襲燕城，史趙蘇秦，翻賀為弔，虐民構敵，亦亡之道。**

齊宣王趁燕國辦喪事時，攻佔燕國十城，後來蘇秦游說齊王，先賀齊國佔領燕國十城，再哀弔齊國已結下仇敵。這種製造仇敵的做法，也是走上亡國的道路。「亦亡之道」的「道」，是「道路」之意。〈哀弔〉是文體論的篇章，因此「道」字也運用到文體論的詞句。

按段注之意，「道理」是「道」字的引申義。《文心雕龍》中的「道」字，也有「道理」之意。如〈情采〉云：

> **故立文之道，其理有三：一曰形文，五色是也；二曰聲文，五音是也；三曰情文，五性是也。**

確立文章的辭采有三個道理：一是形式的辭采，由青、黃、赤、白、黑五種顏色組成的燦爛。二是聲律的辭采，由宮、商、角、徵、羽五種聲音組成的鏗鏘。三是情感的辭采，由仁、義、禮、智、信五種不同性情的感發。[4]「立文之道」的

---

[1] 詳見拙作〈文心雕龍中「道」字的涵義〉，參閱第二屆中國訓詁學學術研討會論文集，頁107-117，文史哲出版社印行，1995 年 12 月初版。

[2]《說文》、段注皆見於段玉裁《說文解字注》，頁 76，蘭臺書局印行，1970 年 10 月再版。

[3] 由此以下，凡援引《文心雕龍》原文，逕稱篇名，不再贅及書名，以求簡潔。

[4]「五性」有三種說法：（一）仁、義、禮、智、信。（二）喜、怒、欲、懼、憂。（三）心性躁、肝性靜、脾性力、肺性堅、腎性智。（見李蓁非《文心雕龍釋譯》，頁 408，江西人民

「道」，是「道理」之意。[5]〈情采〉是文術論的篇章，因此「道」字也運用到文術論的詞句。

《文心雕龍》首篇〈原道〉的「道」字，既不是「道路」之意，又不是「道理」之意，而是「文學藝術源於自然規律的自然」之意。劉勰認爲「自然」是文學的本源，因此「道」字是《文心雕龍》的文原論。文學源於「自然」，係共通性，是世界各國文學所共有的。像希臘亞里斯多德《詩學》，義大利克羅齊《美學原理》，俄羅斯托爾斯泰《藝術論》，我國朱光潛《文藝心理學》，上考下求，旁搜遠紹，都認爲「自然」是文學的本源。誠如王師更生所說：[6]

> **他們所以推「自然」為「文學」的本源者，正因為以「自然」為本源，是「文學」的通性。既是通性，便可以突破國界，適用於任何一國。**

中國文學不止源於「自然」，也源於「經典」。中國文學源於「經典」，是獨特性，[7]是中國文學所特有的。〈原道〉闡述文學源於「自然」，〈宗經〉析論中國文學要祖述「經典」，所以王師更生說：[8]

> **中國文學既兼具「別性」，則「別性」中的「中國文學」，當然是以「經典」為其本源。**

「經典」之所以成爲中國文學的本源，是由「自然」過渡到「經典」。因此，〈宗經〉：「經也者，恒久之至道」的「道」字，是「體現自然之道的儒家聖人經典

出版社印行，1993 年 1 月初版。）一般多採用第一種說法。

[5]「道」字解釋爲「道理」，參閱馮春田《文心雕龍語詞通釋》，頁 402，明天出版社印行，1990 年 10 月初版。

[6] 見王師更生《中國文學的本源》，頁 6-7，臺灣學生書局印行，1988 年 11 月初版。文學源於「自然」，筆者稱爲「共通性」，王師則稱爲「通性」。

[7] 筆者稱爲「獨特性」，王師則稱爲「別性」。

[8] 同註 6，頁 7。

之道」的意思。[9]何以如此？〈宗經〉云：

> 三極彝訓，其書曰經。……故象天地，效鬼神，參物序，制人紀，洞性靈之奧區，極文章之骨髓者也。

「三極」，指天、地、人，也叫三才。《周易·繫辭上》云：「六爻之動，三極之道也。」「三極」出自《周易》，「象天地」，也源自《周易》。《周易·繫辭上》云：「易有太極，是生兩儀，兩儀生四象，四象生八卦，八卦定吉凶，吉凶生大業，是故法象莫大乎天地。」「法象莫大乎天地」，即「象天地」的明證。「效鬼神」，見於《禮記》。《禮記·禮運》云：「夫禮必本於天，殽於地，列於鬼神。」鄭玄注：「聖人則天之明，因地之利，取法度於鬼神，以制禮樂教令也。」「列於鬼神」、「取法度於鬼神」，即「效鬼神」的印證。「參物序」，是參驗事物發展的興亡、盛衰、得失、消長的順序，用來觀風論政。司馬遷《史記·太史公自序》云：「《書》記先王之事，故長於風；《詩》記山川、谿谷、禽獸、草木、牝牡、雌雄，故長於風。」[10]由此觀之，「參物序」，源於《詩》、《書》。「制人紀」，是制定人倫的綱紀。〈太史公自序〉云：「《春秋》辨是非，故長於治人。」[11]由此可證，「制人紀」本於《春秋》。「洞性靈之奧區，極文章之骨髓」，是綜論五經義理精深，文字純美。總觀所述，「恆久之至道」的「道」是「體現自然之道的儒家聖人經典之道」的意思。

《文心雕龍》中的「道」字，在文原論中，有兩種意義：一是「文學藝術源於自然規律的自然」之意，二是「體現自然之道的儒家聖人經典之道」的意思。與《說文》的「道」字有關者，是文體論中的「道路」之意。與段注的「道」字相關者，是文術論中的「道理」之意。

---

9 同註 1，頁 113-114。

10 見瀧川龜太郎《史記會注考證》，頁 1337，藝文印書館印行，1972 年 2 月初版。

11 同註 10。

二、體

《文心雕龍》中「體」字的涵義甚多，王金凌認爲「體」字涉及文學者，有六種涵義：篇幅、內容、形式、體要、體勢、泛指文章。[12]陳兆秀將《文心雕龍》全書中的「體」字，共出現一百八十八處，作詳盡的詮釋，分爲基本意義、引申義兩種。[13]基本意義有五種：（一）指文章的體裁、體制、體例、體式。（二）指文章。（三）指文章的內容、要旨、思想。（四）指文章的文辭、采藻、辭氣、語意。（五）指文章的風格。引申義有兩種：（一）指寫作方法、寫作要領。（二）指作品的辭約旨豐。但本文「體」字的探索，則以文體論爲主，以文原論、文術論、文評論爲輔。

《說文》云：「體，總十二屬也。」段注：「十二屬，許未詳言。今以人體及許書覈之，首之屬有三：曰頂、曰面、曰頤，身之屬三：曰肩、曰脊、曰臀，手之屬三：曰肱、曰臂、曰手，足之屬三：曰股、曰脛、曰足。合《說文》全書求之，以十二者統之，皆此十二者所分屬也」。[14]合《說文》、段注之意，簡言之，「體」是「人體」之意；詳言之，「體」是指人體十二部位。《文心雕龍》運用「體」字在文學理論上，罕用「人體」之意，多半用「文體」之意。如〈樂府〉云：

> 延年以曼聲協律，朱、馬以〈騷〉體製歌。

李延年用柔美而悠長的樂聲來協調音律，朱買臣和司馬相如用〈離騷〉的體裁來製作詩歌。「朱、馬以〈騷〉體製歌」的「體」字，是「體裁」之意。此外，如〈明詩〉：「四言正體。」〈詮賦〉：「雖合賦體。」〈頌贊〉：「頌體以論辭。」〈誄碑〉：「傳體而頌文。」〈哀弔〉：「全爲賦體。」〈諧讔〉：「但本體不

---

[12] 詳見王金凌《文心雕龍文論術語析論》，頁 218-232，華正書局印行，民國 76 年 6 月初版。

[13] 詳見陳兆秀《文心雕龍術語探析》，頁 90-116，文史哲出版社印行，民國 75 年 5 月初版。

[14] 同註 2，頁 168。

雅，其流易弊。」〈史傳〉：「創為傳體。」〈論說〉：「詳觀論體。」〈書記〉：「書之為體。」其中「體」字，皆是「文體」之意。

《文心雕龍》文原論的詞句，所運用「體」字，也有「體裁」之意。如〈宗經〉云：

> 《尚書》則覽文如詭，而尋理即暢；《春秋》則觀辭立曉，而訪義方隱。此聖文之殊致，表裏之異體也。

比較《尚書》和《春秋》行文的不同，是聖人為文的特殊風格，由於外在的辭采和內在的義理，各有不同體裁的緣故。「表裏之異體」的「體」字，也是「體裁」之意。

《文心雕龍》文術論的詞句，所運用「體」字，也有「體裁」之意。如〈通變〉云：

> 設文之體有常，變文之數無方。

文體是經常不變的，但辭采卻變化多端，沒有固定的形式。「設文之體有常」的「體」字，也是「體裁」之意。

《文心雕龍》文評論的詞句，所運用「體」字，也有「體裁」之意。如〈才略〉云：

> 趙壹之辭賦，意繁而體疏。

趙壹所寫的辭賦，詞意繁複，而體裁疏略。「意繁而體疏」的「體」字，也是「體裁」之意。

《文心雕龍〉所運用「體」字的涵義，除「體裁」外，還有「寫作方法」之意。如〈麗辭〉云：

> 麗辭之體，凡有四對：言對為易，事對為難；反對為優，正對為劣。

對偶的寫作方法有四種：言對、事對、反對、正對。「麗辭之體」的「體」字，是「寫作方法」之意。此外，又如〈比興〉：「毛公述傳，獨標興體。」〈隱秀〉：「夫隱之爲體。」〈附會〉：「惟首尾相援，則附會之體。」其中「體」字，皆是「寫作方法」之意。除文術論所運用「體」字有「寫作方法」之意外，還有文體論所運用「體」字也有「寫作方法」之意。如〈檄移〉：「隴右之士，得檄之體矣。」「得檄之體矣」的「體」字，也是「寫作方法」之意。

《文心雕龍》所運用「體」字的涵義，不僅有「體裁」、「寫作方法」之意，也有「寫作要領」之意。如〈通變〉云：

> 是以規略文統，宜宏大體：先博覽以精閱，總綱紀而攝契。

規劃作文的全局，應該重視寫作要領：首先廣博地瀏覽，精細地閱讀，然後提綱挈領地把握寫作重點。「宜宏大體」的「大體」二字連用，是「寫作要領」之意。又如〈總術〉：「文場筆苑，有術有門，務先大體。」「務先大體」的「大體」，也是「寫作要領」之意。此外，如〈詮賦〉：「此立賦之大體也。」〈祝盟〉：「夫盟之大體。」〈哀弔〉：「原夫哀辭大體。」〈檄移〉：「凡檄之大體。」其中「大體」二字，皆是「寫作要領」之意。

《文心雕龍》所運用「體」字，還有「文章的風格」之意。如〈體性〉：「若總其歸塗，則數窮八體。」又如〈定勢〉：「莫不因情立體，即體成勢也。」其中的「體」字，都是「文章的風格」之意。此外，《文心雕龍》中的「體」字，尙有「文章的體製、體例、體式、內容、要旨、思想、文辭、采辭、辭氣、語意」之意，限於篇幅，不再贅及。

三、情與采

《文心雕龍》有〈情采〉，專講文章的內容與形式，因此一般人都認爲「情」是文章的內容，「采」是文章的形，這是依文章的作法而言。其實，「情」、「采」二字尙有其他涵義。

（一）情

《文心雕龍》中的「情」字，共有一百三十八處，王金凌將「情」字的涵義，分爲俗見、情實、思考、情意等四種意義。[15]陳兆秀則分爲基本意義和引申意義兩種。[16]茲擇要闡論之。

《說文》云：「情，人之陰氣有欲者。」段注：「董仲舒曰：『情者，人之欲也。人欲之謂情，情非制度不節。』《禮記》曰：『何謂人情？喜、怒、哀、懼、愛、惡、欲七者，不學而能。』《左傳》曰：『民有好惡、喜怒、哀樂生於六氣。』《孝經援神契》曰：『性生於陽，以理執；情生於陰，以繫念。』」[17]《說文》的詮解，合董仲舒和《孝經援神契》之說。依《禮記》、《左傳》之說，則「情」字是「人的各種情感」之意。人的情感，抒發出來，寫成文章，一般稱爲抒情文。《文心雕龍》中的「情」字，有「情感」之意者甚多。在文術論中的詞句，如〈體性〉：

> 夫情動而言形，理發而文見。

作者的情感受到外界的刺激，便表現在文章；思想受情感的牽引，就呈現在辭采。「情動而言形」的「情」字，是「情感」之意。又如〈定勢〉：「夫情致異區，文變殊術。」〈章句〉：「夫設情有宅，置言有位。」〈隱秀〉：「夫心術之動遠矣，文情之變深矣。」其中的「情」字，也是「情感」之意。在文原論中的「情」字，也有「情感」之意。如〈宗經〉：「文能宗經，體有六義：一則情深而不詭。」其中的「情」字，也是「情感」之意。在文體論中的「情」字，也有「情感」之意。如〈哀弔〉：「必使情往會悲，文來引泣，乃其貴耳。」其中的「情」字，也是「情感」之意。在文評論中的「情」字，也有「情感」之意。如〈鎔裁〉：

---

15 同註 12，頁 65-87。

16 同註 13，頁 157-165。

17 同註 2，頁 506。

「情理設位，文采行乎其中。」「情理設位」的「情」字，也是「情感」之意。其中的「理」字，是「思想」之意。文章的內容，應該包含「情感」、「思想」。「情感」，僅是文章內容的一部分，但《文心雕龍》中的「情」字也有泛指文章的內容，是修辭學的「借代」，屬於部分代全體的借代，亦無不可。如〈鎔裁〉：「草創鴻筆，先標三準：履端於始，則設情以位體。」「設情以位體」的「情」字，是「泛指文章的內容。」又如〈知音〉：「是以將閱文情，先標六觀。」〈序志〉：「剖情析采，籠圈條貫。」其中的「情」字，都是「泛指文章的內容。

（二）采

《文心雕龍》中的「采」字，共有一百處。「采」字的涵義，《說文》：「采，捋取也。」段注：「〈大雅〉曰：『捋采其劉，周南芣苢。』傳曰：『采，取也。』又曰：『捋，取也。』是采、捋同訓也。《詩》又多言『采采卷耳。』傳曰：『采采，事采之也。』〈曹風〉：『采采衣服。』傳曰：『采采，眾多也。』〈秦風〉：『蒹葭采采。』傳曰：『采采，猶萋萋也。』此三傳，義略同，皆謂可采者眾也。凡文采之義本此。俗字，手采作採，五采作彩，皆非古也。〈釋詁〉曰：『采，事也。』此言假借，采、事同在一部也。」[18]「采」字，依照《說文》的詮釋，是「採取」之意。按照段注之說，後世以「采」爲「文采」之意，即本乎《詩經》的注解。

《文心雕龍》中的「采」字，有「文采」之意者，如〈定勢〉：

> **因利聘節，情采自凝。**

情感和文采應該水乳交融，凝合成爲美妙的作品。「情采自凝」的「采」字，是「文采」之意。又如〈鎔裁〉：「凡思緒初發，辭采苦雜。」〈時序〉：「孝武多才，英采雲構。」〈知音〉：「昔屈平有言：『文質說　內，眾不知余之異采。』其中的「采」字，都是「文采」之意。

---

[18] 同註 2，頁 270。

《文心雕龍》中的「采」字，也有「色采」之意者，如〈定勢〉：

雖復契會相參，質文互雜，譬五色之錦，各以本采為地矣。

「本采」的「采」字，是「色彩」之意。這裏譬喻各體文章的特色。文章不同體裁的特色，好像色彩有不同的顏色。依段注之意，「色彩」之「彩」，本作「采」，俗作「彩」。「采」字是「文采」之意，指文章的形式，但也有「泛指文章」之意，這是部分代全體的借代。《文心雕龍》中的「采」字，也有「泛指文章」之意。如〈事類〉云：

夫以子雲之才，而自奏不學，及觀書石室，乃成鴻采。

揚雄雖然才高八斗，學富五車，但謙沖地自稱才　學淺，等到他研讀石室的藏書，卻寫出鴻文巨著來。「乃成鴻采」的「采」，是「文章」之意。

《文心雕龍》中的「采」字，與段注有關者，是「文采」之意、「色彩」之意。至於「文章」之意，是由「文采」的借代而成，也可以說是間接相關。

四、奇與正

劉勰論文學批評的方法，在〈知音〉中提出六觀，其中的第四項是「觀奇正」。文學雖力求新奇，但必須雅正。「奇」字，在《文心雕龍》中出現四十八處；「正」字，在《文心雕龍》中則出現七十二處。「奇」、「正」二字，各有不同涵義。

（一）奇

「奇」字，《說文》：「奇，異也。一曰不耦。」段注：「不群之謂。奇耦字當作此，今作『偶』，俗。按二義相因。」[19]段注以爲「異，是『與眾不同』

[19] 同註 2，頁 206。

之意」、「不耦，是『奇偶之奇』的意思」。合《說文》、段注之說，「奇」字是「標新立異，與眾不同」之意。「標新立異」，正面引申爲「新奇動人」之意，反面引申爲「詭異怪誕」之意。「與眾不同」，引申爲「奇特超凡」之意。

《文心雕龍》中的「奇」字，有「新奇動人」之意者，如〈才略〉云：

> 漢室陸賈，首案奇采，賦〈孟春〉而進《新語》，其辯之富。

陸賈憑著新奇動人的辭采，開創古賦的先河，作《孟春賦》三篇，又作《新語》一書，他的辯才既廣博又雅麗。「首案奇采」的「奇」字，是「新奇動人」之意。在文體論中的「奇」字，也有「新奇動人」之意，如〈明詩〉：「儷采百字之偶，爭價一句之奇。」在文評論中的「奇」字，也有「新奇動人」之意，如〈神思〉：「意翻空而易奇，言徵實而難巧也。」

《文心雕龍》中的「奇」字，也有「詭異怪誕」之意者，如〈知音〉云：

> 愛奇者聞詭而驚聽。

喜愛奇詭怪誕的人聽到內容詭誕的文字，就驚心動魄，非常嚮往。「愛奇者」的「奇」字，是「詭異怪誕」之意。又如〈正緯〉：「今經正緯奇。」〈史傳〉：「然俗皆愛奇，莫顧實理。」〈定勢〉：「新學之銳，則逐奇而失正。」〈序志〉：「辭人愛奇，言實浮詭。」其中的「奇」字，都是「詭異怪誕」之意。

《文心雕龍》中的「奇」字，尚有「奇特超凡」之意者，如〈夸飾〉云：

> 莫不因夸以成狀，沿飾而得奇也。

兩漢的古賦，由於誇飾的描繪手法，才能形成奇特超凡的特色。「沿飾而得奇」的「奇」字，是「奇特超凡」之意。又如〈辨騷〉：「馬、揚沿波而得奇。」其中的「奇」字，也是「奇特超凡」之意。

（二）正

「正」字，《說文》：「正，是也。」又：「是，直也。」段注：「十目燭隱，則曰直。以日爲正，則曰日。從日正，會意。天下之物，莫正於日也。《左傳》曰：『正直爲正，正曲爲直。』」[20]「正」字，是「正直」之意，引申爲「雅正」之意。如〈樂府〉云：

逮及元、成，稍廣淫樂，正音乖俗，其難也如此。

漢元帝、漢成帝時，宮廷權貴生活奢侈，靡靡之音泛濫，雅正的音樂被世俗排斥，要正本清源，難如登天。「正音乖俗」的「正」字，是「雅正」之意。又如〈雜文〉：「崔瑗〈七蘇〉，植義純正。」「植義純正」的「正」字，也是「雅正」之意。

「正直」之意，也可以引申爲「正規」之意。如〈明詩〉云：

若夫四言正體，則雅潤為本。

四個字一句是詩歌的正規體裁，寫作的技巧以典雅溫潤的風格爲根本。「四言正體」的「正」字，是「正規」之意。又如〈論說〉：「石渠論藝，白虎講聚，述聖通經，論家之正體也。」「正體」的「正」字，也是「正規」之意。

「正直」之意，也可以引申爲「平正呆板」之意。如〈麗辭〉云：

反對為優，正對為劣。

上下兩分句的對偶，其意義是正反對比的，叫做反對。若上下兩分句的對偶，其意義都是正面的，叫做正對。因此，劉勰認爲正面意義的對句，是平正呆板的對句，比較拙劣。此外，「正」字，在《文心雕龍》中的涵義，尙有「正確」、「正

---

[20] 同註 2，頁 70。

道」、「教誡」之意。[21]

五、結論

從「道」、「體」、「情」、「采」、「奇」、「正」六字，來探索《文心雕龍》運用此六字在文學理論上有何關係？「道」字側重文原論，但文體論、文評論也有兼及；「體」字則側重文體論，但文原論、文術論、文評論也有兼及；「情」、「采」二字卻側重文術論，但文原論、文體論、文評論也有兼及；「奇」、「正」二字則偏重文評論，但文原論、文體論、文術論也有兼及。一言以蔽之，「道」、「體」、「情」、「采」、「奇」、「正」六字與文學理論是息息相關的。

參考書目舉要

文心雕龍斠詮	李師曰剛	國立編譯館
文心雕龍研究	王師更生	文史哲出版社
文心雕龍讀本	王師更生	文史哲出版社
文心雕龍	王師更生	黎明文化公司
文心雕龍釋譯	李蓁非	江西人民出版社
文心雕龍學綜覽	《文心雕龍學綜覽》編委會編	上海書店
文心雕龍語詞通釋	馮春田	明天出版社
文心雕龍文論術語析論	王金凌	華正書局
文心雕龍術語探析	陳兆秀	文史哲出版社

---

[21] 同註 13，頁 216。

中國文學的本源	王師更生	臺灣學生書局
史記會注考證	瀧川龜太郎	藝文印書館
說文解字注	段玉裁	蘭臺書局

杜甫詠物詩的象徵

中山大學中文系

蔡振念

一、緒言

劉勰（？—520）《文心雕龍·明詩篇》云：「人秉七情，應物斯感，感物吟志，莫非自然。」鍾嶸（468～518）《詩品》序亦云：「氣之動物，物之感人，故搖蕩性情，形諸舞詠。」說明了人生天地間，受宇宙萬物變化的影響，「感於物而動，性之欲也」，本是極自然之事，晉陸機（261～303）〈文賦〉已有：「遵四時以嘆逝，瞻萬物而思紛，悲落葉於勁秋，喜柔條於芳春。」蓋自然景物的消長遷化，每帶給人類對自身生老哀樂的反思，所謂「物色之動，心亦搖焉」是也。相反的，人亦每以自身的情感投射於週遭萬物，以我觀物，故物皆著我之色彩，此即所謂「移情作用」（empathy），這種物我間的互動，乃是基於詩人與萬物之間「生命的共感」。[1]

詩人感物吟志，既是質性之自然，則詠物詩之作，自有詩歌以來，便當有之。事實上，在中國最早的詩歌總集《詩經》中，我們已可找到詠物的詩句，如〈國風·桃夭〉、〈小雅·苕之華〉，而《楚辭》中的〈橘頌〉，借橘之德性以自喻，更是典型的詠物手法。

---

1 見葉嘉瑩：〈幾首詠花詩和一些有關詩歌的話〉，《迦陵談詩》（台北：三民書局，1970年），頁290。

詠物詩在杜甫之前，大都以模寫刻劃外物爲主，少能寄托詩人的情志。杜甫一出，始擴大了詠物詩的境界和創作技巧，其詠物詩不僅有感情與人格的投射，更從現實的托喻進而爲超現實的象徵。茲先略述杜甫之前詠物詩的發展及前人對杜甫詠物詩的評價，再論杜甫具有象徵意涵的詠物作品。

二、杜甫之前的詠物詩

除了《詩經》中少數詠物詩句及《楚辭・橘頌》外，先秦詠物詩篇極爲有限，倒是荀子（313～238B.C.）賦篇中的〈禮〉、〈知〉、〈雲〉、〈蠶〉、〈箴〉五篇分別描摹五種事物，雖旨在議論說理，但其中摹物的文句頗能曲盡各物之特性。賦之爲體，本來就如《詩品》所云，在「直書其事，寓言寫物。」或如《文心雕龍・詮賦篇》所云「賦者，舖也，舖采摛文，体物寫志也。」所以賦篇詠物，十分自然，這也說明了漢魏六朝大量詠物賦出現的緣故。魏迄六朝，文人創作詠物賦，率皆佔其賦篇作品一半左右，[2]但這些賦篇大抵純粹詠物，是文人表現描寫技巧和文字功力的炫才之作。盛唐之前的詠物詩，和這些詠物賦在性質上相去不遠，只有少數作品能夠借物諷喻，辭兼比興，如曹植（192～232）〈吁嗟篇〉借詠轉蓬寫自身遭遇，陶潛（365～427）〈飲酒・青松在東園〉以孤松喻己之高潔，袁山松〈菊〉（丁福保編《全晉詩》卷五）寫菊花陵寒經霜不改條，暗喻己之德性。齊梁之後，受到宮體詩的影響，詠物詩在題材和種類上明顯增加了，但內容上可謂興寄都絕，[3]最多只是在形容物宜上，能夠體物得神罷了。[4]其末流則「專意詠物，雕鐫刻鏤之工日以增，而詩人本旨掃地盡矣」（張戒《歲寒堂詩話》）。

---

[2] 見簡恩定：《杜甫詠物詩研究》，東海大學中文研究所碩士論文，1983 年，頁 32。

[3] 見洪順隆：〈六朝詠物詩研究〉，《大陸雜誌》第 56 卷 3、4 期；劉學鍇：〈李商隱的托物寓懷詩及其對古代詠物詩的發展〉，中國唐代文學學會編《唐代文學研究第三輯》（廣西師範大學出版，1992 年），頁 428。

[4] 近人黃永武標舉詠物詩評價標準有四，「體物得神」是其中的基本條件，見其〈詠物詩的評價標準〉，收入中國古典文學研究會主編《古典文學第一集》（台北：學生書局，1979 年），頁 159-178。

初唐詠物詩仍不脫六朝唯美文學的影響，然而，隨詩壇風氣的轉變，齊梁詩風漸戢，借物寄興的詠物詩也漸漸多了，如虞世南（558～638）〈蟬〉一詩，以蟬說明人之居高聲遠，是靠自己才能，非憑藉他人提攜；駱賓王（627～684）〈在獄詠蟬〉借蟬寫己身失路的艱辛，[5]此陳子昂（665～702）〈感遇・蘭若生春夏〉以蘭花之開落暗喻生命衰歇的哀傷；張九齡（673～740）〈感遇・蘭葉春葳蕤〉寫蘭桂自成芳潔，不求美人攀折，托寓堅持理想的自得，都已超越了對物的個別描述而有所寄懷，真正做到了楊載《詩法家數》所云「詠物之詩，要托物以伸意」之旨。但其間詩人之作，似乎仍難盡脫六朝習氣，如李嶠（645～714）詠物詩作百餘首，不離前人窠臼，所以王夫之《薑齋詩話》批評他說：「李嶠稱大手筆，詠物尤其屬意之作，裁剪整齊而生意索然，亦匠筆耳。」另外像唐太宗（r.627～650），上官儀（ca.616～664）等的作品，也都不脫匠氣。

三、前人對杜甫詠物詩之評價

詠物詩的評價，傳統詩論家說詩，已有一定的標準，大牴先要求其能不即不離，刻劃物態，故俞琰〈歷代詠物詩選序〉云：

> 詩感於物，而其體物者，不可以不工，狀物者不可以不切，於是有詠物一體，以窮物之情，盡物之態。

〈序〉又云：

> 故詠物一體………其佳者往往擬諸形容，象其物宜，不即不離，而繪聲繪影，學者讀之，可以恢擴性靈，發揮才調。

---

5 虞、駱二蟬詩加上李商隱詠蟬五律，被譽爲唐代詩壇詠蟬三絕，施補華《峴傭說詩》云：「三百篇比興爲多，唐人猶得此意。同一詠蟬，虞世南：「居高聲自遠，端不（當作「非是」）藉秋風」，是清華人語；駱賓王「露重飛難進，風多響音沉」，是患難人語；李商隱「本以高難飽，徒勞恨費聲」是牢騷人語，比興不同如此。

清錢泳《履園譚詩》也說：

> 詠物詩最難工，太切題，則黏皮帶骨，不切題，則捕風捉影，須在不即不離之間。

清吳雷發《說詩菅蒯》云：

> 詠物詩要不即不離，工細中須具縹緲之致。

清王漁洋《帶經堂詩話》卷十二云：

> 詠物之作，須如禪家所謂不黏不脫，不即不離，方是上作。

但僅體物傳神，不即不離，則如王夫之《薑齋詩話》所言「雖極鏤繪之工，皆匠氣也。」故還要進一步借物詠懷，寄托個人情志及對家國時事的感慨，沈祥龍《論詞隨筆》論詠物之作：

> 在借物以寓性情，凡身世之感，君國之憂，隱然蘊于其內，斯寄托遙深，非沾沾焉詠一物矣。

施補華《峴傭說詩》亦云：

> 詠物必需有寄托，無寄托而詠物，試帖體也。

袁枚《隨園詩話》則云：

> 詠物詩無寄托，便是兒童猜謎。

陳僅《竹林問答》云：

> （詠物詩）必因物以見我，方為佳詠。

又云：

詠物詩寓興為上，傳神次之。

以上所引諸說，或著重詠物刻劃神妙，或著重詠物寄托寓興，正說明了詠物詩本來就有兩種創作方式，清人李重華《貞一齋詩話》云：「詠物有兩法，一是將自身放頓在裡面，一是將自身站立在旁邊。」所謂將自身站在旁邊，也即純粹就物刻劃傳神，所謂將自身放頓在裡面，也即詩人投入其生命情意。依此兩種不同的創作方式，詠物詩往往被分爲兩種，清查爲仁《蓮坡詩話》即云：「詠物有兩種，一種刻劃………一種寫意………」。

杜甫以其讀書破萬卷的豐富知識和傑出的才情，加上悲憫的胸懷、忠愛的性情，以及轗軻的人生遭遇，作詩無數，在現存的一千餘首中，詠物詩近百首，或者寫物精妙，或者借物托喻，李重華所云詠物兩法，並見於杜集中。然前人大抵賞其命意深遠，寓寄身世之作，除張溍在《讀書堂杜工部詩集註解》卷十一稱其「詠一物，必及時事，感慨淋漓」外，清張謙宜《絸齋詩談》卷四也稱美杜甫詠物詩「皆以自已意思，貼出物理情態，故題小而神全，局大而味長。」

近人金啓華在論杜甫詠物詩時，說他這些詩「多半有所寄托，多半是與時事、民生有關」。[6]傳庚生亦云：「杜甫詠物的詩，大多數是有寄托的，沒有把文章做到外面去。」[7]程千帆與張宏生除肯定杜甫詠物詩數量多，取材廣，命意深之外，也說「逼真的形象與絕妙的諷諭是其統一的基調」[8] 劉學鍇的意見亦和諸人相去不遠，認爲杜甫借物托寓之作「往往形神兼備」，[9]程千帆、張宏生另就杜甫詠物詩之寄意立論，以爲這些詩都是杜甫人道主義和英雄主義的表現，體現中國傳統審美觀念中的陽剛和陰柔之美，[10]方瑜也以「詠物寄慨，兼書

---

6 金啓華：《杜甫詩論叢》（上海：古籍出版社，1985 年），頁 56。

7 傳庚生：《杜詩析疑》（西安：陝西人民出版社，1979 年），頁 211。

8 程千帆、張宏生：〈火與雪：從體物到禁體物—論白戰體及杜、韓對它的先導作用〉，《被開拓的詩世界》（上海：古籍出版社，1990 年），頁 78。

9 同註 3，頁 437。

10 程千帆、張宏生：〈英雄主義和人道主義—談杜甫詠物詩札記〉，見註 8 所引書，頁 167-188。

感懷，並雜議論」爲杜甫詠物詩的特色。[11]

前人在稱賞之餘，對杜甫詠物詩也不無微詞，如明胡應麟《詩藪》內編卷四即云：

> 詠物起自六朝，唐初沿襲，雖風華競爽，而獨造未聞。唯杜公諸作，自開堂奧，盡削前規………精深奇邃，前無古人，後無來者。然格則瘦勁太過，意則寄寓太深，鳥獸花木，多雜議論，尤不易法。

胡氏所謂格則瘦勁太過，大概是以杜甫所詠多爲細碎病殘之物，如促織、螢火、白小、銅瓶、孤雁、病馬、枯棕、苦竹、病橘等，少數詠馬和詠鷹的詩算是例外。論者或以杜甫所以取材弱小細微之物，大概是藉以寄托他對「那個苦難社會中許多受摧殘的、病態的、微弱的人物的悲憫憐惜。」[12]另胡氏以杜甫詠鳥獸花木之詩多雜議論爲病，則是個見仁見智的看法，即使足以爲病，也應是白玉微瑕。

杜甫詠物詩題材廣，物類繁，[13]體式多方，今人不乏專文研究者。[14]然筆者以爲杜甫詠物詩中最可貴者，厥在其能於描寫個別特殊之物的同時，表現出自身對生命情境的了悟，進而傳達出一種永恆普遍的真理實相（universal truth）。換言之，這些較可貴的詠物詩，是詩人以現實世界所經驗之物爲基礎，將現實世界的事物附予超現實的象徵意義，使詩境超越時空，有了永恆的

---

[11] 方瑜：〈浣花溪畔草堂間—論杜甫草堂時期的詩〉，《沾衣花語》（台北：遠景出版社，1982 年），頁 213、頁 21-22，又見其《杜甫夔州詩析論》（台北：幼獅文化事業公司，1985 年），頁 195。

[12] 劉學鍇：〈李商隱的托物寓懷詩及其對古代詠物詩的發展〉，見註 3，頁 429。

[13] 清聖祖御定《佩文齋詠物詩選》收杜甫詠物詩計一百十九類，但有些詩嚴格而論，並非詠物，而是贈別、記事，甚或詠山水的。

[14] 如杜呈祥：〈杜詩中的馬〉《師大學報》第一期（民國 45 年 6 月），黃永武〈杜甫筆下的馬〉《中國詩學．思想篇》（台北：巨流圖書公司，1979 年），頁 149-161；簡恩定：〈杜甫《丹青引》論韓幹畫馬議述評〉，《古典文學》第十一集（台北：學生書局，1990 年），頁 155-170；又前註中所引相關論文。

價值，所以千年以下吾人讀之，並不因時移世改而有所隔閡，反而能參與感受詩人的心境情緒。從讀者反應（Reader's Response）觀點言之，也可以說，讀者從這些作品中再創造了自己的美感經驗及其對宇宙自然的了解。[15]下文僅就筆者讀杜之一得，略論杜甫這一類詠物詩的象徵。

四、杜甫詠物詩的象徵

杜甫詠物詩中，寫馬的計有九首之多，唐代詩人中，除了李賀因生肖屬馬而寫了二十三首馬詩之外，[16]對馬最爲欣賞的，大概要數杜甫了。杜甫寫馬，或以自況，或比英雄，或象徵君臣遇合。[17]本來杜甫年輕時正當唐之盛世，武功國力皆臻於顛峰，杜甫在時代風氣影響下，也思騰躍鷹揚，冀爲時用，故詩中多詠馬與鷹，來象徵人性中的忠誠和勇猛，黃徹《碧溪詩話》卷二云杜詩中所以馬鷹並舉者，「蓋其致遠壯心，未甘伏櫪，嫉惡剛腸，尤思排擊。」確爲洞見。然杜甫身歷喪亂之後，所寫之馬詩，已是另一番境界。此先論其〈病馬〉詩：

乘爾亦已久，天寒關塞深。塵中老盡力，歲晚病傷心。毛骨豈殊眾，馴良猶至今。物微意不淺，感動一沈吟。

此詩作於乾元二年（759 年）杜甫四十八歲時，這年他已棄華州司功參軍職，攜家往秦州，經同谷入蜀。經過十年旅食京華，應試屢不報，漸入晚境的詩人在遭逢安史亂後，眼見「致君堯舜上，再使風俗淳」之壯志已不可得，遂借病馬一抒心中感慨。

---

15 見劉若愚著，杜國清譯：《中國文學理論》（台北：聯經出版公司，1981 年），頁 13-14。

16 見葉慶炳：〈說李賀馬詩二十三首〉，《唐詩散論》（台北：洪範書局，1977 年），頁 133-170。

17 見黃永武：〈杜甫筆下的馬〉；又金性堯：〈杜甫寫馬〉，《爐邊詩話》（上海：人民出版社，1988 年），頁 50-54。

詩上半闋敘馬久爲人用，而於風塵中逐漸老去，儘管天寒關塞深，仍不改其忠心盡力的本性。毛骨兩句，仇注引王嗣奭《杜臆》以爲是稱馬之德。蓋馬本凡馬，其所以足爲詩人歌頌者，正在其有馴良的德性。杜甫有感於馬爲之物雖微賤，但對主人情分深厚，不禁感動沈吟；亦如自己雖非居高位，但不改其忠愛本性，雖已老病漸至，不得君上重用，惟仍願一本初衷，盡力奉獻國家。杜甫寫病馬，其實等於寫自己。

不僅此也，〈病馬〉一詩亦是杜甫仁民愛物，民胞物與之情懷表現。他一生同情弱小，對妻孥僕隸，無不惓愛極深，甚至對不相關的人，亦能人溺己溺。所以自己茅屋爲秋風所破，卻仍思得廣廈以庇天下寒士；行船遇險，則義無反顧「減米散同舟」（〈解憂詩〉）。〈病馬〉除自況外，亦是詩人從人馬共同的關係中，見人世間德性之可貴，患難而不見棄深情之難得，故楊倫《杜詩鏡銓》卷六引蔣弱六云：「貧賤患難中，只不我棄者便生感激，寫得真摯。」杜甫另有〈瘦馬〉詩，歎瘦馬之昔用今棄，和〈病馬〉適成對比。

如上所言，〈病馬〉詩除自況外，又見杜甫愛物之心，且以物我之不離棄，暗示了人世德性之可貴。詩人從物理物情入手，而達到了人事世法的領悟，從詠物入手，而臻於象徵的意境。[18]

寫馬之外，杜甫也常詠飛鳥，借鳴禽或以自喻，或比人情世理，或隱譬人在天地間之情境。除前面提到的以鷹鶻來象徵勇敢正義外，杜詩中寫燕子則多爲自身遭遇的比況和對生命的感慨，如〈燕子來舟中作〉一首云：

> 湖南為客動經春，燕子銜泥兩度新。舊入故園嘗識主，如今社日遠看人。可憐處處巢君室，何異飄飄托此身。暫語船檣還起去，穿花貼水益霑巾。

此詩寫於大曆五年（770 年），時杜甫從岳陽之潭州已歷兩春，客居舟中，感己生平遭遇如燕子，借燕自喻，故浦起龍《讀杜心解》云：

---

[18]《杜詩鏡銓》卷十七引黃白山云：「前後詠物諸詩合作一處讀，始見杜公本領之大，體物之精，命意之遠。說物理物情，從人事世法勘入，故覺篇篇寓意，含蓄無限。」

為客經春四字，一篇骨子，中四句句自詠，仍是詠燕，句句詠燕，仍是自詠，字字切，字字空。結聯方專就燕子寫其若捨若戀之情，而以十一字貼燕，旋以三字〔益霑巾〕打入心中。不知燕之為子美歟？子美之為燕歟？

杜甫不僅是對燕傷心，形影相弔，寫盡蒼茫歷亂而已，尙以燕子寓人在天地間的飄零流落及孤獨無依。此詩寫於杜甫謝世前不久，時詩人已是嘗盡人世百態的垂暮老人，加上窮病潦倒，真可謂他生未卜此生休，入世理想都絕，故轉物爲親，楊倫《杜詩鏡銓》卷二十云：「見此相憐相識者若惟燕而已，此爲客之所以益霑巾也。」確爲有見。燕子之處處巢居，亦如杜甫旅食天地間，不過暫寓此身，如逆旅過客耳！詩人無窮身世之感，直透詩裡行間；故仇注引盧世㴶云：

此子美晚歲客湖南時作。七言律詩以此收卷，五十六字內，比物連類，似複似繁，茫茫有身世無窮之感，卻又一字不說出，讀之但覺滿紙是淚，世之相後也，一千歲矣，而詩能動人如此。

吾人今日談此詩，亦如前人之讀杜注杜，由同情（sympathy）而移情（empathy），和千餘前的杜甫也有一種生命的共感。盡杜甫詩中所表達的，不僅是憐燕自憐，也是人在天地間獨立蒼茫自詠詩的孤寂感。這種生命的孤獨（aloneness）和寂寞（loneliness）人人不免，杜甫這首晚年之作，正寄託了生命裡永恆遍在情境。

杜甫另有〈雙燕〉詩，爲廣德元年（763 年）五十二歲在閬州時所作，詩云：

旅食驚雙燕，銜泥入北堂。應同避燥濕，且復過炎涼。養子風塵際，來時道路長。今秋天地在，吾亦離殊方。

詩亦爲旅途中所作，第二聯以下，人燕雙寫，蓋謂自己亦如雙燕，隨地羈棲，聊避燥濕耳。「養子風塵際，來時道路長」一聯可抵得過〈北征〉〈自京赴奉先縣詠懷五百字〉兩首長篇，〈北征〉詩云：「況我墮胡塵，及歸盡華髮。經年至茅屋，妻子衣百結。慟哭松聲迴，悲泉共幽咽。平生所嬌兒，顏色白勝雪。見耶背面啼，垢膩腳不襪，床前兩小女，補綴才過膝………老夫情懷惡，嘔泄臥數日。」〈自京赴奉先縣〉詩寫道：「老妻寄異縣，十口隔風雪。誰能久不顧，庶往共飢渴。入門聞號咷，幼子餓已卒。吾寧捨一哀，里巷亦嗚咽。所愧爲人父，無食致夭折。」這些詩句，不正是「養子風塵際，來時道路長」之顯影放大嗎？

末聯仇注引顧炎武說，以爲世經亂離而天地仍在，猶云天空任鳥飛。是杜甫於顛沛流離之際，對人生尚抱一絲希望，故語氣不若前一首荒涼，但借燕子寄托人生的感慨則近似。

另作於大曆初年的〈孤雁〉詩，則借孤雁之失群念群寓人生流落之悲，詩云：

> 孤雁不飲啄，飛鳴聲念群。誰憐一片影，相失萬重雲。望盡似猶見，哀多如更聞。野鴉無意緒，鳴噪自紛紛。

浦起龍《讀杜心解》評這一首詩說：

> 飛鳴念群，一詩之骨，片影重雲，失群之所以結念也。望斷而飛不止，似猶見其群而逐之者；哀多矣而鳴不絕，如更聞其群而呼之者，寫生至此，天雨泣矣。

浦評極稱美之能事，並以前六句皆寫孤雁，但金聖嘆則以六句中望者和聞者實寫詩人之聞望，金云：「孤雁已去，猶云似見如聞，野鴉當面，卻如滿眼釘刺。」[19]相較之下，愚意以浦評較勝。另朱鶴齡以爲此詩托雁以念兄弟，雁固有兄弟之喻（雁序），但以之喻兄弟，則詩末借鴉形雁之結法將難有比附，故詩

---

[19] 轉引自陶道恕編：《杜甫詩歌賞析集》（四川：巴蜀書社，1993 年），頁 482。

仍當從杜甫借雁自喻寄托人生遇的感慨來理解。

詩先寫聞孤雁之聲，又見其影。詩人由孤雁高尙之品格想到自身，雖立志不凡而不免失群。而孤雁片影之渺小，消逝於遼闊海天重雲中，亦如詩人在無窮天地間失群失伴之可憫。「相失」一句，不僅見孤雁之失群，亦見雁陣失去孤雁後的憾恨。孤雁失群而不思飲啄正如君子之「謀道不謀食」。結句借鴉形雁，則是《莊子》中鵷雛不源知鴻鵠之志之意。

杜甫以雁寓意人生遇合，重在相知相惜，一旦同志相失，則其情最可憫。杜甫一生不得志，靠朋友濟助甚多，或竟托身幕府，晚年出川時則貧病交加，不免感於人生遇合之難及同志之難尋，此身之無依，寫於永泰元年（西元七六五年）的〈旅夜書懷〉亦有「飄飄何所似？天地一沙鷗」之句，寫盡人生的孤獨。

自然景物中，飛鳥之外，月亮亦是杜甫常寫的主題。吉川幸次郎以爲杜甫詩中出現的月常是淒涼的，[20]晚年之作，尤其如此，蓋「衰年多病，久客難歸，加以世亂易感，以如此身心狀況觀月，難免產生投射、移情作用，月色、月景遂亦呈現淒涼、不健康形象」。[21]事實上，詩人寫詩，當然不免時代環境及身世經歷之影響，但更重要的，是要以己身現實經驗爲基礎，超越個人的感情而傳達歷久彌新的普遍人生情境，杜甫詠月的詩，即能如此，我們試看這首〈月〉：

> **四更山吐月，殘夜水明樓。塵匣元開鏡，風簾自上鉤。兔應疑鶴髮，蟾亦戀貂裘。斟酌姮娥寡，天寒耐九秋。**

詩寫於大曆元年（766 年），黃生《杜工部詩說》評此詩「寫景精切，布格整密，運意又極玲瓏……其比興之深遠，從未經人道也。」實爲洞見。日人三寶政美說此詩「可看出一種內省的屈折。即一方面眺望淒涼的月，另一方面則凝

---

[20] 見吉川幸次郎：〈杜甫と月〉《杜詩論集》（東京：筑摩書房，1980 年），頁 218-221。

[21] 見方瑜：《杜甫夔州詩析論》，頁 191，又參見註 20。

視著望月的自己。」[22]

我們看這首詩上半闕詠下弦月，下半闕則句句寫月又句句寫人。因下弦月，所以四更始從山中噴吐而出，「吐」字動詞應用極妙，將山予以擬人化。由山月而水月，視點由上而下移，緊接兩句寫弦月之光影形狀，初吐之月光，如揭匣之鏡照，而一弦掛空，則如風簾在鉤矣！下四句連用月之典故，反耐細思，兔蟾本無情之物，亦因詩人主觀情感而傷老畏寒，姮娥本傳說神話之人物，詩人見之亦同情其孤寂。其實這一切皆杜甫對月不眠主觀心情的投射。詩人將自己心情投映在月上，故月亦染詩人之情緒，詩人與月原是一而二，二而一的。在著名的〈江漢〉詩中，杜甫已有「江漢思歸客，乾坤一腐儒，片雲天共遠，永夜月同孤」的感慨，片雲、孤月都象徵杜甫這位乾坤間旅人孤單的形象。

月在中國本有圓滿團圓之意義，但杜甫每以之來象徵人生的缺憾，即使寫月圓，仍然是以月亮的圓滿，來和他欲表達的不堪情境作一對照。[23]如在另一首五律的〈月〉中，以「天上秋期近，人間月影清」的美好，來反襯「只益丹心苦，能添白髮明」的不堪；在〈翫月呈漢中王〉詩中，緊接著「夜深露氣清，江月滿江城」的圓滿，便是「浮客轉危坐，歸舟應獨行」的煢獨；而〈十七夜對月〉首聯「秋月仍圓夜，江村獨老身」無疑是月圓人單之完美與殘缺的對照；〈月夜〉寫妻子的閨思，「今夜鄜州夜，閨中只獨看」兩句也是以月來襯托人的孤單。

另外，月亮陰晴圓缺變化的特性，也讓杜甫在三首詠月的五律中寫出了「羈棲愁裡見，二十四迴明。必驗升沈理，始知進退情」。由月之盈虧升落，了悟人之得失成敗，在這些詠月詩中，杜甫再一次寄托了他對人情世法的觀察，對人生存在情境的理解。宋代蘇軾〈水調歌頌〉詞詠中秋明月云：「轉朱閣，低綺戶，照無眠，不應有恨，何事偏向別時圓？人有悲歡離合，月有陰圓

---

[22] 見三寶政美〈夔州における杜甫—その回想詩をめぐつて〉，《東洋學集刊》十五期（1966年），頁48。

[23] 同註2，頁174。

缺，此事古難全」。即以月的圓滿映照人間離別的缺憾，又以月之陰晴圓缺喻人生境遇之升沈多變，可說是杜甫詠月詩的餘響。

五、結語

在杜甫近百首詠物詩中，各種題材體式兼備，寫作手法有傳承，也有創新，[24]故仇注引鍾惺云：

> 少陵如〈苦竹〉、〈蒹葭〉、〈胡馬〉、〈病馬〉、〈鸂鶒〉、〈孤雁〉、〈促織〉、〈螢火〉、〈歸燕〉、〈歸雁〉、〈鸚鵡〉、〈白小〉、〈猿〉、〈雞〉、〈麂〉諸詩，於諸物有讚羨者，有悲憫者，有痛惜者，有懷思者，有慰藉者，有嗔怪者，有嘲笑者，有勸戒者，有計議者，有用我語詰問者，有代彼語問答者，蠢者靈，細者巨，恆者奇，嘿者辯，詠物至此，此神佛聖賢帝王豪傑具此，難著手矣。（《杜詩詳注》卷七〈苦竹〉詩下）

本文之旨不在細論杜甫各類詠物詩，而在指出這些詠物詩中有些作品，是其感情的投和生命的投入，所以能使「所寫的現實中之事物成為象喻著感情與人格的一種意象」，[25]進而藉這些意象傳達出普遍而永恆的感情和真理。換言之，即藉物的意象將個人感情生命化為物我感情生命的共感。就此而言，杜甫詠物之作已超越了窮物之情、盡物之態的單純刻劃，而達到因小見大、因一物洞見世界、以有限洞見無限的境界。[26]杜甫基於宇宙間物我人我間生命的共感，藉詠物表現自我（self-expression）的同時，也表達了他對人生共同境遇的感受，故能詠物而象徵無限。

---

[24] 杜甫詠物詩之傳承與創新，參見註 2，頁 244-253。

[25] 見葉嘉瑩：〈從比較現代的觀點看幾首中國舊詩〉，同註 1 引書，頁 257。

[26] 同註 4，頁 170-171。

劉基與道教—以《誠意伯文集》為例證

中山大學中文系

龔顯宗

前言

劉勰〈滅惑論〉謂道家立法有三：上標老子，次述神仙，下襲張陵。道安〈六教論〉也分道教爲三品：老子無爲，神仙餌服，符籙禁厭。細讀劉基《誠意伯文集》，知其與道教的關係亦可分三層次來談：和道士的交遊，對蓬萊神仙的嚮往，深受老莊列子各家的影響。

一、和道士的交遊與對神鬼的看法

劉基字伯溫，浙江青田人，元文宗至順四年（西元一三三三年）舉進士第。明太祖定括蒼，聘至金陵，佐成帝業，封誠意伯，以弘文館學士致仕。性剛疾惡，遭胡惟庸陷害，憂憤而卒，年六十五（西元一三一一年至一三七五年）。正德中追諡文成，有《誠意伯文集》二十卷，明史卷一百二十八有傳。

劉氏與道教結緣甚早，年未弱冠，在栝城讀書，就往紫虛觀訪問道士吳梅澗（名自福）。梅澗領袖教門垂五十載，自達官貴人以至市里細民無不敬愛，天師正一真人授號崇德清脩凝妙法師。劉基岐嶷英特，故獲其器重。[1]

---

[1] 〈紫虛觀道士無梅澗墓誌銘〉，《誠意伯文集》卷八，頁 204，臺灣商務印書館，台北，1968 年台 1 版。

二十歲時，劉氏得侯，「習懶不能治事，嘗愛老子清淨，亦欲作道士未遂。」及龍門子將入仙華山爲道士，他贈詩送行，求其「他日道成爲列仙，無相忘也。」[2]足見年輕時對道教神仙的狂熱。

他不贊成三教分立，「言不得同詞，行不得同躅，衣服不得同制度」[3]的說法是爲他所反對的，而與方外之士常相往來，所以詩贈道士張玄中；〈畫竹歌〉送道士詹明德；爲道士蔣玉壺作長歌、台州棲霞觀道士賦〈蟾室詩〉；在紫虛觀、承天觀、妙成觀北亭題詩；妙成觀中道士劉雲心卒，也詩以輓之。夜聽蕊宮道士張君度彈琴，因有所作；道人饋松葉酒，歌以報之；又寄題昇元觀綠筠軒，爲道士周玄初賦〈鶴林行〉；甚至題畫詩中有〈題松下道士攜琴圖〉、〈爲包與直題太一真人圖〉。他同情孤苦，如紫虛觀周道士還俗後多年，貧老如故，爲之嘆云：「白鶴棲青松，願與人世違，松高風露寒，欲向人間飛，江湖無稻粱，歲暮將疇依，……如何從雁鶩，喋呷圖身肥。」[4]言下有不少感慨。

他相信祈禱可以致雨。

同知元帥石末宜孫鎮栝的第二年五月，大旱，禱于麗山之祠，雨未沛。遂「命道士設醮于玄妙觀，是日大雨，明日又雨，又明日乃大雨，至夜分。」[5]於是民乃得甦。

劉基也相信瑞應之說，曾上〈甘露頌〉、〈瑞麥頌〉。又謂神頗靈驗，能祛疫癘，作雲雨，人有所求必應，其〈北嶺將軍廟碑〉舉數例，以證其言之不誣，一云：「宋徽宗時，方臘反睦州，自睦入杭，具舟將渡江，吏民大怖，相率禱于神，比寇至，即有風逆其舟，且見甲士列岸上甚眾，乃止，不敢渡。」二云：「至正十二年，妖賊入江浙行省，烽火通于蕭山，……主簿趙君某，……詣廟卜于神，神許之吉，……賊欲遣兵攻浙東，見江岸列甲卒，旗幟如睦，寇欲渡時，以故畏

---

2 〈送龍門子入仙華山辭〉，同上，卷九，頁 231。

3 〈送道士張玄中歸桐柏觀詩序〉，同上，卷五，頁 117。

4 〈紫虛道士還俗多年而貧老如故元帥石末公憐其無依復令歸觀就養〉，同上，卷十三，頁 354。

5 〈喜雨詩序〉，同上，卷五，頁 129。

憚無東心。」第三個例子：至正十三夏，久旱，趙君「往禱，又輒得雨。」[6]劉氏認爲誠敬事神，必獲保佑，其〈郁離子．東陵子既廢〉云：「天道何親？惟德是親。鬼神何靈？因人而靈。」[7]修德潔己，自有感應。

他相信神靈之說，但與愚夫愚婦的迷信大不相同，其〈天說上〉云：「好善而惡惡，天之心也；福善而禍惡，天之道也。爲善者不必福，爲惡者不必禍，天之心違矣。使天而能降禍福於人也，而豈自戾其心以窮其道哉？天之不能降禍福於人亦明矣！」以爲或福非天所降，而是氣之所爲，但氣非有心而爲，因「氣有陰陽，邪正分焉；陰陽交錯，邪正互勝。其行無方，其至無常，物之遭之，禍福形焉，非氣有心於爲之也。」舉例來說，朝菌得濕而生，晞陽而死；靡草得寒而生，見暑則死；非氣有有心使之生，使之死，而是「生於其所相得，而死於其所不相得」，與天無關，「是故正氣福善而禍惡，邪氣禍善而福惡，善惡成於人，而禍福從其所遇。」氣既有所偏勝，人自然無法防禦避抗。天之氣本正，所以「邪氣雖行於一時，必有復焉。故氣之正者，謂之元氣。元氣未嘗有息也，故其復也可期，則生於邪者，亦不能以自容焉。」正邪二氣，往復循環，正氣勝時，秦政、王莽自非殞滅不可。由於氣之循環往復有遲有速，而人的生命短暫，壽數有限，是以惡人「或當其身而受罰，或卒享福祿而無害。當其身而受罰者，先逢其復者也；享福祿而無害者，始終乎其氣者也。」因此曹操、司馬懿、劉裕能夠善終，「不於其身，而於其後昆」，決非上天有所偏私。不怨天尤人，「修身以俟，惟知天者能之。」[8]依他看來，禍福非天所降，而是氣之所使，善惡有報，速則在其身，遲則及於後代。

其次，他認爲「天災流行，陰陽舛訛」並非上天示警，而是由於氣失其年，〈天說下〉云：「天以氣爲質，氣失其平則變，是故風雨雷電，晦明寒暑者，天之喘汗呼噓動息啓閉收發也。氣行而通，則陰陽和，律呂正，萬物並育，五位時若，天之得其常也。氣行而壅，壅則激，激則變，變而後病生焉，故吼而爲暴風，

---

[6] 同上，卷上，頁 199-200。
[7] 同上，卷三，頁 73。
[8] 同上，卷七，頁 175-176。

鬱而爲虹蜺，不平之氣見之，抑拗憤結，迴薄切錯，暴怒溢發，冬雷夏霜，驟雨疾風，折木漂山，三光盪摩，五精亂行，晝昏夜明，瘴疫流行，水旱愆殃，天之病也。」人一中天之病氣，則狂亂反常。天有所不能，唯聖人能救，因「聖人有神道焉，神道先知，防於未形。」[9]天氣有壞，元氣無息，聖人立法傳方，善醫者能復元氣。

綜觀〈天說〉上下篇，知劉基勸人要修身，以求福避禍，要取法聖人，以去天災，除癘疫；都強調須盡人事，自求多福。

一般謂遭雷殛者是由於「獲罪於天」，劉氏不以爲然，因天已立民牧，付以生殺之權，何用自討？其〈雷說上〉云：「雷者，天氣之鬱而激而發也。陽氣團於陰必迫，迫極而迸，迸而聲爲雷，光爲電，猶火之出礮也，而物之當之者，柔必穿，剛必碎，非天之主以此物擊人，而人之死者，適逢之也。」[10]這看法是很哭學的。他進一步認爲雷與神都是氣之所爲，〈雷說下〉云：「氣也者，無所不能爲也，忽而形，倏而聲，爲雷爲神，或有或無，不可測知。」氣形神寓，形滅而神復于氣，「神，形而暫者也，彼且不能以其形，惡能求罪人而戮之？」[11]可見雷殛與天譴無關。

人死後是否爲鬼？劉基的回答是：「可以有，可以無。」蓋有生必有死，若果死皆爲鬼，則盡天地之間不足以容之，「然而二氣之變不測，萬一亦有魂離其魄而未遂散者，則亦暫焉而不能久也。」人死而爲鬼是可能的，但爲時不久，蓋「人之得氣以生其身，猶火之著木然，魂其燄，體其炭也，人死之魂復歸于氣，猶火之滅，其燄安往哉？」[12]然而祭祀祖先還是必要的，因其事不虛，「是則同氣相感之妙也，是故方珠向月可以得水，金燧向日可以得火，此理之可見者也。虞琴彈而薰風生，夔樂奏而鳳凰來，聲氣之應，不虛也。」孝而致其誠，鬼必由感而生，否則終屬徒勞。

---

9 同上，卷七，頁 176。

10 同上，卷七，頁 177。

11 同上，卷七，頁 178。

12〈郁離子・神仙〉，同上，卷四，頁 89。

江淮之俗，爲天地水三官，按罪錫福之辰，致齋邀祥，滿三年後，多不得祥而得禍，論者遂以爲鬼神渺茫。劉基認爲神聰明而正直，無蔽無私，不可欺，不可媚，故不降祥。[13]

民間嶽祠，形其神而配以妃，劉氏謂鬼神「受人之誣」，因鬼神不敢受「非禮之祈」，祭者可謂大不敬。[14]〈雜詩〉四十一首之三十九也說：「祭祀本人情，將以牲與稷，居歆豈在物，馨香薦明德，……敬之在無射。」[15]正是心誠則靈之意。他作〈神絃曲〉、〈神祠曲〉、〈上清詞〉三首、〈步虛詞〉五首，都與道教有關。

二、對蓬萊神仙的嚮往

劉基年輕時常作神仙之想，其文集曾說：「郁離子學道于藐乾羅子冥，授化鐵爲金之術。」[16]雖是寓言，一般卻認爲郁離子是他本人的化身。又在〈感懷〉三十一首之十五中說：「峩峩蓬萊山，渺渺大瀛水，神仙有窟宅，亦在玄黄裏。」[17]〈少微山眉巖神仙宅記〉闡釋得更爲詳盡具體：「神仙果有宅乎？超無爲以至清，與太初而爲鄰，又烏有所謂宅也。神仙果無宅乎？左帶瑤池，右環翠水，繚以赤城，玉樓十二，其傳非一，惜乎吾不得而見之也。世之人由不能見，遂并神仙以爲無有，嗚呼，是非知造化之情狀者也。夫造化之神妙，豈夫人之所能窮哉？天地生物，各稟氣以成形，人亦物之一也，物能化，人奚爲不能化？故雀化爲蛤，鼠化爲駕，麥化爲蛾，蟞化爲蟬，蠋化爲蝶，魚與蛇化爲龍，吳之桑，晉之石，楚之枯木，冥頑無靈，去人甚遠，乃或化而爲人，或忽然而人言焉，由是觀之，天下之物，無不能變化也審矣，何獨於最靈之人，而疑之哉？」[18]他堅信人可化

---

13 同上，卷四，頁 90。
14 同註 13。
15 同上，卷十二，頁 320。
16〈郁離子．玄豹〉，同上，卷二，頁 42。
17 同上，卷十二，頁 309。
18 同上，卷六〇，頁 162。

爲神仙，並舉栝蒼洞天爲例，鍾離先生，呂洞賓皆嘗來遊，而紫虛觀道士章思廉、徐泰定都羽化去，事跡顯著，決非虛妄。

《郁離子·神仙》又舉狐、楓皆能怪變爲例，謂人爲萬物之靈，亦能變怪爲神仙，但神仙也會死，因天以其氣分而爲物，天下之物所受殊異，「生則定矣，惟神仙爲能有其受，而焉能加之？故物之大者一天而無二天者，眾物之共父也；神仙，人也，亦子之一也，能超乎其群，而不能超乎其父也。」[19]簡言之，物皆有死，人爲物之一，神仙亦人，故遲早會死。

神仙在品德方面也有缺疵，〈題劉商觀弈圖〉云：「王生以采薪入山，父母妻子待之以食，見奕者而躭，觀之，至于爛其斧柯，豈所謂力本者哉？……以戲迷愚人，使之老無所依，其果有是事耶？神仙亦未仁矣。」[20]雖然這樣，自古以來，成爲神仙者畢竟是鳳毛麟角，少之又少，劉基還是羨慕不置，他要服食靈藥，修煉精魄，到海上仙山去謁見安期生。〈爲杭州鄭善止題蓬萊山圖〉更吸引人:「君不見，大瀛海，中有神嶽如崑崙，周遭四城五十里，石骨纏繞扶桑根，琪華爛日珠炫夜，翠樓玉殿虎守閽。鍾山燭龍在其北，兩眼燁煜如朝暾。仙人東王公，掌握天紀弼帝尊。長虹爲轅龍作馬，飄然乘風，白日在下，弱水蕩蕩，無力可負芥，自從大禹之後來者寡。彼秦之皇，其貪如狼；而漢之武，其欲如虎；樓船萬斛空巍巍，欲到不到風掣之，徐市蜉蝣身，乃欲邀安期。」[21]將神話傳說運用到詩中，以神秘的氣氛烘托富麗的仙境，讀者雖不能至，心嚮往之。

安期可遇，浮丘公亦可從，〈題界畫臥龍山樓閣圖〉云：「洞天石屋神仙宮，香爐紫氣騰芙蓉，……噉服石髓餐晴虹，翩然遠逐浮丘公。」[22]〈壽山福海圖歌〉提到的軒轅之國，也在大海中央：「其不壽者八百歲，壽者乃與天地同久長。樓臺縹緲造雲漢，赤日繞戶扶桑涼。玉泉之水清以香，瑤草之味如瓊漿。洪崖有時來，環佩聲琅琅。鳳凰自歌鸞自語，青蜺連蜷白雲舞。淋漓豹髓浮瑤觴，璀錯金

---

[19] 同上，卷四，頁 89。
[20] 同上，卷七，頁 174。
[21] 同上，卷十一，頁 283。
[22] 同上，卷十一，頁 294。

盤薦麟脯。」[23]這長壽國有的是玉泉瑤草，珍饈異味，洪崖先生也翩然而至。

世事紛擾，凡人實不如閒雲野鶴，〈雲鶴篇贈詹同文〉云：「有鶴有鶴丁令威，碧玉爲骨玄霜衣，層城十二身所依，千年伐毛一度歸。洗髓織女黃姑磯，瑤臺雪花大十圍，食之神爽肉不肥，乘風振羽芳菲菲。丹砂結頂燁有輝，咳唾璀錯生珠璣。朝遊明星夕大隗，騰光躡景超巍巍。」[24]遨遊天宮，得玉帝憐寵，詩中充滿了瑰偉豐富的想像。

〈遠遊篇〉中的情境令人心醉：「雞鳴上海日，海面玻瓈紅。仙人騎鸞鳳，呼我游雲中。雲中有金闕，謂是天帝宮。明星列雨藩，琪樹光玲瓏。太一坐瑞門，白髮映青瞳，授我玉篆文，赤蛇蟠九虹，出入元化先，壽命齊老童。」[25]尙有青鳥使、東王公，素女歌喉發妙音，顧盼動環佩。文字之美，直追《楚辭》中的〈遠遊〉。

〈潛溪圖歌爲宋景濂賦〉是由於上清道士方方壺以宋濂結廬的背景－潛溪而作畫，劉基因畫賦詩，帝女乘雲、初平騎羊、秦娥吹笙、玄鶴飛舞這些典故將景濂住處塑造成「丹崖翠麓神仙居」！[26]〈寄宋景濂〉四首也是爲遙居仙華山的美人－宋氏而作。「一華一千秋」的奇樹、赤松子、青霞、白雲、山鬼、丁令威、泰和、中黃這些詞彙加上「飲沆瀣兮食紫虹，澡石泉兮灑清風」，令劉氏再也不顧「青冥無階兮江海無津」、「風雨茫茫兮蛟龍怒瞋」、「山高水深兮道阻且紆」這些艱險，而堅決的說：「明年定約赤松子，與爾羣峯頂上遊」。[27]

由於政治環境的惡劣，劉基早想急流勇退，其〈題武夷圖〉云：「逍遙觀物化，俛仰空宇宙，真詮倘可求，吾將解吾綬。」[28]〈游仙〉九首就是這種心態下的產物，其一云：「日月如過翼，瞬息春已秋，何不學神仙，縹緲凌虛遊。雷霆以爲輿，虹蜺以爲舟，清晨登閬風，薄暮宿不周。長嘯層城巔，濯足翠水流，俯

---

23 同上，卷十一，頁 284。

24 同上，卷十四，頁 384。

25 同上，卷十三，頁 362。

26 同上，卷十一，頁 292。

27 同上，卷十一，頁 284-285。

28 同上，卷十三，頁 327。

視八極內，擾擾飛蜉蝣。」然而他既不是儒法兼用、鞠躬盡瘁的諸葛亮，也不是道兵兩攝、飄然遠引的張子房，依違儒道之間，仰事雄猜狠毒、刻薄寡恩的朱元璋，進既不願，退亦不能，學仙只是夢想而已！「今日何不樂，振策登高山，深林仰無見，藤蔓陰以繁，鼪鼯繞樹啼，黃鵠空飛翻。攬轡向西北，思欲赴崑崙，瓊樓十二重，豹虎夾階閽，青鳥去何之，誰向王母言？徘徊歲華晚，感激生愁怨。」（其二）春去秋來，歲月催人，能不秋怨？第六首更意有所指的說：「秦皇煽虐啖，烈烈燔九州，平原曠如赭，鴻鵠安所投？所以避世士，慨想乘桴游，樓船載侲子，去作汗漫游。何必蓬萊山，遠人即瀛洲，虎視徒逐逐，竟死於沙丘。」在暴秦的苛政下，高士要乘桴游於海，若找不到蓬萊山，避離人世也就可以了。劉基面對的環境比暴秦還要可怕！伴君如伴虎，一入公門，身不由己，正如嫦娥，「一入月宮去，千秋閉蛾眉，……鳳歌不可聽，長夜有餘悲。」（其七）最後一首表露了「獨愴然而涕下」的悲懷：「大道久已晦，誰能識仙真？如何賣藥翁，恠語驚市人。日月空明造，朝菌非大椿，已矣復何道，去去生愁辛。」[29]這位才高學富的謀略家，爲國謀，爲君謀，爲人謀，竟拙於謀己！

關於游仙文學，劉基尚有〈王子喬〉、〈淮南王〉、〈升天行〉、〈飛龍引〉、〈氣出唱〉、〈鈞天樂〉等。

三、深受老莊列子各家的影響

劉基少傳性理，博通經史，其詩文除受儒家諷諭之說的影響外，亦有取於老、莊、列、淮南子、呂氏春秋各家思想，茲分述如次。

《郁離子》謂粵工善爲舟，越王命給上食；歲餘，又奏言能操舟，雋李之役，遇狂風，溺斃。[30]正像畫蛇添足的故事，不知止，必有害。這寓言取老子「知止不殆」之義。

〈苦齋記〉云：「樂與苦相爲倚伏者也，人知樂之爲樂，而不知苦之爲樂；

---

[29] 同上，卷十二，頁 314。

[30] 同上，卷三，頁 68。

人知樂其樂，而不知苦生於樂，則樂與苦，相去幾何哉？」[31]蓋取老子「禍兮福所倚，福兮禍所伏」之義。又〈陽春歌〉云：「枯根相顧一時起，陽春只在霜雪裏，……人間但見陽春好，未識陽春有枯槁。」[32]其義亦同。

〈贈周宗道六十四韻〉云：「恨不斬官頭，剔骨取肉嘗。」[33]正如老子之言：「民不畏死，奈何以死懼之？」「民不畏威，則大威至。」

〈旅興〉五十首之五云：「富貴實禍樞，寡欲自鮮吝。蔬食可以飽，肥甘乃鋒刃。探珠入龍堂，生死在一瞬。何如坐蓬蓽，默默觀大運。」[34]即老子「恬淡爲上」、「少私寡欲」之旨。

《郁離子》謂鄭有躁人，射不中則碎其鵠，奕不勝則齧其子，終於病躁而死。[35]與老子「靜爲躁君」、「躁則失君」無異。

《郁離子》曰：「人有智而能愚者，天下鮮哉！夫天下鮮不自智之人也，而不自知我能人亦能也。人用智而偶獲，遂以爲我獨於是乎無所不用，及其久也，雖實以誠行之，人亦以爲用智也，能無窮乎？故智而能愚，則天下之智莫加焉。」[36]是老子「大知若愚」的闡釋。

《郁離子》曰：「樹天下之怨者，惟其重己而輕人也，……我欲然，彼亦欲然，求其欲弗得則爭。」[37]近於老子所云：「夫唯不爭，故無尤。」

《郁離子》認爲盛極必衰，所謂「畜極則泄，閟極則達，熱極則風，壅極則通。……是故碎瓦頹垣，昔日之歌樓舞館也；荒榛斷梗，昔日之瓊蕤玉樹也；露蠶風蟬，昔日之鳳笙龍笛也；鬼磷螢火，昔日之金釭華燭也；秋荼春薺，昔日之象白駝峰也；丹楓白荻，昔日之蜀錦齊紈也。」[38]人事如此，自然界現象亦不例

---

[31] 同上，卷六，頁 161。
[32] 同上，卷十，頁 250。
[33] 同上，卷十三，頁 335。
[34] 同上，卷十三，頁 355。
[35] 同上，卷四，頁 91。
[36] 同上，卷四，頁 95-96。
[37] 同上，卷四，頁 92。
[38] 同上，卷三，頁 73-74。

外，猶老子「飄風不終朝，驟雨不終日，……天地尚不能久，而況於人乎？」之意。

〈擬連珠〉云：「能盈而不能謙者，雖成必隳。」又云：「有形之器欲虛，惟虛可以納理。」[39]《郁離子、虁虎》戒貪暴與知進不知退者。[40]老子亦云：「道沖而用之或不盈」「持而盈之，不如其已」「致虛極」「不敢爲天下先，故能成器長。」

〈題金谷園圖〉戒奢侈，[41]即老子以「檢」爲三寶之一，[42]勸人要「去甚，去奢，去泰。」

〈趙學士色竹圖〉云：「由來剛介有摧挫。」[43]又以齒剛爲戒，皆襲老子「堅強者死之徒」語。

〈夏夜台州城中作〉寫戰爭之後，旱魃肆虐，「良田半作龜兆坼，秔稻日夕成蒿蓬，」[44]印證老子「大軍之後，必有凶年」「夫佳兵者不祥之器」的準確性。

《郁離子·城莒》寫正輿大夫諫莒比離公不可過度使用民力，不聽，楚師伐之，民不戰而潰。[45]老子嘗云：「民之難治，以其上之有爲。」「治人事天莫若嗇。」意亦近似。

其次言取於莊子者。

《郁離子》謂海島夷人好鯹，客不食則咻；裸壤之國不衣，見冠裳則駭；五谿之蠻貢密唧桂蠹，不受則疑以逖。[46]認爲嗜好不同，標準不一，抱一隅之聞見者往往是已非人。這看法猶如莊子謂人與萬物之居處、口味、美色各有所偏，互

---

39 同上，卷八，頁 215、218。

40 同上，卷四，頁 91。

41 同上，卷十一，頁 288。

42 老子六十七章曰：「我有三寶，持而保之，一曰慈，二曰儉，三曰不敢爲天下先。」

43 同註四十一，頁 297。

44 同上，卷十四，頁 371。

45 同上，卷四，頁 83。

46 同上，卷四，頁 90。

有所異，孰知其正？[47]

《郁離子》又謂唐蒙與薜荔生於松樸下，唐蒙麗于松而亡，薜荔附於樸而存。[48]〈感懷〉三十首之十二云：「翡翠翔江湖，亡身爲毛羽。不如道傍李，尙得滋味苦。」其二十七云：「象以齒自伐，馬以能受羈。猛虎恃強力，而不衛其皮。」[49]此即莊子強調的「以不材得終其天年。」[50]

〈古歌三首〉之二云：「秖言老彭壽最多，八百歲後還如何？」[51]猶莊子齊物論：「天下莫壽於殤子，而彭祖爲夭。」

〈感懷三十一首〉之三云：「誰云魯酒薄，邯鄲被戈矛。」[52]即《莊子胠篋》所云：「魯酒薄而邯鄲圍。」

《郁離子》謂杞離責熊蟄父「遨以食，先星而臥，見日而未起」，無益於楚，答曰：「目與鼻口皆日用之急，獨眉無所事，若可去也，然人皆有眉，而子獨無眉，其可乎？」[53]亦莊子「無用之用」意。

《郁離子》曰：「昔者魯人不能爲酒，惟中山之人善釀千日之酒，魯人求其方，弗得。有仕于中山者，主酒家，取其糟歸，以魯酒漬之，謂人曰：「中山之酒也。」魯人飲之，皆以爲中山之酒也。一日，酒家之主者來，聞有酒，索而飲之，吐而笑曰：「是予之糟液也。」今子以佛夸予可也，吾恐真佛之笑子竊其糟也。」[54]莊子嘗云古人書爲糟粕。[55]

「故志不一則龐，龐則散，散則潰潰然罔知其所定。是故明生于一，禽鳥之

[47] 〈齊物論〉，《新編諸子集成》三、《莊子集解》，頁 44-45，世界書局，台北，1972 年新 1 版。

[48] 同註 46，頁 92-93。

[49] 同上，卷十二，頁 309、311。

[50] 〈山木〉同註 47，頁 292。

[51] 同註 44，頁 375。

[52] 同上，卷十二，頁 308。

[53] 同上，卷三，頁 56。

[54] 同上，卷四，頁 94。

[55] 〈天道〉，同註 47，頁 217-218。

無知，而能知人之所不知者，一也。」[56]正是莊子所言：「用志不分，乃凝于神。」

再次言取於列子者。

〈牆上難爲趨行〉云：「悠悠身後事，汲汲復何如？」[57]〈張子英閑止齋〉云：「寵辱吾不聽，……孰爲身後名？」[58]〈遣興〉六首之六云：「未知明朝事，且盡今日歡。」[59]猶《列子‧楊朱篇》謂聖人「生無一日之歡，死有萬世之名。」

復次言取於淮南子者。

《郁離子》記句章野人，發草而得雉，翌日冀重獲而復往，蛇傷其手以斃，劉基論曰：「是故失意之事，恒生於其所得意，惟見其利而不見害，知存而不知亡也。」[60]近於塞翁馬將胡駿歸而子斷定之訓。[61]

又次言取於呂氏春秋者。

《郁離子》曰：「夫將，以一身統三軍者也，三軍之耳目齊于一人，故耳齊則聰，目齊則明，心齊則一，萬夫一力，天下無敵。」[62]又曰：「四海之民，聽于一君則定；百萬之師，聽于一將則勝。」[63]都申述主一不亂之理，《呂氏春秋‧不二篇》亦云軍必有將，國必有君，天下必有天子，「所以一之也，王者必執一，所以摶之也，一則治，兩則亂。」強調專一，須有領導中心。

也有兼取老、莊者，〈拙逸解〉云：「巧者，拙之奴也。」[64]〈演連珠〉云：「順天之道。」又云：「理亂絲者，必凝其志。」[65]兼取老、列者，〈張子英閑閑止齋〉三首之三云：「黜陟吾不知，寵辱吾不驚，百歲聊復爾，孰爲身後名？」

---

[56] 同註 54，卷三，頁 58。

[57] 同上，卷十，頁 241。

[58] 同上，卷十三，頁 332。

[59] 同上，卷十三，頁 340。

[60] 同上，卷三，頁 71。

[61] 〈人間訓〉，《淮南子》，頁 311，世界書局，台北，1991 年 3 月 9 版。

[62] 同註 60，卷三，頁 67。

[63] 同上，卷三，頁 69。

[64] 同上，卷七，頁 187。

[65] 同上，卷八，頁 214、215。

[66]

觀上所述，知劉基所取者以老、莊爲多，列子、淮南子、呂氏春秋部份亦以道家爲主。

結論

劉基身在魏闕，心懷江湖，其〈題秋江獨釣圖〉云：「秋風江上垂綸客，知是嚴陵是太公？細水浮嵐天與碧，斜陽炙面臉生紅。形容想像丹青在，歲月荒涼草澤空。日暮忽然聞欸乃，蓼花楓葉忘西東。」[67]他功業若姜尙，，卻欲做嚴子陵而不可得，「采山林以食力，釣清泠以自適。日高而起，日入而臥。」[68]桃花源是嚮往的樂土，他兩度隱居，〈墻上難爲趨行〉云：「林間有一士，蓬蒿翳窮廬。種稻十數畝，種桑八九株。有酒且飲之，無事即安居。孰知五鼎食，聊保百年軀。」[69]拂衣臥雲，全身避禍，才是最大的願望。他認爲盛衰無常，子胥遭讒，屈原赴湘，韓、彭菹醢，蕭、樊累囚，[70]學張子房，從赤松子游，方爲上上之策。

孟森《明清史講義》說：「誠意之歸隱韜迹，非飾爲名高也，亦非矯情也，蓋懼禍耳。」洪武元年（西元一三六八年）十一月，太祖封他爲公爵，固辭；二年，立功臣廟於雞鳴山，又謙讓不受；四年，歸老還鄉，飲酒奕棋，口不言功。

劉基在〈獨泠先生傳〉裏寫道：「夢遊乎蒼茫之鄉，覲玉帝于瑤臺，帝賜之遊于廣寒之宮，飲之以玄雲之漿。」[71]這夢中之覺，覺中之夢，正是道士、神仙、老莊和自己永世所追求的！

---

[66] 同註 58。

[67] 同註 65，卷十六，頁 425。

[68] 同上，卷七，頁 183。

[69] 同註 57。

[70] 〈招隱〉五首之二，《誠意伯文集》卷十二，頁 315。〈述志賦〉也有類似之言，參見卷九，221 頁。

[71] 同上，卷六，頁 167。

杜牧的聖人觀

中正大學中文系

方　介

一、前言

杜牧，字牧之。生於唐德宗貞元十九年（803），卒於唐宣宗大中六年（852），爲晚唐重要詩人及古文家。唐・裴延翰嘗評其文曰：[1]

> 高騁夐厲，旁紹曲摭，……栽培教化，翻正治亂，變醨養瘠，堯醲舜薰，斯有意趨賈、馬、劉、班之藩牆者耶！……筆酣句健……未始不撥斷治本，緪幅道義，鉤索於經史，觝禦於理化也。

清・全祖望曰：[2]

> 杜牧之才氣，其唐長慶以後第一人耶？讀其詩、古文詞，感時憤世，殆與漢長沙太傅相上下。

李慈銘亦曰：[3]

---

[1] 〈樊川文集序〉，《樊川文集》，頁 2，台北・九思出版有限公司，1979 年。（以下簡稱《文集》）。

[2] 《鮚埼亭集》外編卷三七，頁 897，引自譚黎宗慕《杜牧研究資料彙編》頁 79，台北・藝文印書館，1972 年。

[3] 《越縵堂讀書記》中，文學，頁 594，引自《杜牧資料彙編》頁 446。

樊川文章風概，卓絕一代。其學問識力，亦復如是，予向推為晚唐第一人，非虛誣也。

可見，杜牧爲文「筆酣句健」，有意「栽培教化，翻正治亂」，與古作者比肩。其才氣、學問、識力，與文章風概，每被推爲晚唐第一人，實不容忽視。他曾自言：「平生五色線，願補舜衣裳」。[4]又勉其姪阿宜「致君作堯、湯」，[5]可見，他雖以詩、文名家，而平生志向所在，乃佐時君行堯、湯聖王之治。

他認爲，自生人以來，如舜、禹之善者少，如丹朱、商均之惡者亦少，大多數人都是「可與上下者」，有愛、有怒，而爲性之本，惡之端。[6]因此，他頗推崇荀子，而重視兵、刑之用。他認爲，聖人「知兵」，而且「多能有藝」，儒者亦當博學，而不可「滯於所見，不知適變」，在他筆下的聖人，兼該文、武，是「足以應當時之務」，[7]堪爲君、相者，這種觀念實與他的家世及時代背景密切相關，故本文擬先略述其思想背景，而後論其聖人觀念。

二、杜牧的思想背景

杜牧的祖父杜佑，德宗、憲宗時爲宰相，《舊唐書》稱其「敦厚強力，尤精吏職」；又稱其「性嗜學，該涉古今，以富國安人之術爲己任。初開元末，劉秩採經史百家之言，取《周禮》六官所職，撰分門書三十五卷，號曰《政典》，……佑得其書，……因而廣之，加以開元禮、樂，書成二百卷，號曰《通典》。」[8]可見，杜佑博學多能，乃中唐名相，絕非一般腐儒可比。杜牧〈冬至日寄小姪阿宜詩〉云：[9]

---

[4] 〈郡齋獨酌〉，《文集》卷一，頁 8。

[5] 〈冬至日寄小姪阿宜詩〉，《文集》卷一，頁 9。

[6] 〈三子言性辯〉，《文集》卷六，頁 106-107。

[7] 〈上池州李使君書〉，《文集》卷一三，頁 191-192。

[8] 《舊唐書・杜佑傳》，卷一四七，頁 3982，台北，鼎文書局，1976 年。

[9] 同註 5。

> 我家公相家，劍珮嘗丁當。舊第開朱門，長安城中央。第中無一物，萬卷書滿堂。家集二百編，上下馳皇王，……尚可與爾讀，助爾為賢良。經書括根本，史書閱興亡。高摘屈、宋艷，濃薰班、馬香。李、杜泛浩浩，韓、柳摩蒼蒼。近者四君子，與古爭強梁，願爾一祝後，讀書日日忙。

他頗以出於公相之家自豪，而尤以家藏萬卷書，家編二百卷《通典》爲寶，故以此勉勵侄兒，囑其用心閱讀，博通經史、文學，取法李、杜、韓、柳。〈上李中丞書〉曰：[10]

> 某世業儒學，自高、曾至于某身，家風不墜。少小孜孜，至今不怠。性顓固，不能通經，于治亂興亡之跡，財賦兵甲之事，地形之險易遠近，古人之長短得失，中丞即歸廊廟，宰制在手，或因時事召置堂下，坐之與語，此時迴顧諸生，必期不辱恩獎。

可見，他雖勉其侄以「經書括根本，史書閱興亡」，但又自謙「不能通經」，而尤長於史學，自信能通古今，有裨於時。此種治學方向，實有同於杜佑，而確可謂爲「家風」。

次就時代背景而言，唐朝自安、史亂後，河北藩鎮跋扈不臣，成爲心腹大患。憲宗平淮西以後，河北諸鎮一時皆懼，上表歸順，看似大患將去，然不旋踵而憲宗死、穆宗立，河北諸鎮復叛，迄至唐亡，爲禍日甚，而終未能平。且安、史亂時，唐朝借回紇之力平亂，回紇趁機大肆虜掠；其後，吐蕃勢盛，屢次犯邊，唐朝又聯回以抗吐，但，回紇甚貪，索求無厭，亦爲一患。因此，中晚唐之政局，可謂內外交煎，備受強藩、夷虜之威脅。而穆宗、敬宗荒淫，文宗懦弱，武宗、宣宗亦非英明之主，對於宦官之專横、朝臣之黨爭、財政之困窘、民生之日悴，皆無能加以改善。

因此，杜牧雖一再爲文針對時弊提出具體方略，期爲朝廷採納，卻也不免大

---

[10]《文集》卷一二，頁 183。

歎：「堯舜禹湯文武周孔皆爲灰！」[11]而憂年華虛度，不能有補於時。他之所以推崇荀子性惡之說，謂如舜、禹之善者少，恐與身處衰亂之世，舉目盡皆昏庸、奸惡之輩有關。而他一再強調聖人知兵、多能，也正「足以應當時之務」，而寄託了上繼祖業，「富國安人」的大志。

三、杜牧的性惡說

早自先秦，孟子言性善，荀子言性惡，有關人性善、惡之論，便不斷出現。漢儒揚雄折衷孟、荀之說，謂「人之性也善惡混，修其善則爲善人，修其惡則爲惡人。」[12]王充乃就孟、荀、揚三子之說立論曰：[13]

> 若孟子之言，人幼小之時，無有不善也。……紂之惡，在孩子之時；食我之亂，見始生之聲。孩子始生，未與物接，誰令悖者？丹朱生於唐宮，商均生於虞室，唐、虞之時，可比屋而封，所與接者，必多善矣，……然而丹朱傲，商均虐……，孟子之言情性，未為實也。然而，性善之論亦有所緣。……一歲嬰兒，無爭奪之心；長大之後，或漸利色，狂心悖行由此生也。……若孫卿之言，人幼小無有善也。稷為兒，以種樹為戲；孔子能行，以俎豆為弄，……孫卿之言未為得實。然而，性惡之言有緣也，一歲嬰兒無推讓之心，見食，號欲食之，……長大之後，禁情割欲，勉厲為善矣。……余固以孟子言人性善者，中人以上者也；孫卿言人性惡者，中人以下者也；揚雄言人性善惡混者，中人也。

孟子自惻隱、羞惡、是非、辭讓之心言性善，強調人皆有此不學而能、不慮而知

11 〈池州送孟遲先輩〉，《文集》卷一，頁 17。

12 《法言·修身第三》，汪榮寶《法言義疏》，頁 85。北京，中華書局，1987 年。

13 《論衡·本性》，卷三，頁 62-67，劉盼遂《論衡集解》，台北，世界書局，1975 年。

之良能與良知，所以才有爲善之可能。[14]荀子則自「目好色、耳好聲、心好利、骨體膚理好愉佚」等生理欲望言性惡，強調人當學習禮義，以化性起僞。[15]揚雄合兩面以觀，故謂人之性善惡混。此三子之論性，皆就人類全體普遍具有之人性而言，並非就某一部分人指其性善或性惡，亦非就人幼小、初生之時有無爭奪、推讓之心而言。王充卻就後天經驗層面觀察，以人於嬰幼時期之表現爲依據，謂人先天稟性有上、中、下三等之別，實無當於三子之本意。但，下至唐代，韓愈、杜牧言性，皆受王充影響。韓愈〈原性〉曰：[16]

> 性之品有上、中、下三：上焉者，善焉而已矣；中焉者，可導而上下者也；下焉者，惡焉而已矣。……孟子之言性曰：「人之性善」，荀子之言性曰：「人之性惡」，揚子之言性曰：「人之性善惡混」。夫始善而進惡，與始惡而進善，與始也混而今也善惡，皆舉其中而遺其上下者也，得其一而失其二者也。……楊食我之生也，叔向之母聞其號也，知必滅其宗……，人之性果善乎？后稷之生也，其母無；其始匍匐也，則岐岐然，……人之性果惡乎？……堯之朱，舜之均，……習非不善也，而卒為姦；瞽叟之舜，鯀之禹，習非不惡也，而卒為聖，……人之性善惡果混乎？

韓愈謂性有三品，又謂孟、荀、揚三子皆僅道中一部分之人性，亦是就後天經驗層面舉人初生、幼小時爲例，明顯受王充影響。杜牧亦然，其〈三子言性辯〉曰：[17]

> 孟子言人性善，荀子言人性惡，揚子言人性善惡混。曰喜、曰哀、

14 《孟子・公孫丑上》曰：「惻隱之心，仁之端也；羞惡之心，義之端也；辭讓之心，禮之端也；是非之心，智之端也；人之有是四端也，猶其有四體也。有是四端而自謂不能者，自賊者也。」卷三，頁 238。又，〈盡心上〉曰：「人之所不學而能者，其良能也；所不慮而知者，其良知也。」卷十三，頁 353。朱熹《四書章句集註》，台北，鵝湖出版社，1984 年。

15 〈性惡第二十三〉，王先謙《荀子集解》卷一七，頁 438，北京，中華書局，1988 年。

16 《韓昌黎集》，卷一，頁 12-13，台北・河洛圖書出版社。

17 同註 6。

> 曰懼、曰惡、曰欲、曰愛、曰怒。夫七者,情也,情出於性也。夫七情中,愛、怒二者,生而能自,是二者性之根,惡之端也。乳兒見乳,必拏求,不得即啼,是愛與怒與兒俱生也。……既壯,而五者隨而生焉。或有或亡,或厚或薄,至於愛、怒,曾不須臾與乳兒相離,而至於壯也。君子之性,愛怒淡然,不出於道。中人可以上下者,有愛拘於禮,有怒懼於法。世有禮法,其有踰者,不敢恣其情;世無禮法,亦隨而熾焉。至於小人,雖有禮法,而不能制,愛而求之,求不得即怒,怒則亂。

杜牧自後天經驗層面舉乳兒為例,以為可證先天之性;又謂君子、中人、小人之性有所不同,當是受到王充、韓愈以三品論性之影響。但,韓愈謂:[18]

> 性也者,與生俱生也;情也者,接於物而生也。……性之品有上、中、下三,……其所以為性者五:曰仁、曰禮、曰信、曰義、曰智。上焉者之於五也,主於一而行於四;……性之於情視其品。情之品有上、中、下三,其所以為情者七:曰喜、曰怒、曰哀、曰懼、曰愛、曰惡、曰欲。上焉者之於七也,動而處其中;……情之於性視其品。

韓愈以情為接觸外界事物所生,故其分品依據實繫於「與生俱生」之性。而其所謂性,是以仁、義、禮、智、信為具體內涵,這便與荀子自生理欲望言性不同。荀子謂「性者,天之就也;情者,性之質也」;[19]「性之好惡喜怒哀樂謂之情」;[20]又謂「目好色,耳好聲,……是皆生於人之情性者也,感而自然,不待事而後生之者也。」[21]可見,荀子所謂性,是以情為本質,生而自然。杜牧謂「情出於性」,又謂「七情中,愛、怒二者,生而能自,……與兒俱生」,便與韓愈所謂

---

18 同註 16,頁 11-12。

19 同註 15,〈正名第二十二〉,卷十六,頁 428。

20 同上,頁 412。

21 同註 15。

「接於物而生」不同，而較近於荀子之論情性。但，荀子言性惡，未標舉七情，亦未以愛、怒爲「性之根，惡之端」；杜牧謂愛、怒之情「與兒俱生」，其餘五情，則是既壯而後生，「或有或亡，或厚或薄」，因人而異。君子之性，亦以愛、怒爲根，但，君子「愛怒淡然，不出於道」，故與中人、小人不同。中人拘於禮法，不敢恣其愛、怒之情，小人則雖有禮法，亦不能制，故不免爲亂。杜牧此論乃奠基於經驗層面，殆自以爲可補荀子性惡之說。《荀子》曰：[22]

> **人之性惡，其善者偽也。今人之性，生而有好利焉，順是，故爭奪生而辭讓亡焉；生而有疾惡焉，順是，故殘賊生而忠信亡焉。……故必將有師法之化，禮義之道，然後出於辭讓……而歸於治。**

荀子認爲人生而有好利，有疾惡，順是發展，必導致爭奪，故須賴師法、禮義以防亂。杜牧以愛、怒爲性之根，惡之端，並強調禮法之重要，當是由荀子之說推闡而得。但，《荀子》曰：[23]

> **君子之與小人，其性一也。……塗之人可以為禹。……今使塗之人伏術為學，專心一志，……積善而不息，則通於神明，參於天地矣。故聖人者，人之所積而致也。……小人可以為君子，而不肯為君子；君子可以為小人，而不肯為小人。小人君子者，未嘗不可以相為也，然而不相為者，可以而不可使也。**

荀子認爲，君子、小人之性一，積學可以至聖，小人亦可以爲君子。而杜牧以爲君子、中人、與小人雖皆有愛、怒之情，但厚薄不一，故或不出於道，或不敢恣其情，或終不能制，不可一概而論。又說：[24]

> **凡言性情之善者，多引舜、禹；言不善者，多引丹朱、商均。夫舜、禹二君子，生人已來，如二君子者凡有幾人？不可引以為喻。丹朱、**

---

22 同上，頁 434-435。

23 同上，頁 442-443。

24 同註 6。

> 商均為堯、舜子。夫生於堯、舜之世，被其化，皆為善人，況生於其室，親為父子，蒸不能潤，灼不能熱，是其惡與堯、舜之善等耳。…人之品類，可與上下者眾，可與上下之性，愛怒居多，愛、怒者，惡之端也。荀言人之性惡，比於二子，荀得多矣！

杜牧認爲，自生人以來，如舜、禹之善者固不多見，如朱、均之惡者亦極少見，故論人性善惡，不當以舜、禹、朱、均爲喻，而當就中人爲論。中人之性有愛、有怒，有惡之端，故荀子言人之性惡，若以中人爲證，在杜牧看來，是比孟、揚二子之說，更爲可取。其實，荀子謂人之性惡，本不限於中人，而兼及大聖、大奸。杜牧特以中人爲論，顯受王充、韓愈三品論性之影響，而未能掌握荀子強調「塗之人可以爲禹」之精義所在。

但，由於他認爲「愛、怒二者，生而能自」，人人具有，即使是「舜、禹二君子」，「愛怒淡然」，也非全無。故論及聖賢之成敗，他又說：[25]

> 聖賢遲疑成敗之際也，……仁義之心與雜情並植，雜情勝，則仁義滅；仁義勝則雜情銷。……仁義之心既勝復資之以明，故卒成功。世稱周、邵為百代人師，周公擁孺子而邵公疑之。以周公之聖、邵公之賢，少事文王，老佐武王，能平天下，周公之心，邵公且不知之。苟有仁義之心，不資以明，雖邵公尚爾，況其下哉！語曰：「國有一人，其國不亡。」夫亡國非無人也，丁其亡時，賢人不用，苟能用之，一人足矣！

他認爲，「仁義之心與雜情並植」，即使是聖賢，也未始沒有雜情。但，聖賢能在關鍵時刻使仁義勝而雜情銷，又能爲人所明，故得以成功。以周公、邵公爲例，一聖、一賢，何嘗沒有雜情？但，周公有仁義之心，而邵公疑之，可見聖賢雖能使仁義勝而雜情銷，但若不能爲人所明，爲國所用，便無以救亡圖存。

---

[25]〈張保皋鄭年傳〉，《文集》卷六，頁 102-103。

四、杜牧的「大聖兼該，文武並用」說

晚唐之世，內有藩鎮爲禍，外有夷狄侵擾，而朝廷剿撫乖方，無以止亂。因此，杜牧格外留心於用兵之事，有〈罪言〉、〈原十六衛〉、〈戰論〉、〈守論〉、〈上李司徒相公論用兵書〉、〈上李太尉論江賊書〉、〈上昭義劉司徒書〉、〈上李太尉論北邊事啓〉等，皆針對當時之患，詳陳戰守之策。〈上知己文章啓〉曰：[26]

> 往年弔伐之道，未甚得所，故作〈罪言〉。自艱難來始，卒伍庸役輩，多據兵為天子諸侯，故作〈原十六衛〉。諸侯或恃功不識古道，以至于反側叛亂，故作〈與劉司徒書〉。

他頗以知兵自豪，故一再上書時宰，出謀獻策，並以此數篇投獻所謂「知己」，以期爲時所用。史稱其〈論用兵書〉，「時德裕制置澤潞，亦頗採牧言」；[27]而其〈論江賊書〉之方策，亦爲李德裕所採行。[28]可見，他對軍事確有見地。〈守論〉曰：[29]

> 大抵生人油然多欲，欲而不得則怒，怒則爭亂隨之。是以教笞於家，刑罰於國，征伐於天下，此所以裁其欲而塞其爭也。大曆、貞元之間，盡反此道，提區區之有而塞無涯之爭，是以首尾指支，幾不能相運掉也。

他認爲生人大抵多欲，而易引起爭亂，必須以教笞、刑罰、征伐來「裁其欲」，方能「塞其爭」。因此，他對代宗、德宗姑息藩鎮的作法頗不以爲然，而主張趁

---

26 《文集》卷一六，頁 241。

27 《資治通鑑》唐武宗會昌 3 年，冊一三，卷二四七，頁 7982。

28 見傅璇琮《李德裕年譜》會昌 5 年，頁 573-576，濟南．齊魯書社，1984 年。

29 《文集》卷五，頁 94-95。

朝廷有實力時，加以擒取。[30]

他認爲，儒者應當通曉兵法，方能適於時用，因此，特爲《孫子》一書作注，並序曰：[31]

> 兵者，刑也；刑者，政事也，為夫子之徒，實仲由、冉有之事也。今者據案聽訟，械繫罪人，...吏之所為也；驅兵數萬，...斬其罪人，亦吏之所為也。木索、兵刃，無異意也，...俱期於除去惡民，安活善人。為國家者，使教化通流，無敢輒有不由我而自恣者。

孔門四科中，仲由、冉有，以「政事」見長。[32]而兵與刑便是政事，是爲吏者用以「除去惡民、安活善人」所不可或缺的憑藉。又：[33]

> 子貢訟夫子之德曰：「文、武之道，未墜於地，在人。賢者識其大者、遠者，不賢者識其小者、近者。」季孫問冉有曰：「子於戰，學之乎？性達之也？」對曰「學之」。季孫曰：「事孔子，惡乎學？」冉有曰：「即學之於孔子者 。大聖兼該，文武並用，適聞其戰法，猶未之詳也。」復不知自何代何人分為二道，曰文、曰武，離而俱行。因使搢紳之士，不敢言兵，或恥言之。苟有言者，世以為粗暴異人，人不比數。嗚呼！亡失根本，斯最為甚。周公相成王，制禮作樂，尊大儒術，有淮夷叛則出征之。夫子相魯公，會于夾谷，曰有文事者，必有武備，叱辱齊侯，服不敢動。是二大聖人，豈不知兵乎？

《論語》載：[34]

---

30 〈守論〉：「今者及吾之壯，不圖擒取，而乃偷處恬逸，第第相付，以爲後世子孫背脅疽根，此復何也？」。

31 《文集》卷十，頁 149-150。

32 《論語．先進第十一》，卷六，頁 123，朱熹《四書章句集註》。

33 同註 24，頁 150。

34 〈衛靈公第十五〉，卷八，頁 161。

> 衛靈公問陣於孔子，孔子對曰：「俎豆之事，則嘗聞之矣；軍旅之事，未之學也。」明日遂行。

衛靈公為無道之君，而有志於戰伐之事，孔子不願助紂為虐，故答以未學而去之，未必果真未學。但，一般人皆以為孔子不知兵，故杜牧以子貢、冉有之言，說明孔子兼備文、武之道，孔門弟子不唯學文事於孔子，亦學戰法於孔子。至於孔子在夾谷會盟之表現，更足以證明「有文事者，必有武備。」而周公亦不唯制禮作樂而已，又能征討淮夷，可見，「大聖兼該，文武並用」，後世士大夫不敢言兵，可以說是「亡失根本」，不符孔門立教之旨。〈上周相公書〉亦曰：[35]

> 伏以大儒在位，而未有不知兵者。未有不能制兵而能止暴亂者，未有暴亂不止而能活生人、定國家者，自生人已來，可以屈指而數也。今兵之下者，莫若刺伐之法。《詩·大雅·維清》，奏象舞之篇，……〈象〉者，象武王伐紂刺伐之法，此乃文王受命，七年五伐，留戰陣刺伐之法，遺之武王，王用以伐紂而有天下，……。周公居攝，祀文、武於清廟，作此詩以歌舞文、武之德。其次，兵之尤者，莫若鉤援衝壁。今之一卒之長，不肯親自為之。《詩·大雅》周公〈皇矣〉，美周之詩，……此實文王伐崇墉，傅于其城，以臨車衝，鉤援其城，文王親自為之。夫文王何人也？周公詩之，夫子刪而取之，列于大雅，以美武王之功德，手絃而口歌之。不知後代之人，何如此三聖人？安有謀人之國，有暴亂橫起，戎狄乘其邊，坐於廟堂之上曰：「我儒者也，不能知兵。」不知儒者竟可知兵也？竟不可知兵乎？長慶兵起，自始至終，廟堂之上，指蹤非其人，不可一二悉數。……某所注孫武十三篇，……上至周、秦，下至長慶、寶曆之兵，形勢虛實，隨句解析，離為三編，輒敢獻上，以備閱覽。少希鑑悉苦心，即為至幸。

---

35 《文集》卷一二，頁 177-178。

他以《詩經》〈維清〉、〈皇矣〉二篇爲例，說明文王以「戰陣刺伐之法」遺之武王；又於伐崇墉時，親自「鉤援衝壁」。周公作此二詩，孔子又取此二詩列于〈大雅〉以讚美武王功德。可見，文、武、周、孔皆不敢輕忽兵事，大儒在位，亦未有不知兵者。然而，自長慶以後，藩鎮爲逆，廟堂之上，卻無知兵者可以止暴亂，活生人，定國家。因此，他特以古今兵陣之事爲例，析其形勢虛實，爲《孫子》一書作序，用心可謂良苦。

由於他認爲「大聖兼該，文武並用」，因此，不僅強調儒者應當學習兵事，而且主張通經讀史。〈上池洲李使君書〉云：[36]

> 僕常念百代之下，未必為不幸，何者？以其書具而事多也。今之言者必曰：「使聖人微旨不傳，乃鄭玄輩為注解之罪。」僕觀其所解釋，明白完具，雖聖人復生，必挈置數子坐於游、夏之位。若使玄輩解釋不足為師，要得聖人復生，如周公、夫子親授微旨，然後為學。是則聖人不生，終不為學；假使聖人復生，即亦隨而猾之矣。此則不學之徒，好出大言，欺亂常人耳。自漢已降，其有國者成敗廢興，事業蹤跡，一二億萬，青黃白黑，據實控有，皆可圖畫，考其來由，裁其短長，十得四五，足以應當時之務矣。不似古人窮天鑿玄，躡於無蹤，算於忽微，然後能為學也。故曰，生百代之下，未必為不幸也。

當時學者認爲鄭玄注經，不能闡發聖人微旨，鄙而不學。杜牧則肯定鄭玄注經「明白完具」，可與游、夏比肩，亦足以爲師矣。否則，縱使聖人復生，不學之徒亦終不學。至於歷代成敗廢興之事，若能「考其由來，裁其短長」，亦「足以應當時之務」。故生於百代之下，可讀之書益眾，可學之事愈多，未必爲不幸。又曰：[37]

[36] 《文集》卷一三，頁 191。
[37] 同上。

> 夫子曰：「三人行，必有我師焉。」此乃隨所見聞，能不亡失而思念至也。楚王問萍實，對曰：「吾往年聞童謠而知之。」此乃以童子為師耳。參之於上古，復酌於見聞，乃能為聖人也。諸葛孔明曰：「諸公讀書，乃欲為博士耳。」此乃蓋滯於所見，不知適變，名為腐儒，亦學者之一病。

孔子大聖，尚且以童子爲師，故杜牧謂「參之於上古，復酌於見聞，乃能爲聖人」，否則，「滯於所見，不知適變」，便成「腐儒」，豈足以應當時之務？

五、杜牧對孔子的尊崇

杜牧對孔子至爲尊崇，〈書處州韓吏部孔子廟碑陰〉云：[38]

> 天不生夫子於中國，中國當何如？曰不夷狄如也。荀卿祖夫子，李斯事荀卿，一日宰天下，盡誘夫子之徒與書坑而焚之，曰：「徒能亂人，不若刑名獄吏治世之賢也。」彼商鞅者，能耕能戰，能行其法，基秦為強，曰：「彼仁義虱官也，可以置之。」自董仲舒、劉向，皆言司馬遷良史也，而遷以儒分之為九，曰：「博而寡要，勞而無功，不如道家者流也。」自有天地已來，人無有不死者，海上迂怪之士持出言曰：「黃帝鍊丹砂，為黃金以餌之，晝日乘龍上天，誠得其藥，可如黃帝。」以燕昭王之賢，…秦始皇、漢武帝之雄材，…皆甘其說，耗天下、捐骨肉而不辭，至死而不悟。莫尊於天地，莫嚴於宗廟社稷。梁武帝起為梁國者，…曰：「佛之教，牲不可殺。」以天子尊，捨身為其奴，散髮布地，親命其徒踐之。有天地日月為之主，陰陽鬼神為之佐，夫子巍然統而辯之，復引堯、舜、禹、湯、文、武、周公為之助，則其徒不為劣，其治不為僻。彼四君二臣，不為無知，一旦不信，背而之他，仍族滅之。儻不生夫子，紛紛冥

38《文集》卷六，頁 105-106。

> 昧，百家鬥起，是己所是，非己所非，天下隨其時而宗之，誰敢非之。縱有非之者，欲何所依擬而為其辭。是楊、墨、駢、慎已降，百家之徒，廟貌而血食，十年一變法，百年一改教，橫斜高下，不知止泊。彼夷狄者，為夷狄之俗，一定而不易，若不生夫子，是知其必不夷狄如也。

孔子在中國，上承堯、舜、禹、湯、文、武、周公之道，「其徒不爲劣，其治不爲僻」，本應爲歷代君、相所尊崇，所取用。然而，李斯相秦，焚書坑儒；商鞅相秦，亦棄仁義而尙耕戰。司馬遷見稱爲良史，乃謂儒家「博而寡要，勞而無功，不如道家」。而燕昭、秦皇、漢武則爲方士之說所惑，務求升仙。下逮梁武帝，捨身奉佛，竟餓死於臺城。上述諸君臣不知尊孔，或「背而之他」，或亡其身，或滅其族，或喪其國。可見，若天不生孔子於中國，諸子紛紜，百家鬥起，或變法，或改教，必致大亂而無所止。而夷狄則自有其俗，一定不易，猶愈於中國，故曰：「不生夫子，必不夷狄如也」。又曰：[39]

> 韓吏部夫子廟碑曰：「天下通祀，唯社稷與夫子。社稷壇而不屋，取異代為配，未若夫子巍然當門，用王者禮，以門人為配，自天子至於庶人，親北面而師之。夫子以德，社稷以功，固有次第。」因引孟子曰：「生人已來，未有如夫子者也。」自古稱夫子者多矣，稱夫子之德，莫如孟子，稱夫子之尊，莫如韓吏部，故書其碑陰云。

韓愈以天下通祀孔子，自天子至於庶人，無不北面師之爲證，謂「生人已來，未有如夫子者也」，對孔子之尊崇可謂高於一切。杜牧則以此文說明孔子何以當尊。所謂「天不生夫子於中國，必不夷狄如也」，正足以見孔子在中國歷史文化長流中，具有無可取代的至尊地位，是中國得與夷狄相抗而不致淪亡的最堅防線與最後依歸。相對於歷代君臣之尙法、崇道、求仙、奉佛，以及唐代當時佛教盛行、夷虜交侵之種種禍害，杜牧上承韓愈之尊孔，以與夷狄相抗，實具有深刻的時代

---

[39] 同上，頁106。

意義。他曾作〈杭州新造南亭子記〉，謂當時人往往於恣意爲惡之餘，「捐己奉佛以求救」，「權歸於佛，買福賣罪，如持左契，交手相付」；又謂「佛熾害中國六百歲」，而盛讚唐武宗毀佛之功。[40]可見，他與韓愈一樣，極力闢佛。韓愈每斥佛教爲夷狄之法，而高舉堯、舜、禹、湯、文、武、周、孔之道以抗夷狄，以救中國；[41]杜牧之所以尊孔，強調中國本位文化之優於夷狄，亦可由是觀之。

六、結論

綜合以上所論可知，杜牧生當中、晚唐時，目睹藩鎮爲禍、夷虜交侵、君主昏淫、宦官專橫之種種亂象，頗以宰輔之嗣自期，而「願補舜衣裳」。因此，他不僅致力於經史之學，且留心於兵學，盼能一展所長，以「止暴亂」、「活生人」、「定國家」。他認爲，人人生而具有愛、怒之情，乃「性之本，惡之端也」，但，「君子之性，愛怒淡然，不出於道」；中人拘於禮法，而不敢自恣；小人則雖有禮法亦不能制，故須以兵、刑「裁其欲而塞其爭」。

在他筆下的聖人，如文、武、周、孔，皆能知兵，而且能夠「參之於上古，酌之於見聞」，博學多能，兼該文、武，足以應當時之務。至於孔子，更是生人以來，至可尊崇之聖人，若天不生孔子於中國，必致大亂，而不如夷狄。可見，杜牧一生崇儒尊孔，雖以詩、文名家，而有經世之志、應時之略，誠不愧爲名宰杜佑之孫也。

---

40 《文集》卷十，頁 154-156。

41 〈原道〉，《韓昌黎集》卷一，頁 10，台北，河洛圖書出版社，1975 年。

論荀子與子思

輔仁大學中文系

王 金 凌

前 言

荀卿在其書〈非十二子〉篇非議子思、孟軻。今《禮記·中庸》爲子思所作，而荀卿於〈不苟〉篇中有「君子養心，莫善於誠。致誠則無它事矣」一段，宗旨與〈中庸〉相同。則荀卿非議子思，甚爲可怪。若非議子思，荀卿不應作〈不苟〉篇「君子養心，莫善於誠」一段；若作此段言語，荀卿不應非議子思。這個矛盾應有解釋。因此，先比論〈不苟〉篇和〈中庸〉的旨趣，其次辨明〈非十二子〉非議的論題，最後對上述矛盾作一解釋。凡引〈中庸〉文，依《禮記》附標朱子所分章句。

一、荀子與〈中庸〉的「誠」說

荀子本自社會起源思考人性，而從社會價值立善惡。凡是能促進社會生存和秩序的行爲是善的行爲，反之，是惡的行爲。惡的行爲源自放縱動物欲望而不節制，而動物欲望是人類天生本性。[1]因此，荀子所說的人性只是素樸的自然。相

[1] 《荀子·性惡》說：「仁之性惡，其善者僞也。今人之性，生而好利焉，順是，故爭奪生而辭讓亡焉。生而有疾惡焉，順是，故殘賊生而忠信亡焉，生而有耳目之欲，有好聲色焉，順是，故淫亂生而禮義文理亡焉。」則惡生於順其好利、疾惡、耳目聲色之欲而違悖社會規範。反之，則善生。於是荀子所說的好利、疾惡、耳目聲色等本性只是自然，相對於社會規範，才有善、惡傾向可言。

對於規範，才有善、惡傾向可言。這個主張不夠全面。這個主張無法解釋人類爲什麼必須以促進社會生存和秩序的行爲是善的行爲；反之，則爲惡的行爲。就荀子所思考的性惡而言，如果把對社會生存和秩序的要求視之爲善，而歸之於動物欲望，將不得其解。如果歸之於人類的自我節制，動物欲望本不含節制的特質，節制須是來自人類的另一種本性。因此，荀子的性惡說在歷史上頗受非議。

然而荀子對此並非無所見。只因其書多論禮樂王霸，對善的根源著墨甚少，而頗受誤解。荀子在這方面的議論僅見於其書〈不苟〉篇。〈不苟〉篇說：

> 君子養心，莫善於誠。致誠則無他事矣！

這個說法幾乎與《禮記．中庸》同調。〈中庸〉說：

> 誠者，物之終始；不誠，無物。是故君子誠之為貴。（朱子廿五章）

荀子所謂「致誠則無他事矣」即誠足以盡一切，而〈中庸〉所謂「誠者，物之終始」也是誠能盡一切之意。而盡一切若詳說則是〈中庸〉所云：

> 唯天下至誠，為能盡其性；能盡其性，則能盡人之性；能盡人之性，則能盡物之性；能盡物之性，則可以贊天地之化育；可以贊天地之化育，則可以與天地參矣！（朱子廿二章）

若更具體的說，則是〈中庸〉所云：

> 喜怒哀樂之未發，謂之中；發而皆中節，謂之和。中也者，天下之大本也；和也者，天下之達道也。致中和，天地位焉，萬物育焉。（朱子一章）

由是可知，荀子所稱養心就是養中和之心，這是工夫。而誠是從境界說中和。至於「致誠則無他事」是此境界的發用，而參贊天地萬物的化育。

二、荀子的天德和天論

荀子雖然從養心上說誠，但是誠在荀子思想中隱然有天道之德之意，一如〈中庸〉，只是荀子名之爲「天德」。〈不苟〉篇論「致誠則無他事」之後，接著說：

> 惟仁之為守，惟義之為行。誠心守仁則形，形則神，神則能化矣！誠心行義則理，理則明，明則能變矣！變化代興，謂之天德。天不言，而人推其高焉！地不言，而人推其厚焉！四時不言，而百姓期焉！夫此有常，以至其誠者也。

前半敘人文世界，後半敘自然世界，而都歸之於天德、至誠。則天德、至誠已不在人心之中，則誠在荀子思想又有天道之德之意，猶如〈中庸〉所說：

> 誠者，天之道也。誠之者，人之道也（朱子二十章）

人心（依荀子，不說「性」）之誠是受之於天道，荀子也隱然敘及受之於天命。〈不苟〉篇接著說：

> 君子至德，嘿然而喻，未施而親，不怒而威。夫此順命，以慎其獨者也。

「嘿然而喻」三句是詭辭。依常理，嘿然則不能喻，而今能喻，是極言其德至誠。但是君子何以能至此？順命而又加以慎獨工夫之故。所順之命在此唯有天命一解。若作一般生命解，則以其有限，不足以引領君子臻於至德。於是在荀子思想中，人心之誠受之於天命，一如〈中庸〉所說：

> 天命之謂性，率性之謂道，修道之謂教。（朱子一章）

率性是人之道，修人之道的方法即慎獨，而這是秉受天命的。

可是荀子別有〈天論〉一篇，以天爲自然界的物理現象。這是學者共知的。

既以天為自然界的物理現象，前引〈不苟〉篇又說：

> 天不言，而人推其高焉！地不言，而人推其厚焉！四時不言，而百姓期焉！夫此有常，以至其誠者也。

所謂「有常」，即〈天論〉所云：「天行有常。」荀子認為物理現象的常律歸本於誠。誠不在四時，則自然的天、地歸本於四時，其理不通。因此，誠須是超越天、地、四時之上，而為天、地、四時常律的原理。誠既是天道之德，其在人則由天所命，則荀子思想中的自然之天是本於天命之天。於是自然世界和人文世界的存在原理是天道。自然世界以其無智而不能致「誠」，人則以其有心而可以知「道」，因此，人能參贊天地之化育。天地化育就是天道的具現。由是而知，自然之天和天道、天德、天命的關係在荀子思想中是放在形上存有論來看的。

三、荀子的養心論及其侷限

然而天道之誠由何而知？如何而知？依《荀子‧解蔽》之說，由心而知天道，循虛壹而靜以知天道。這也是〈不苟〉篇說「君子養心，莫善於誠」而不說「養性」的緣故。荀子所說的心指認知官能，其能力的特性是「臧」、「兩」和「動」。〈解蔽〉篇說：

> 心未嘗不臧也，然而有所謂虛；心未嘗不兩也，然而有所謂壹；未嘗不動也，然有所謂靜。人生而有知，知而有志。志也者，臧也。然而有所謂虛，不以所已臧害所將受謂之虛。心生而有知，知而有異。異也者，同時而兼知之，同時兼知之，兩也。然而有所謂壹，不以夫一害此一謂之壹。心臥則夢，偷則自行，使之則謀，故心未嘗不動也。然而有所謂靜，不以夢劇亂知謂之靜。未得道而求道者，謂之虛壹而靜。

當未得道而求道時，人從何而知此道？人如何知此道真實不虛？必須從他人知此道，而且必須相信此道。若不從他人知此道，將不知有求道一事。若從他人知此道而不相信，則無求道之舉。若說第一位知此道的人從何知之？則必是此人在體驗中知之証之。因此，荀子論禮之時，強調從師、聖之處學禮，這個觀點也可以移於聞道、信道、求道。

聞道、信道、求道本就是認知活動，即使求道須實踐，也是以認知爲基礎。因此，荀子從養心入手以致誠、求道，可謂得其根本。至於如何知此天道，則涉及方法，而方法的運用，須識得心的特性。心的特性，首先是「動」。既「動」而後知物。知物雖在時間之流中進行，就所知在於心而言，可謂「兩」。就物存在於心的記憶中，可謂「臧」（藏）。當心秉此特性而知物時，物以其有限性而使心無法知天道。若欲知天道，必須超越對物的認知，超越知物的有限性。而超越的方法就是虛壹而靜。

「虛」是對治「臧」的方法，「壹」是對治「兩」的方法，而「靜」則是對治「動」的方法。「虛」的方法是「不以已臧害所將受」。然而吾心的認知現象並不會因記憶中存有關於某客體的知識而排斥眼前即時認知的客體。即使要排斥，也是理解即將認知的客體之後，才可能排斥。因此，荀子對「虛」的說明語意不清。排斥現象發生在好惡，則「虛」應是指不將所認識之物納入價值體系而生好此惡彼的現象，平等以觀一切所知之物。然而吾心之知必然將所識之物構成一世界觀，進而依生存需要而建立一價值觀。在價值等級之下，吾心不能沒有好惡現象。這是人類生命的實際情況。荀子既以天道之誠能覆育萬物，而人心認知所帶來的好惡將使有物所傷，而違背天道之誠。因此，唯有以「虛」對治「臧」，才能使吾心之知有攝納一切的可能。

荀子把「虛」、「壹」、「靜」放在工夫歷程來看。「虛」既是不因好惡而以已知之物排斥將知之物，如是則心的認知可以窮其一切可能。但是好惡之情根於生命，在認知外物的歷程中，好惡時時浮現。於是以「壹」對治。雖然荀子體察到「兼知」的同時性，（即「心生而有知，知而有異。異也者，同時兼知之，同時兼知之，兩也。」）嚴格說來，認知在時間之流中進行，並沒有同時性，只因所知出現在緊密相鄰的時間之流中，而將所知數物視爲有關，形成一結構，宛如同時發生，因此說「同時而兼知」。然而兼知之物仍然被納入世界觀、價值觀，而使吾心對彼生好惡之情，依然違背天道之誠。於是荀子以「不以夫一害此一」的「壹」來對治「兼知」所帶來的好惡之情，使心能平等待物。

如果吾心之知放在生命歷程來看，則心無時不動，而且心之動不止於認知，也時時浮現欲求，此即〈解蔽〉所說的「心臥則夢，偷則自行，使之則謀」。這些欲求足以擾亂對所知之物的判斷而失其正，也足以阻遏「虛」的開放性和「壹」的平等性。因此，荀子以「靜」對治「動」。「靜」不是使吾心之知不動，而是「不以夢劇亂知」（〈解蔽〉語）。不以欲惡亂知而顯出吾心之知的清明。

透過吾心開放性（虛）、平等性（壹）、和清明性（靜）的工夫，便達到荀子所說的「大清明」。「大清明」指智慧明澈，超越了知物的有限性。荀子敘述「大清明」的境界見於〈解蔽〉篇：

> 萬物莫形而不見，莫見而不論，莫論而失位。坐於室而見四海，處於今而論久遠。疏觀萬物而知其情，參稽治亂而通其度，經緯天地而材官萬物，制割大理而宇宙裏矣！

從這些描述來看，在「大清明」中，吾心的認知對象已經不是個別的萬物現象，也不是經歸納而得的法則，而是超越萬物而為萬物所依的純粹之理，荀子名之為「大理」。

由於「大清明」也是一種「知」，是超越對萬物現象及其法則的認知，因此可稱為「智」。對萬物現象歸納出來的法則，一般稱為「理」，則「大清明」之智的對象，依荀子之詞，稱為「大理」，「大」是超越而絕對之意。「大理」既超越萬物及其法則，因此，可說是天道。然而虛壹而靜的工夫所體認的天道只是「大理」，而未及「誠」，那麼，《荀子・不苟》所云「君子養心，莫善於誠」一語，從養心到誠仍有一段工夫。將如何始能體認「誠」？將求之於慎獨。

四、荀子以慎獨濟大清明

「虛」、「壹」、「靜」的工夫本是對治認知之蔽的根源——好惡之欲。當吾心意在視認知對象爲存在之物時，且以虛壹而靜解消好惡之欲之時，存在之物是如其然的呈現於「大清明」之心。當吾心意在視認知對象爲有生命的存在之時，且以虛壹而靜能解好惡之欲時，一切生命呈現爲起伏流轉，吾人亦在此起伏流轉之中，於是除了體認存在之物如其然之外，更因生命的起伏流轉而興起悲感，因心存振拔一切生命的起伏流轉而起仁心。孔子在川上說：「逝者如斯夫，不捨晝夜！」即是悲感之嘆，而孔子稱美曾點的優遊從容，即是仁心流行於生活之一端。荀子透過虛壹而靜的工夫，以臻於大清明時，只知存在而未及知生命，仍未觸及悲感和仁心。那麼以虛壹而靜對治好惡之欲時，將有慎獨的體認。

好惡之欲與生命相終始。大清明能解除好惡之欲所帶來的認知之蔽，而識得萬物之正，如前引〈解蔽〉所云：「萬物莫形而不見，莫見而不論，莫論而失位。」然而這只是客觀的認知。從識得萬物之正發而爲舉措萬物之正，從認知到實踐，仍須有所好惡。虛壹而靜只是撥除好惡之欲，而使吾心之知達到開放、平等、清明，卻未以好惡皆得其正爲對治的對象，於是舉措萬物之正而實踐時，好惡之欲隨之而至，則雖有大清明識得萬物之正，常不免徒然。不得不有慎獨以對治好惡之欲，使好惡皆得其正。因此，荀子在〈不苟〉篇談到君子「順命，以慎其獨」之後說：

> 善之為道者，不誠則不獨，不獨則不形。不形，雖作於心，見於色，出於言，民猶若未從也。雖從必疑。

慎獨在〈中庸〉是致誠的工夫。〈中庸〉說：

> 是故君子戒慎乎其所不睹，恐懼乎其所不聞。莫見乎隱，莫顯乎微，故君子慎其獨也。（朱子一章）

好惡之欲發於言行，人盡皆知，存於心中，則唯有自己能知之。存於心中則任何禮法都無法制裁，於是好惡之欲可以狂悖恣行於想像，積累既深，隨機觸動而可能發於言行。因此，私匿於想像之中的好惡之欲稍萌，即須戒慎恐懼而消融之。工夫既久，誠意自現，而後發爲言行，在世界中互動變化。因此《中庸》敘述這個歷程說：

> 其次致曲，曲能有誠。誠則形，形則著，著則明，明則動。動則變，變則化。唯天下致誠為能化。（朱子廿三章）

從「形」到「化」的歷程，荀子則更具體的分別從內聖（仁）和外王（義）說明。〈不苟〉篇說：

> 惟仁之為守，惟義之為行。誠心守仁則形，形則神，神則能化矣。誠心行義則理，理則明，明則能變矣。變化代興，謂之天德。

世界的活動由個體互動及其所依的規範構成。「誠」是對自己而言，「仁」是對他人而言，本乎誠而發於仁，則形於行爲、言語、態度、辭氣。對任何人皆此如此，而具有普遍性，所以說「形而神」。既「神」則個體互動穩定而和諧的進行，所以說「神則能化」。「化」意謂隨差異性而變，卻不離其誠其仁。

然而在「化」的個體互動中不能沒有規範，這規範名之爲「理」。「理」使個體之間關係明確，故稱「理則明」。既有明確的「理」，則個體互動亦可隨其差異性而變，因此說「明則能變」。反之，「理」若「不明」，則不能「變」，規範若不能使個體間的關係明確，其互動將是混亂而暴虐，即使本乎誠而發於仁，亦是徒然。而規範能不能明，端視合不合於「義」，因此說「誠心行義則理」。「義」是規範的衡準，則「義」不是規範，否則無法作爲規範的衡準。「義」是「誠」在規範上的體現，一如「仁」是誠在待人上的體現。

荀子對於「誠」的流行比《中庸》說得更具綱維，此其故在荀子重禮。「禮」是「誠」在世界的流行，而身處戰國時代的荀子，對於世界的感受可說以政事爲核心，而政事又以「禮」爲根本，「禮」則是「誠」的外顯而合於「義」。因此，

〈不苟〉篇說：

> 夫誠者，君子之所守也，而政事之本也。唯所居以其類全，操之則得之，舍之則失之。操而得之則輕，輕則獨行，獨行而不舍，則濟矣！濟而材盡，長遷而不反其初，則化矣。

「誠」透過「禮」而流行於世界。但是在繁賾的世界中，從何體認「誠」的流行？〈不苟篇〉提出了「誠」之所居（止）在「類全」。「類全」即「誠」流行於世界的證明，也是吾人體現「誠」的重心所在。何謂「類全」？凡具有互動關係者都可聚而爲類。從個人、群體、到物類都可以成爲「類」的內容，可以名之爲「個體」。「全」則是個體在互動中得以全其生。以〈中庸〉言之，「全」即「位」和「育」。「位」是個體得其所，個體在世界體系中有其定分，而「育」則個體得其生。《中庸》所稱「天地位焉，萬物育焉」即荀子所說的「類全」。既知「類全」是體現「誠」的重心所在，則操持甚易，只要慎獨不輟，物將盡其材，在互動變化之中，不悖其誠，萬物皆得以位育。

從上述比觀中，可知荀子以禮導正性惡，而以「誠」作爲本源，並不與孟子、《中庸》的思想對立。只因荀子這類觀點僅見於〈不苟〉篇「君子養心莫善於誠」一段，被禮樂、性惡之說所掩，在學術史上遂使荀子與孟子、大學、中庸分疆畫野。雖然如此，荀子在〈非十二子〉篇卻非議子思，甚爲可怪。

五、荀子以統類非議子思、孟子

〈非十二子〉篇說：

> 略法先王而不知其統，猶然而材劇志大，聞見雜博。案往舊造說，謂之五行，甚僻違而無類，幽隱而無說，閉約而無解。案飾其辭，而祗敬之曰：此眞先君子之言也。子思唱之，孟軻和之。世俗之溝猶瞀儒，嚾嚾然不知其所非也，遂受而傳之，以為仲尼子游為茲厚於世。是則子思、孟軻之罪也。

荀子這段批評的關鍵在「統」、「類」。他認爲子思、孟子不知統類。「統」和「類」在此雖然分說，其實可以合爲一詞。荀子在非議十二子後，提出其觀點說：

> 若夫總方略，齊言行，壹統類，……斂然聖王之文章具焉，佛然平世之俗起焉，六說者不能入也，十二子者不能親也。

這就以「統類」爲詞。觀前後文意，統類是就「禮」而言，〈勸學〉敘五經特性說：「禮者，法之大分，類之綱紀也。」即是以「類」從屬於禮。又〈大略〉篇說：「有法者以法行，無法者以類舉。」則「類」和「法」都屬於規範，「法」是有明文規定的規範，而「類」則是無明文規定的規範，它是依於「例」，也可以說是禮、習慣。

「統類」又可稱爲「倫類」。〈勸學〉篇說：「倫類不通，仁義不一，不足謂善學。」依前文述〈不苟〉篇，「仁義不一」就是指仁義不能「一」（本）於「誠」。而「倫類」就是指「禮」而言。

因此，荀子對子思、孟子的批評不在其「誠」的思想，而在其不重視「禮」，至於世俗的溝猶瞀儒則更等而下之，唯利是視，只恃子思、孟子所倡的「誠」流爲口誦。荀子在〈儒效〉篇評論俗儒，便與〈非十二子〉評論子思、孟子如出一轍。〈儒效〉說：

> 逢衣淺帶，解果其冠，略法先王而足亂世術，繆學雜舉，不知法後王而一制度，不知隆禮義而殺詩書。其衣冠行為已同於世俗矣，然而不知惡。其言議談說已無異於墨子矣，然而明不能別。呼先王以欺愚者而求衣食焉，得委積足以揜其口，則揚揚如也。隨其長子，事其便辟，舉其上客，億然若終身之虜而不敢有他志。是俗儒也。

在〈非十二子〉篇說子思、孟子「猶然材劇志大，聞見雜博」，在〈儒效〉篇則說俗儒爲「繆學雜舉」。在〈非十二子〉篇說子思、孟子「略法先王而不知其統」，在〈儒效〉篇則說「略法先王而足亂世術，……不知法後王而一制度，不知隆禮義而殺詩書」。兩相比較，更顯出荀子對子思、孟子的批評不在「誠」的學說，而在其忽略禮義制度的優先性。所不同的是在〈儒效〉篇對俗儒的苟合取容說得更深刻而已。

荀子批評子思、孟子「略法先王而不知其統」和「按往舊造說，謂之五行，甚僻違而無類，幽隱而無說，閉約而無解」，除了從〈非十二子〉、〈儒效〉可知意在非議子思、孟子忽略禮義制度之外，也可以從郭店楚簡中的《唐虞之道》和《五行》二文察知荀子批評之意。

《唐虞之道》和《五行》屬於子思之學。[2]《唐虞之道》說：[3]

> 唐虞之道，擅（禪）而不傳。堯舜之王，利天下而弗利也。擅而不傳，聖之盛也。利天下而弗利也，仁之至也。故昔賢仁聖者如此。

這是以唐堯、虞舜的禪讓為既仁且聖。然而荀子卻批評禪讓之說為不知禮義之分。《荀子·正論》說：

> 故天子生則天下一隆，致順而治，論德而定次，死則能任天下者必有之矣。夫禮義之分盡矣，擅，惡用矣哉！

足見荀子論子思、孟子「略法先王而不知其統」是針對二人不重視禮義制度，而不是針對誠的思想。

至於《五行》一文，則以仁、智、義、禮、聖為「五行」。《五行》說：

> 仁形於內，謂之德之行；不形於內，謂之行。智形於內，謂之德之行；不形於內，謂之行。義形於內，謂之德之行，不形於內，謂之行。禮形於內，謂之德之行；不形於內，謂之行。聖形於內，謂之德之行，不形於內，謂之行。德之行五，和謂之德；四行和，謂之

---

[2] 見姜廣輝〈郭店楚簡與子思子〉，中國哲學編輯部，國際儒學學術委員會編，《郭店楚簡研究》（瀋陽：遼寧教育出版社，1999 年 1 月），頁 82-92。

[3] 引文據《郭店楚墓竹簡》，（北京：文物出版社，1998 年），頁 157。

> 善。善，人道也；德，天道也。[4]

所謂「形於內」是根於心性之誠，「不形於內」則只是表面的行爲。若反問：「如何形於內？」將不免推本於慎獨。《荀子．不苟》說：

> 善之為道者，不誠則不獨，不獨則不形。不形，雖作於心，見於色，出於言，民猶若未從也。雖從必疑。

比觀兩者思路，何其相似！「不誠則不獨，不獨則不形」即是《五行》「形於內」的另一種說法，而「不形，雖作於心」以下數句，則是《五行》「不形於內」而形於外的另一種說法。然而荀子卻批評「五行」說僻違而不知類。可見荀子認爲子思、孟子之學只是忽略禮義制度，而不是「誠」的思想有所謬誤。

雖然荀子在〈性惡〉篇批評孟子的性善說，這只顯示荀子以自己的人性概念去理解孟子的性善說，卻不表示荀子反對「誠」的思想。「誠」是孟子性善說的具體說法。所以孟子在〈盡心上〉篇說：「萬物皆備於我，反身而誠，善莫大焉。」因此，從思想的體系來說，荀子不可能反對孟子的性善，若反對孟子的性善就等於反對自己在〈不苟〉篇所說的「君子養心，莫善於誠」。只因其性惡觀念而誤解了孟子的人性概念。

六、結語

平情而論，以子思、孟子等人的思想和閱歷，不可能只知誠意、性善而昧於禮義制度的重要；荀子亦然，不可能只知禮義制度，而昧於誠意、慎獨的重要。然而比子思卒年約晚七十年，比孟子卒年約晚四十年的荀子何以如是批評二人的學說？應是荀子一方面不齒俗儒假子思、孟子之學而苟合取容，一方面感於心性之學在世務上較爲迂遠。激於俗儒而非議子思、孟子本非持平之言，可以不論。心性誠善和禮義制度的輕重緩急在說理上的確如飛鳥雙翼，缺一不可。至誠沒有

---

[4] 同註 3，頁 149。

制度的體現，是徒然；制度沒有本於至誠的「正義」，也是流於合法暴力。但是在面對世務的現狀上，制度卻是比至誠更具有迫切的優先性。因爲社會依循制度而運作的目標在維護人群的生存。即使尙未自覺心性之誠，以致缺乏心性之誠所發露的正義作爲制度原理，而不免流於合法暴力，人群也會根據生存所需的功利法則來改善制度，一旦自覺心性之誠，體認到正義是制度原理，仍然須以改善制度作爲起點。於是在面對世務時，禮義制度的迫切性自然先於心性之誠。

然而自覺心性之誠時，世務仍舊與時推移，而人心與制度的配合常有時間的落差，猶如飛鳥雙翼不能並時而振，於是在人心譎詐無信的時期，不免強調心性之誠先於禮義制度，而在制度功能耗弱的時期，則又強調禮義制度先於心性之誠。荀子身處戰國中期，各諸侯國力圖變法自強，以求生存，正是需要強調禮義制度的時期，因此，荀子非議子思、孟子並不是從學說謬誤的角度立論，而是從世務輕重緩急的角度立說。

道家「內聖外王」新詮

中興大學共同科

王慶光

摘要

中國上古哲學「心靈政治」的研究尚屬草創階段，身、心、靈三者關係（或內外關係）之研究，涉及醫學、哲學、心理學，本文剋就「黃老」人格、智慧及管理心理作爬梳、詮釋。由早期（或原始）道家（《老》、《莊》）虛心、心齋，發展為戰國、秦漢道家（黃老、黃）心術、意氣，兼綜天人感應、上下精通，匯集向內治心、向外治國的道家「內聖外王論」，一時蔚為顯學。

關鍵詞：黃老、內業、心術、內聖外王。

一、由老莊轉向黃老

道家法自然、輕人為，戰國時期黃老思想崛起，為《老》、《莊》的有力發展者，它的風靡程度及養生（內）治國（外）一貫，借兩說證之。熊鐵基說：「黃老道家的形成有一個較長的過程，……既有不少『發明』，又有積極的傳播……齊稷下先生慎到、宋鈃乃至鄒衍等人都『發明』黃老道德之意，慎到言勢，鄒衍談陰陽，宋鈃被班固列為小說家……派別的形成應在秦漢時期，較全面總結性的代表作是秦的《呂氏春秋》和漢的《淮南子》，各方面專家從不同視角闡明博大精深的『道論』……司馬談《論六家要旨》（收《史記太史公自傳》）第一次明確提出『道家』（或名『道德』家），沒有區別黃老與老莊，他和司馬遷所稱的『道家』內容，主要又是黃老道家的內容。」[1]

馮友蘭說：「道家講保全身體、性命的道理，這是道家一個主題，黃老之學以此爲『內』，又把保全身體、性命的道理推廣到『治國』，以此爲『外』……《黃帝內經》很注重預防，它有兩句名言：『聖人不治已病，治未病，不治已亂，治未亂』（四氣調神大論），頭一句講的是養生，第二句講的是治國，它認爲養生和治國是一個道理，這就是黃老之學的特點。」[2]

《莊子．天下》：

> 聖有所生，王有所成，皆原於一……古之人其備乎！配神明，醇天地，育萬物，和天下，澤及百姓……天下大亂，賢聖不明，道德不一，天下多得一察焉以自好……寡能備於天地之美，稱神明之容，是故內聖外王之道闇而不明，鬱而不發。

它是「尙柔反力的養生型」文化的縮寫，弘揚人體自然的感性生命力量，「一」指的是天地人的和諧統一，人自身內外身心的和諧統一及人與社會的妥協和諧。道或精神爲「一」之別名，「不離於精，謂之神人」，「吾欲取天地之精，以佐五穀，以養民人，吾又欲官陰陽，以遂群生……天地有官，陰陽有藏，愼汝守身，物將自壯」（天下、在宥）；又，「須精神之運、心術之動，〔民〕然後從之」（天道）。最後一則引語，已連接至《管子．心術上、下》〈白心〉〈內業〉四篇之主旨，大抵「心術」即「外王」「君術」，「內業」即「內聖」「積精」，世稱「黃老」之學，以別原始道家「老莊」。

---

[1] 熊鐵基：〈從稷下黃老到家人言〉，《中國哲學史》（廣東：人民出版社，1993）第 1 卷第 2 期：頁 44-51。陳鼓應〈先秦道家研究的新方向〉，《黃帝四經今註今譯》（台北：商務印書館，1995）：頁 1-28。

[2] 馮友蘭：《中國哲學史新編》第二冊，人民出版社，1964，頁 195。

二、早期道家凸出心理能力

讓我們從老莊思想尋找「心」的認知，老子「心使氣曰強」（五五章），奚侗曰：「氣固於身，以盅和爲用，心以妄動使之，則強矣，強梁者不得其死」，導引行氣使身體柔血氣和，端賴「致虛守靜」、「形神不離」（十六章、十章）。閉明而塞聰又爲必須，即「塞其兌、閉其門」（五十六章）。取消對現實對象的認識方能認識「道」，在莊子自我實現的過程裏，只有忘掉假我、喪失形骸、肉體的我，才能實現真我，達到「同於大道」，認爲有一個主宰人的形體的精神主體：「真君」，人的百骸，九竅、五臟、六腑都是臣僚，是受「真君」主宰的，說：「其有真君存焉」（莊子齊物論）；臻此修養意境的稱「真人」，「何謂真人……知之能登假於道也……不以心捐道，不以人助天，是之謂真人，若然者，其心志，其容寂……喜怒通四時」（大宗師）。

外雜篇繼承發展「真君」意境及工夫，多言精神內藏以應萬變，唐君毅先生說：「外雜篇言神，至人用此神以成其生活應對外物，〈達生〉：『其天守全，其神無卻，〔外〕物奚自入……神全』，此言神全於內，純爲內篇之旨……〈庚桑楚〉『兵莫憯於志，寇莫大於陰陽，非陰陽賊之，心則使之也』，此言人心之意念起伏，忽冷忽熱之陰陽之患，〔此疾痛被喻爲刑罰〕，〈列御寇〉：所謂『內刑』，而爲真人之所當求自解免者。〈知北遊〉：『外化而內不化……安於內之不化，亦安於外之化』，〈田子方〉：『貴在於我而不失於變，萬化未始有極』，〈天道〉：『中（內）無主而不行，外無正而不正，聖人不出亦不應』，則言個人以內之主應外，而不失己」[3]應變兼養生、治國兩義，乃道家道術之獨特處，周禮既崩壞，代周禮而爲戰國主導政治哲學者恰爲此術，《莊子天道》五言「聖人之心」，即應時局變遷，發內篇潛隱之帝王學，乃老莊哲學心理能力最集中的一次展現，擇錄如次：

---

[3] 唐君毅：《中國哲學原論—原道篇》（台北：學生書局，1976）：頁 413-416

> 天道運而無所積，故萬物成；帝道運而無所積，故天下歸；聖道運而無所積，故海內服。萬物無足以撓心者，故靜也，水靜則明燭鬚眉、平中準，大匠取法焉。水靜猶明，而況精神？聖人之心靜乎？天地之鑑也，萬物之鏡也…靜而聖，動而王，無為也而尊……一心定而王天下……一心定而萬物服……聖人之心以畜天下也！……本在於主上，末在於臣下，德教治樂哀，此五者須精神之運、心術之動，然後〔民〕從之者也。……形德仁義，神之末也，至人……極物之眞，能〔內〕守其本，故外天地，遺萬物，而神未嘗有所困也。通乎道，合乎德，退仁義，擯禮樂，至人之心有所定矣！

擯退仁義禮樂，實施天道政治，君主內守精神，虛靜若水，發動超感知的心理能力，海內莫不賓服，《管子正世》說：「不慕古，不留今，與時變，與俗化…夫民不心服體從，則不可以禮義之文教也」，《管子君臣上》說：「明君順人心、安情性，而發於眾心之所聚……善與民爲一體，與民爲一體……信以繼信，善以傳善，四海之內可得而治」，由周代威權體制，回歸到民意至上的無爲而治，隱喻天下國家是一體，居心臟地位的君主順從天道、積蓄精神，依民意變化施政決策，人民即「心服體從」，這叫「一心定而王天下，一心定而萬物服」，因爲「明君順人心、安情性而發於眾心之所聚」，天道政治恰即心理政治，君心、眾心具同構功能，即用一心理狀態與另一心理狀態之間的功能關係論證「無爲而治」使「天下歸、海內服」（莊子天道）。[4]

---

[4] 章士嶸：《心理學哲學》（北京：社會科學文獻出版社，1995）：頁 33。他說功能主義從功能或機能的角度看問題，強調心理活動的功能表現……認爲人們能夠通過心理狀態之間的關係，尤其是信號輸入和行爲輸出的功能因果關係來描述心理狀態……亦即用一心理狀態與另一心理狀態之間的功能關係來解釋，而不必用什麼特殊的物質載體解釋。

三、黃老道家彰顯多維心智能力

齊國都城爲經貿中心，田氏「高祖黃帝，邇嗣桓、文，朝問諸侯」（陳侯因資敦），信史化黃帝，並開創「黃老」此一新型道家，做體制變革的精神導師，其理論核心是以「精氣」代換老莊「道德」，以「道德」融攝「形名法術」，開辦利民便民的政經事業。《管子》一書七十六篇之中言道論道者有六十五篇，「道」字約四五〇見，乃全書關鍵詞，乃齊國稷下學宮百家爭鳴時各家各派的論文，其中心是黃老之學。[5]道家起源導引行氣、形全精復之學，《黃帝內經》：「夫精，身之本也」（素問金匱真言論），又：「生之來，謂之精」、「人始生，先成精，精成而腦髓生」（靈樞本神·經脈），血液臟腑器官、經絡組織固由「精氣」生成，精神意識亦然，「神氣舍心」、「積神於心」（靈樞天年、五色）。《莊子人間世》：「循耳目內通，鬼神來舍」、「唯道集虛，虛者心齋也」，與此不異。由內聖向外王，謂之「一心定而王天下」、「一心定而萬物服」（莊子天道），其實關鍵乃心內的「精氣」，精氣運行體內謂「精神」，更出入身心、通感天人、繫聯幽明，戰國、秦漢修道之士往往言之，以往均不甚解，直至一九七三年底長沙馬王堆出土《黃帝外經》四篇等古佚書以後，以精氣論帝王之術之究竟已成學界關懷之焦點問題，稱爲「黃學」，聯帶又重新解讀素以「雜家」名的《管子》、《呂氏春秋》、《淮南子》等尙精氣治身、治國之諸「黃老」著述——承《史記》用法。[6]

---

5 陳鼓應：〈先秦道家研究的新方向〉。《道家文化研究第六輯》（上海：古籍出版社，1995）：頁 23-46，此見 30。

6《史記》確立「黃老」之名，內涵有二，其一作爲人名，是黃帝與老子的合稱，〈封禪書〉：「竇太后好黃帝、老子之言，不好儒術」，另〈老莊申韓列傳〉、〈外戚世家〉同例。其二則指一種學說，或專門之著述，〈孟子荀卿列傳〉：「慎到，趙人。田駢、接子，齊人。環淵，楚人。皆學黃老道德之術」，〈外戚世家〉、〈田叔列傳〉亦有例。

（一）人格心理

《老》、《莊》以無欲無爲、樸素自然爲最高人格境界，又主性命雙修，「修之於身，其德乃真」、「見素抱樸，少私寡欲」（老子五十三、十九）。天子、諸侯等高位者功名欲、支配欲、財貨欲爲其人格最大考驗，《老子》說：「罪莫大於可欲，禍莫大於不知足，咎莫大於欲得」、「萬物歸焉而弗爲主，則恆無欲也」、「金玉滿堂，莫之能守」（四十六、三十四、九），社會富貧不均，稷下先生宋鈃、尹文呼籲「人我之養畢足而止」、「以情欲寡淺爲內」（莊子天下），於是君德修養集中在損欲全性，《莊子徐無鬼》：「君將盈嗜欲、長好惡，則性命之情病矣」、《呂氏春秋侈樂》：「制乎嗜欲無窮，則必失其性」，另「治物者於人，治天子者於欲，治欲者於性」、「無以去非性，則欲未嘗正矣，欲不正，以治身則夭，以治國則亡」（貴當・爲欲），《管子心術上》是君德修養、自我超越之提示，開端言「心之在體，君之位也」涵「君之在國，心之位也」義，故云：「我心治，官乃治，我心安，官乃安」、「心安是國安，心治是國治」，《管子君臣上》：「主身者，正德之本也；官治者，耳目之制也，身立而民化，德正而官治」，〈君臣下〉：「君之在國都也，若心之在身體也，道德定於上，則百姓化於下；戒心形於內，則容貌動於外矣」，道德指神明的內化，「虛其欲，神將入舍；掃除不潔，神乃留處」，〈心術下〉又稱〈內業〉，以心爲「精舍」，簡稱「舍」，將人之善德、及七情六欲之平正，與導引行氣之攝生術並言，說：「道也者所以修心而正形（身體、行爲）……正形攝德，天仁地義，則淫然自至神明之極」、「守善勿舍，逐淫釋薄（心身強健），既知其極，返於道德」、「凡人之生也，必以平正，所以失之，必以喜怒憂患……憂悲喜怒，道乃無處……心能執靜，道將自定」，今日學者解釋，說：「通是氣的本性……行氣、服氣爲目標的練功活動，使人與氣相互交流、融合、通透，從而不斷地受到氣的陶冶和薰培……從而提高自己的道德和精神境界，這也就是〈心術上〉所說的『唯聖人得虛道』。[7]

（二）認知心理

「莊子所描繪的有道之士都具有『形如槁木 ，心如死灰』、『答焉（相忘）似喪其偶』（齊物論）、『慹然（不動貌）似非人（木偶）』（田子方）等外貌特徵，他們似失去反應能力，但因減少精力耗消得保『神全』……如養雞，凡虛憍昂首、盛氣易怒、見影打鳴者均不堪鬥；獨有始終『無變』、『望之似木雞』者，眾雞望之卻步，榮獲「鬥雞」桂冠(達生)。唯人亦然，到了『忘其肝膽，其耳目』，失去了對於事物的敏感時，也就減少了對於事物的依從性；增強了超然於事物之外的『自行』度(達生)，『夫無所懸(牽掛)者，可以有哀乎？彼視三釜三千鍾，如觀鳥雀蚊虻相過乎前也』(寓言)」。[8]「在莊子看來，潛心默守清虛淡漠之氣以積累無限的能量，這是智慧、勇氣等取之不盡、用之不竭的深厚來源；而這些原來是被功名利祿等等情結窒息了的，只要持之以恆，心與神合，這些意想不到的能量就被釋放出來，這叫做『解心釋神』（莊子在宥）。同時，『通天下一氣耳』（知北遊），借助於清虛之氣的流貫，就會使人的『精神四達並流，無所不極』（刻意）。所以『唯道集虛』（人間世），功夫全在積累清虛之氣……這種心靈的開放並非一放即逝的閃光，而是『虛而待物』（人間世），契機潛藏。物之未至，虛以待之，經常保持至虛至靜之心而靜觀默察，於無有所爲之中蘊藏著大有爲的潛能…『虛則無爲而無不爲也』（庚桑楚），這種『無爲而無不爲』的絕招是從專心一志的勤苦磨練中得來的」。[9]

《管子》道家四篇：〈心術〉上下、〈白心〉、〈內業〉發展《莊子》上

---

[7] 劉長林：〈管子論攝生和道德自我超越〉，《道家文化研究第五輯》，陳鼓應先生主編，上海：古籍出版社，1994：頁 171-186，此 180、182。

[8] 李德永：〈莊子超越精神賞析〉，《道家文化研究第八輯》，上海：古籍出版社，1995：頁 110-121，此 118。

[9] 李德永：前引書，119-121。

述「集虛」產生的心理認知潛能，在中國「意識」觀念的發展過程裏佔光輝的一頁。心是內、外兩世界交接處，《莊子漁父》：「真在內者，神動於外」，轉向〈天下〉：「內聖外王」，屬於氣功態超感知心理能力，此思維方式將國家天下視爲「身體」，正如人體內意念對全身血氣、經絡、臟腑的支配性作用，做爲決策的君主，必須深刻反省、出言發令，這叫「一心定而王天下」、「一心定而萬物服」（莊子天道），也叫「氣意定而天下服，心意定而天下聽」（管子內業），顯然後者深化了「心」（意識），〈內業〉即以意迎「道」、向內凝聚生命力，「精也者氣之精者也，導則生，生則思，思則知」，「精之所舍，而智之所生」、「精存自生…以爲氣淵…乃能窮天地、被四海」，即描述精氣智慧。沒有精氣不能感應之事，也沒有智慧不能理解的變化，乃有以不變應萬變之信心，「恬愉無爲，去知與故，舍己而以物爲法也，物至若影之象形，響之應聲也，過則捨矣，復所於虛也」（心術上），因爲它結合君御臣之技術，從其中更讓人明白此虛靜應變的認知能力，故引一段雖稍晚而卻更清晰的資料，董仲舒說：「爲人君者，居無爲之位…以臣言爲聲，以臣事爲形。有聲必有響，有形必有影。聲出於內，響報於外。形立於上，影應於下。響有清濁，影有曲直。響所報非一聲也，影所應非一形也。故爲君虛心靜處，聰聽其響，明視其影，以行賞罰之象……是以群臣分職而治，各敬而事」（春秋繁露保位權），即說若君主全無個人主觀偏見，心內「神氣（靈氣）一來一逝（往），其細無內，其大無外」（管子內業），靈活傳遞訊息，有響斯應，無響則復歸虛素，精氣絲毫無耗擲，外境變化莫不應。

道家重視自然界生態及人類深層意識，「內聖外王」之提法自心靈能力始能獲解，「靈氣在心，一來一逝，其細無內，其大無外」（管子內業），靈氣、神氣皆精氣別名，《禮記禮運》謂「知氣」，其認知對象係無形、無聲卻福禍人類之變化，[10]閉明塞聽後「集虛」始能應感，故老子「不言而善應，不謀而

---

[10] 龐樸：〈說無〉，《中國文化與中國哲學》（深圳：國學研究所，1986）：頁 62-74。無一似無實有，殷商時，「巫，能事無形以舞降神」（說文解字），無形卻真實存在的，有日月運行的規律、風雨生滅的原因、疾病招致的根由等，在巫心目中它們卻是人生禍福攸關之「神聖的大有」。捕魚、採集、種植、旅行諸活動中以舞蹈是媚神的儀式，其目的在

善慮」（七三章）顯題爲「物至而神應，知之動也……故聖人將養其神，則百事之變無不應」、「通於神明者，得其內者也，是故以中（內）制外，百事不廢，中能得之…感則能應…如響之與影」（淮南子原道訓），精氣感應此心知潛能最後成爲道家「無爲而治」之確證，茲舉帛書《黃帝四經》一段話以証「心靈政治」被誇大的實情，〈經法〉：「見知禍福之道，唯虛無有」，〈道原〉：「唯聖人能察無形，能聽無聲，知虛之實……察稽知極，聖王用此，天下服」。它與《莊子天道》：「一心定而萬物服」、《管子內業》：「氣意得而天下服」，都自信係天下公意所在！[11]

（三）管理心理

「心術」指領導統御或管理之技術，「尊重專才」即一個要義，《呂氏春秋謹聽》說：「當今世求有道之士，則於四海之內，山谷之中，僻遠幽閒之所，必禮必知，然後其智能可盡」，它有全民參政精神，打破周朝士君子專政。同篇又說：「愉易平靜以待之，使夫自得之；因然而然之，使夫自言之」，指尊重各人專業智能，提供適當職官給他做，提倡專家政治，修正周朝君主大權獨攬。《呂氏春秋分職》即述職務分類分層負責，特別要求讓職官們享充分自主權，說：「先王用非其有，如己有之（利用人才完成君主決策），通乎君道者也。夫君也者，處虛素服而無智，故能使眾智也；知返無能，故能使眾能也；能執無爲，故能使眾爲也，無智、無能、無爲，此君之所執也。通乎君道，則能令智者謀矣，能令勇者怒矣，能令辯者語矣！」，「令」是激勵僚屬發揮

於同某種「看不見的、不知住在什麼地方」的有關神靈交通，以博得它們的好感，保證自己行動成功。

11 此觀點看似突兀無據，在春秋祝史及楚國文化中卻已習見，「夫民，神之主也……民和而神降之福」（左桓六）、「鬼神惟德是依……民不和，神不享矣」（左僖五），皆以民和、民利要求君主辦到，並以神制衡膨脹的君權。〈楚語〉：「夫神以精神臨民者也……古者先王日祭月享、時類歲祀……祀所以昭孝、息民、撫國家、定百姓也……上所以教民虔也……恭敬致力於神」，溯及「古者先王」，並非周天子，可知乃承殷商巫覡信仰而來。

智能，「執」是君主堅守對僚屬的授權許諾，如《莊子天道》說：「靜則無爲，〔君〕無爲，則任事者責矣」。它符合管理心理學家說的：「真正分層負責與逐級授權，不但無損於上級的權力，在實際反加強了其領導督策功能，下級在上級監督下得能相當自主的處理與行動」、「不同的人被不同誘因所激勵，人們有一項共同的內在需要，即是期望承認之重要感，需要被認爲有價值、具影響力，Rene Rickert博士（美）相信這種期望，承認或自我滿足，是激勵人們〔竭智盡力投身工作〕諸般誘因之中心」，[12]若問其哲學理據何在？《呂氏春秋審分》說：「治身與治國，一理之術也」，此「術」即「心術」。

殷商箕子要周武王「貌恭、言從、視明、聽聰、思睿」（尙書洪範），周景王二十三年（前五二二），單穆公說：「耳目，心之樞機也，故必聽和而視正，聽聽言、明昭德，則〔心〕能思慮純固……若視聽不和……於是乎有狂悖之言……民有離心」（國語周語下）、《管子九守》：「目貴明，耳貴聰，心貴智。以天下之目視則無不見，以天下之耳聽則無不聞，以天下之心慮則無不知也」，觀點一脈相承，然而《管子心術上、下》才道盡蘊奧，根源古代醫學「心者神之舍也」、「心者，君主之官也，神明出焉」（黃帝內經・靈樞、大惑論；素問・靈蘭秘典），開示道德形名之君術，分三點說明：

1・心是神、欲交戰之所在：「夫心有欲者，物過而目不見，聲至而耳不聞也」、「虛其欲，神將入舍（心爲精舍）；掃除不潔，神乃留處……去欲則……精、明、神矣，神者至貴也，故館不闢除，則貴人不舍焉」（管子心術上），「黃老道德之術」（史記孟荀列傳）之精神修養爲增強心智能力，君主虛靜、專一於「道」，意守丹田，道氣令和，理蒸而毛泄（肌理熱蒸毛孔排汗），袪病延年，即，心處君之位，虛靜無爲而又控制全身各個器官，協調各個器官的功能，使君主個人健康地生存發展，這便是「心術者，無爲而制竅者也」，心「無爲而制竅」，表明它是人體思維中心，是「智之舍」（心術上），精氣（神氣、神）積存愈多，心智、心靈能力愈高，《淮南子俶真訓》：「神者

[12] 張金鑑：《行政學研究》，台北商務印書館，1966：56，轉引自王蜀光：《行政組織中授權的研究》，台北政治大學公共行政研究所碩士論文，1968：頁4、12。

智之淵也，神精者智明也，智者心之府也」。放在國家事務上，君主要自知「強不能遍立，智不能盡謀」而敬重專才之智能才表現出大智慧，這是兢兢業業誠惶誠恐的公務態度，《呂氏春秋審應》：「人主出聲應容，不可不審。凡主有識，言不欲先」，《管子心術上》：「有道之君，其處己也若無知……其所知，彼也；其所以知此也。不修之此，焉能知彼？修之此，莫如虛矣；『君子之處也若無知』，言至虛也」，「虛者萬物之始也」（心術上），即虛位元首，虛君制，[13]《莊子天道》：「夫虛靜恬淡寂寞無為者，萬物之本也，明此以南向，堯之為君也」。

2．耳目鼻口，前陰後陰指人體「九竅」、「六道」，手足「四肢」，形成整體系統，若意念中正，氣血通暢，便正常發揮自己的功能，據此類比推理國家職官各盡智竭力。故《管子君臣上》：「主身者，正德之本也；官治者，耳目之制也，身言而民化，德正而官治……智能聰明者，下之職也；所以用智能聰明者，上之道也」〈君臣下〉：「以形役心，此物之理也，心道進退，而形道滔迂（流通迂迴，指身體俯仰屈伸），進退為主制（主管號令），滔迂者主勞（主管勞動），[14]主勞者方，主制者圓，圓者運、通、和」。〈心術上〉：「心之在體，君之位也，九竅之有職，官之分也，心處其道（虛靜專一中正），九竅循理……耳目者，視聽之官也，心而無與於視聽之事，則官得守其分〔職〕也」。〈宙合〉：「耳司聽，聽必順〔慎〕聞，聞審謂之聰；目司視，視必順見，見察謂之明。心司慮，慮必順言，言得謂之知」。凡此皆類比政府各部門組織在良好溝通中分工合作分層負責，組織、授權、溝通、監督、賞罰，以循名責實的技術處理，即《莊子天道》、《管子心術上》及帛書《黃帝四經》共言之「形名學」，管理學者說：「政府這部機器，亦即規模日增之官僚體系，首先須對人才作適當的分配、組織，使其各負其責，盡力竭智，沒有爭功諉過之事；其次檢查其人能否達成既定目標保持效率；此須適當分配工作並作良

---

13 胡適：讀〈呂氏春秋〉，《胡適文存第三輯》（台北：遠東圖書公司，1990）：頁 227-254。

14 趙守正：《管子通解上冊》（北京：經濟學院出版社，1989）：頁 491。

好的考核，一則要賢者在位能者有職，人員與工作配置貼切（right man on the right place），二則做好目標控制，把握素質、檢查工期、保持效率、應用新知、發現人才、淘汰劣才與謀求改進，以作爲評判員工的優劣利弊，並加以獎懲」。[15]此極有助「形名學」真象之復其原貌。

《管子心術上》分經、傳論述上面管理規律，〈經〉：「物固有形，（指眾多和複雜的事物），形固有名（是關於這些職責事務的規定和職權範圍），名當，謂之聖人（成功的領導人）。」〈傳〉：「此言名不得過實，實不得延名，詁形以形，以形務名，督言正名，故曰『聖人』……執其名，務〔責〕其所以成……以其形因爲之名，無損無益也」，《管子白心》（排除情欲，智巧干擾和意識形態。[16]篇名取自《莊子人間世》「虛室生白」）：「知其象則索其形，緣其理則知其情，索其端則知其名」。《呂氏春秋審分》：「至治之務，在於正名」，可見形名互檢，循名責實的「正名」已脫胎於儒者倫理正名，上升爲科學管理邏輯。

3．道德形名與法治結合。管理學者提出：「一個成功的領導者必然是善於運用司法監督與考核，他考核權威基於：一、頭腦冷靜客觀，就實際事實以爲評價；二、抱公平態度以爲公正的分析與評價，吹毛求疵與過分寬大都不恰當；三、員工的優劣功過，要拿出具體事實以爲証據；四、民主公開的考核態度，接納任何事實與意見，防止舞弊，使人心悅誠服」，[17]道、名、法結合即爲達上述目標。帛書《黃帝四經．經法、名理》：「天下有事，必審其名……是非有分，以法斷之；虛靜謹聽，以法爲符……唯公無私，見知不惑，乃知奮起」，由於臣下員工自我表現爲考核的直接根據，執法者以名制形、循名責實原是臣下員工自取賞罰，故說：「聖人之治也，靜身以待之，物至而名自治之，正名自治（賞），倚名自廢（罰），名正法備，別聖人無事」（管子白心），「天下有事，無不自爲形名聲號矣，形名已立，聲號已建，則無所逃跡逆正矣」

15 張潤書：《行政學下冊》（台北：華視出版社，1987）：頁 68。
16 劉文英：《中國意識觀念的產生和發展》（上海：人民出版社，1985）：頁 44。
17 張潤書：前引書，70。

（帛書黃帝四經·經法、道法）。君主以靜制動，以虛制實，以逸待勞，賴完備法規公正賞罰，精氣生智慧，精明而精誠，有原則又能靈活施用，故被視爲最理想管理型態，曰：「形恆自定，是我愈靜；事恆自施，是我無爲，靜翳不動，來自至，去自往，能一乎，能止乎，能毋有己，能自釋而尊理乎？紓也（藏也），屯（顯）也，其如莫存。萬物群至，我無不能應。我不藏故，不挾陳，嚮者已去，至者乃新。新故不翏（摟），我有所周」（帛書《黃帝四經·十大經、名刑（形）》）。曰：「古之明大道者，先明天而道德次之……形名已明而因任、而原省、而是非次之，是非已明而賞罰次之，賞罰已明而愚知處宜、貴賤履位、仁賢不肖襲情，必分其能，必由其名。以此事上，以此畜下，以此治物，以此修身，智謀不用，必歸其天。此之謂大平，治之至也！」（莊子天道）

四、結語

「黃老」是一個跨地域、越世紀的思想潮流，由於《管》、《呂》、《淮》三書，因某些原因比較不受學界重視，今日觀之，班固〈諸子略〉「雜家」之「雜」宜視爲「綜合」，而非「雜糅」，加上二十四年前（1973年12月）出土的漢墓《黃帝四經》，目前引生諸多研究課題。一九四五年郭沫若「稷下黃老學派的批判」一文（收同年文治書局，《十批判書》）與筆者觀點是一致的，但迄今爲止，雖積累大量論述，然而對「黃老」何以形成，如何改造老莊，並未有最終定論。老莊、黃老一脈相承要免心智、身體之「苦累」，但其「乘道德而浮遊」、「游於天地之一氣」，滲透著「氣功開發身心潛能」此一背景工夫，未免原始數術之神秘。[18]田齊（386B.C.～221B.C.）經濟及科技領先其餘

[18] 筆者認爲：氣論溝通應變哲理始於《老子》「天之道……不言而爲善應，不謀善盧」（73章），及《莊子》「應而不藏，勝物而不傷於物」（大宗師），中經《管子》「物至而應，如影之象形，響之應聲」（心術上），最後到《淮南子·原道訓》「物至而神應，知之動也」，可說淵遠流長了。原來養生氣功中發現精氣同外物發生感應，屬於超時空、超經驗的「靈感思維」，必須排除耳目感官、七情六慾及聰明才可能出現。較清晰的解釋

六國，齊宣王時稷下學官復盛，慎到、田駢等皆學黃老道德之術，各發明序其旨意，齊稷下黃老學派爲首的新興政治經濟體制獲得朝野咸同的支持，《管子》一書較密集呈顯田齊變法全貌，[19]法治、財經等經驗問題與「道」、「陰陽」等自然規律論述配合巧炒。氣宇宙、氣生命交相作用，「道家使人精神專一（內聖），動合無形，贍足萬物（外王）」（司馬談，論六家要旨）。老莊與黃老同樣尊重人類內在生命力凝聚（「內聖」），老莊的「道德」在黃老思想中又擴延走向虛位元首、君主統御、依法而治、自由市場等「外王」新領域。

今學者有一論點是：「我們認爲老莊思想來自殷商遺民，反映了對周人宗法君主統治的消極反抗，後來形成爲遁世嫉俗的隱逸思想；黃老……從逃避現實而轉向積極參與現實，就開始離開老莊的批判禮法的立場轉向綜合各家之長……後者是以齊稷下先生爲代表的戰國人士的主張。」[20]儒、道兩派「內聖外王」之異同，與殷、周兩族的宗教信仰、歷史處境、貴賤身分有一定聯繫，其研究請俟他日。

是：「人生而靜，天之性也，感於物而動，性之害也！物至而神應，知之動也，知與物接，而好憎生焉，好憎成形，而知誘於外，不能反己而天理滅矣！」（淮南子．原道訓）。參考李存山，《中國氣論探源與發微》（中國社會科學出版社，1991），頁 180。

19 胡家聰：《管子新探》（北京經濟學院出版社,1996）緒論、第一章。

20 羅祖基：〈老莊、黃老比較論綱〉，《青海師範大學學報，社哲版》，1990，頁 25-30。

學習之行之知行並進
—陳榮捷先生論李塨《小學稽業》之補苴

高雄旅館餐飲管理專校共同科

李 貴 榮

一

日前，讀陳榮捷先生鉅著—《朱子新探索》，評論清儒李塨之《小學稽業》，曰：「李塨所言，其反對朱子《小學》，[1]不外兩點。一爲《小學》有上達，一爲《小學》明理，其所謂天道性命，不知何所指。《小學》開始即引《中庸》首句『天命之謂性，率性之謂道，修道之謂教。』《小學》第一章爲〈立教〉，故引此言。非言性命，乃言立教也。《三字經》即爲訓蒙之書；其中『君則敬，乃言立教也。《三字經》既爲訓蒙之書；其中『君則敬，臣則忠』，『上致君，下澤民』等語與朝覲、居官無異。」[2]

陳先生又曰：「若依李塨此論遽謂《小學》非訓童之書，則《三字經》亦非

[1] 朱子《小學》分內外二篇。內篇四，立教、明倫、敬身、稽古；外篇二，嘉言、善行。內篇爲先秦聖賢言行，外篇爲漢以後賢哲言行。

[2] 陳榮捷：《朱子新探索》（台北：學生書局，1988 年 4 月，頁 416-417）。

訓童之書矣。至於明理，則李氏只重小藝小節，朱子則《小學》目的在『以培其根，以達其枝』，故題《小學》云，『古者小學教人以灑掃應對進退之節，愛親敬長隆師親友之道，皆所以爲修身齊家治國平天下之本，而必使其講而習之於幼稚之時。』」[3]

陳先生之結論爲：「李塨反對理學，全重實用，與朱子事理兼顧，不相爲謀也。」[4]

僕嘗閱讀李塨《小學稽業》，願就此點補充說明之。

二

滿族取代明朝入主中國，誠如史家所謂天崩地解之變局。明末遺臣，多從明亡之教訓中尋求答案，各種思想學說，亦多探討明代覆亡之原因，而有程朱理學亡國論等說。

此時，華北有顏元獨領風騷，以習行經濟六藝之學相倡，儼然若思想界之一支異軍。[5]高舉四存學說救濟生民，力主崇實黜虛，以矯正理學末流所造成之各種弊端，其實事求是精神，於歷史轉變之中具有震聾發聵之作用。[6]顏元思想之流佈，在並世有賴高弟李塨廣爲傳播，因服膺其說者曰眾，方苞特以「顏李學」相稱。[7]

李塨字剛主，號恕谷，河北省蠡縣人，康熙44年（西元1705年）時47歲，因子姪及齔，將入小學，本擬取朱子《小學》爲教本以授子姪，見其內容將天道、性命、親迎、朝覲、居相、告老等無關於幼童之事亦一併列入，乃評曰：「天命、

---

[3] 同前註。

[4] 同前註。

[5] 陳祖武：〈顏習齋先生年譜評議〉，《文獻》1986年4月，頁151。

[6] 方克立：《中國哲學史上的知行觀》（北京：人民出版社，1986年9月，頁275）。

[7] 馮辰、劉調贊合撰：《李塨年譜》（北京：中華書局，1988年9月，頁162）。

上達也。親迎、朝覲，年及壯強者也。以至居相、告老、諸撫，皆非童幼事。且何分於《大學》焉？」[8]而於完成《大學辨業》之名著後編寫本書，以期適合教育童蒙之用。

李塨又曰：「或曰：小學使之先知其理耳，奚必事之爲？予悚起立曰：子漫語乎！抑將以誤學術也。《論語》曰：小子當灑掃應對進退，《大戴禮》曰：八歲入小學，學小藝，履小節」，未嘗言僅明理也。」[9]

李塨編寫《小學稽業》之法，係採取昔人流傳幼儀小節加以充實，組合成四字一句，雙偶押韻，以便幼童記誦，供童蒙在學習之中，同時動手做，即「學習之行之」，使「知行並進」。[10]

清初教育論著至夥，具體討論小學教育者，唯陸世儀、李塨二人，陸氏著有〈小學類〉一文，嘗評朱子《小學》曰：「文公所集，多窮理之事，則近於《大學》，又所集之語，多出《四書》、《五經》，讀者以爲重複，且類引多古禮，不諧今俗，開卷多難字，不便童子。」[11]是故陸氏欲仿明道之意，採擇《禮經》中之《曲禮幼儀》，參以近代禮儀，斟酌古今，擇其可通行者編成一書，或三字或五字一句，節爲韻語，務令幼童易懂，取名曰《節韻幼儀》。[12]陸氏另於〈格致類〉一文開列當閱讀之書目，亦再度評論文公之《小學》頗繁，擬另編《節韻幼儀》云云。[13]

雖然陸氏之構想並未付諸實現，惟其精神則見於李塨《小學稽業》。顏元於宋代理學諸儒中，推重陸世儀，李塨亦取陸氏《思辨錄》載入日記中。[14]俟《小學稽業》完成，分呈毛奇齡、顏元教正，顏元嘉其用心，譽爲「稽古成法」，並

---

8 李塨撰：《小學稽業》（台北：商務印書館，1966 年，百部叢書集成影印王灝輯刊畿輔叢書本），頁 1。

9 同前註。

10 同前註。

11 李國鈞：《清代前期教育論著選》上冊，（北京：人民教育出版社，1990 年 2 月，頁 129）。

12 同前註。

13 同前註，頁 147。

14 同註 8。

命名焉。

《小學稽業》計五卷，大旨以禮樂書數爲綱。茲將其內容概要條述如下。

三

卷一小學四字韻語。取小學物事，編爲四字韻語，自六歲迄於十四歲之教材，分齡編次，蓋使幼童便於記誦，有如全學程之概論。

卷二食食、能言，六年教數、方名、七年別男女、八年入小學教讓，九年教數日，十年學幼儀。內容取自《禮記》，包括〈玉藻、曲禮、王制、少儀、士相見禮〉等篇，《大戴禮·保傅》、《論語、季氏》、杜甫〈大雲寺贊公房〉詩、《孟子、告子》、賈誼《新書·容經》、《管子·弟子職》及顏元之學教等，其所徵引註解，則有鄭玄、孔穎達、房玄齡、毛奇齡、盧植及李氏自己之按語，分屬應對進對之節文。

卷三學書。取自《經世實用編》之篆法歌、〈正字千文〉、〈書法百例歌〉、〈把筆法〉、〈永字八法〉、〈顏魯公八法〉、〈柳子厚八法〉等，屬學書法之理論。

卷四學計。內容有九九教、算盤九九上下法、乘法歌、因法、乘法、九歸歌、歸除、歸法、歸除法、歸因總歌、加減歌、定位歌、九章算法、丈量地畝總歌、飛歸見畝歌、建標方田法、量田又法等數學計算法。

卷五學樂、誦詩、舞勺。學樂包括六律正五音圖、南曲七調譜、八音、笙色、琴色、正宮黃鐘調曲、樂奏等。誦詩有宮調、唐樂等。舞勺包括文舞容、武舞容、勺詩前解武舞、勺詩後解文舞等。

細按李塨之所以編輯《小學稽業》，主要動機是因朱子輯本之內容超出「童幼事」之範圍，爲求與《大學》有所區分，提供學生學習中「知行並進」之道。是故，其取捨原則，概以適合幼童學習爲準，茲舉其取捨標準如下：

1·卷二引《禮記·內則》，原文「父母舅姑將坐奉席請何鄉」，刪去「舅姑」二字。

2・卷二引《孟子・告子下》，原文「長者賜，少者賤者不敢辭」，其下「賜果於君前，其有核者懷其核」刪去。

3・卷二引《禮記・王制》，原文「輕任並，重任分，班白不提挈。」其下「君子耆老不徒行，庶人耆老不徒食，大夫祭器不假。祭器未成不造燕器。」等語刪之。

4・卷三末云：「體勢、訓詁、聲韻皆所當講，但幼學難以猝盡，今先略辨體勢，而餘俟以漸及焉。」

5・卷三〈正字千文〉：「多據宋後諸字書訛說，反以不訛者爲訛，愚歷辨之，但童稚難以盡考，先登數條。」

6・卷四「數學……極天下之變者也。恐幼學未能盡諳，故九章惟登方田大略，以下粟布、衰分、少廣、商功、均輸、盈朒、方程、句股，各有成法，學者以次考而習之可也。」

7・卷五，八音云：「樂器不能盡責幼時，故先錄一二色。」

8・卷五，「舞勺」云：「古法不能多考，聊具二舞之儀，以爲童子樂舞階梯耳。」

四

李塨嘗於《小學稽業》序文闡述「學習之行之」與「知行並進」關係。[15]今由上述八例，可證《小學稽業》即在注重教材之重實用性，使學習與應用充分銜接，以達到知行並進爲目標。是故李塨之取材，重在符合幼童之程度，並與生活環境互相結合爲主要考量。而陳先生謂之「小藝小節」，亦即幼童之學習與生活之配合，且充分顧及實際性之明證也。於此，梁任公解釋爲：「學問絕不能向書

[15] 同前註。

本上或講堂上求之，惟當於社會日常行事中求之。」[16]

朱子《小學》乃理學入門基礎教材之一，其特色固在闡揚修身之法。是故，其理想之小學教育，以倫理爲主，而輔之以物理，或不免有其疏漏之處。[17]今人袁徵以爲，朱子之書，概著眼於爲幼童學習理學奠基，惟書中所言皆嚴肅之道理，難以引起幼童之興趣。且該書逕摘自經典、史籍、文集與筆記，語言深奧難懂，較不宜供童蒙學習也。因此，實際用於小學教育者極罕。[18]觀此，陳先生於《朱子新探索》論李塨《小學稽業》爲重實用，固屬事實也。

中華民國課程與教學學會主持現行國小審定本之教科書評鑑報告，甫於月前出爐，結論是：內容偏重認知，忽略技能，缺乏創意，未融入社會取向，反與學生生活相距遙遠等。[19]就此而論，不亦朱子《小學》之翻版乎？

---

[16] 梁啓超：《中國歷中研究法五種》（台北：里仁書局，1982 年 1 月，頁 571）。

[17] 袁徵：《宋代教育－中國古代教育的歷史轉折》（廣州：廣東高等教育出版社，1991 年 12 月，頁 91-92）。

[18] 同前註。

[19] 曾意芳：〈國小教科書評鑑缺失多〉，《中央日報》，1998 年 6 月 8 日，10 版。

韓非的說服心理與技巧

臺中商專企管科

林 金 龍

一、前言

說服是通過交換意見、參觀訪問、收聽廣播演講、觀看影視、閱讀書報等方式，改變人們的偏見、成見及轉變觀念建立信念的方法。爲了取得良好的說服成效，必須實事求是地提供訊息，消除懷疑與不信任感，使被說服者在心理上感到有一定程度的壓力，從而願意接受說服者的意見，並轉變態度，以消除心理上的負擔，或透過說服者的勸說誘導，以再教育的方式，幫助被說服者藉此了解自己或認清問題，最後改變觀念，重建新的行爲模式。說服的歷程，即是先由態度的改變，經意見的改變及理解的改變或感情的改變，最後達成了行爲的改變。當說服者之個人（或群體）運用策略，通過訊息符號之傳遞，以非暴力的方式影響被說服者的觀念、行動，而達到了目的時，說服者之威信、技巧，與被說服者態度的轉變大小、快慢，是有很大的直接關係。是故，一位高明的說服者，其實可視之爲了解人類心理的專家。

說服，需要語言的智慧，在人際往來場所，不論是大雅之堂，或是鄉間小道間，只要有彼此接觸，是與人須臾不可分離的。

戰國時代，中土征戰不止，各諸侯國放恣專橫，強凌弱，眾暴寡，蠶食鯨吞，封建制度的威信與維繫漸次崩潰，列國君王爲求富強以逐鹿中原，破格延攬人才，布衣可爲將相，游士客卿，應時代之需要而大興，貴族勢力與游仕勢力交相更迭，一方面強化了君權之擴張，二方面則凸顯游仕之得勢。當時「縱橫馳說之世，飛箝捭闔之流，徙蛇引虎之營謀，桃梗土偶之問答，愈出愈奇，不可思議」（《文史通義・易教下》），九流十家之各派學者，爲了「揚搉古今利病，而立法度之準焉」（《文史通義・說林篇》），大都「各著書言治亂之事，以干世主」（《史記・孟子荀卿列傳》）、如《孟子》述滄浪之歌，倡王道仁政；《莊子》、《列子》寓言，假設問對；韓非〈儲說〉排比諧隱；《呂覽》類輯，徵材聚事（見《校讎通義・漢志詩賦第十五》），又如《鬼谷子》書，揣情摩意，每環奧義等等。於君王之前，屢見委質爲臣，說其時主，並恣肆其說，放言高論，用以輔國持權。

先秦典籍所載，不乏能說善道之才，如曹劌的論戰，穎考叔勸鄭莊公行孝，向叔的賀貧、吳子季札的觀樂、端木賜說齊而存魯、燭之武說秦而全鄭、屈完面折齊師、王孫止楚問鼎、觸讋之說趙太后、鄒忌諷齊王納諫，晏子使楚、優孟哭馬、墨子止楚攻宋、馮諼客孟嘗君、宮之奇諫假道、毛遂自薦、藺相如斥秦衛趙、魯仲連義不帝秦，及讀帝王之術的商鞅，身掛六國相印的蘇秦，問妻舌頭還在否的張儀等等，精彩紛呈、膾炙人口的說服故事，向吾人展現出一幕幕生動、繽紛的畫面。

二、說服心理

這些說服高手、言語大師們，不但口似懸河，舌如利劍，尚能「知深有術，權變鋒出」（《論衡・答佞篇》），他們可以「一人之辯重於九鼎之寶，三寸之舌強於百萬之師」（《文心雕龍・論說篇》），或要言妙道，議論風出，捍衛國家主權；或排難解紛，兵不血刃，救千萬生靈免於塗炭；或雄辭閎辯，縱橫捭闔，不戰而可屈人之兵；或隱約其詞，曲言婉至，使國君改弦易轍；或辯才無礙，機智過人，而免於受污辱；或犯顏直諫，面折廷爭，表現出一個勇者不懼的形象。雖有「搖唇鼓舌，擅生是非，以迷天下之主」之實（《莊子・盜跖篇》），但亦見「披肝膽以獻主」、「飛文敏以濟辭」（《文心雕龍・論說篇》），及「一言興邦」、「一言喪邦」之例，其精湛的說服技巧，高超的舌戰藝術，皆不失爲我國口才寶庫的瑰寶。我國雖然沒有出現一部像亞里斯多德的《修辭學》的專門性說服學著作，但許多叱咤風雲的說客謀士們，就說服的效果、技巧、策略等，卻留下了許多有見地的文獻紀錄，值得我們加以重視。必須指出：先秦時代，說服者與被說服者往往處於下對上的不平等關係，且大多是面對面的直接接觸，在說服過程中，更需掌握技巧、講究細節、注意互動關係，及顧慮己身安危。

韓非對人性心理觀察敏銳，對世態人心了解透澈，基於韓國國勢日弱，重臣當道，曾經多次上書提出建議，要求打破現狀，但一直無法如願，〈說難篇〉即應是依據各國謀臣策士的游說教訓、啓示，與自己的切膚體驗，集結而成的一份關於如何說服君主的經驗見證，具體詳實且自成體系，頗有可觀之處。韓非說：

> 凡說之難，非吾知之有以說之之難也，又非吾辯之能明吾意之難也。又非吾敢橫佚而能盡之難也。凡說之難，在知所說之心，可以吾說當之。

韓非所謂的「說之難」的說，不是爲知識傳播而研討，也不是爲情感交流而對談，亦不是宣揚人生真義而佈道，韓非認爲「說」本身就是一種「權術」，是爲謀略而設說，或以說服爲謀略。在游說之過程中，實現謀略的需求，利用一切可以掌控且可說的因素進行揣摩、猜測、逢迎、引誘等，是以「說難」，指的是謀說之困難。細玩全篇，韓非反覆致意，所謂的說之難、說者之身危、說之務（技巧），均是指謀士上言進說而設想。

韓非一開始就指出：說服者擁有淵博廣闊的學識、雄辯無礙的口才及放肆直言的勇氣，還不足以取得說服的成效，其中關鍵，一是「當」字，當可視爲合、適，二是「心」字，心指被說服者之心理、感情、意欲等，亦即：說服絕非一廂情願，要摸清對方的心思，並運用與對方情境能相互合適的說服策略，其最高的技巧，就在於能準確地了解說服對象的心理活動，並在說服過程中，兩造雙方相互順應彼此的思路、意欲，這些看法，可說是韓非對說服術之基本指導原則也。

韓非又說：

> 所說出於為名高者也，而說之以厚利，則見下節而偶卑賤，必棄遠矣。所說出於厚利者也，而說之以名高，則見無心而遠事情，必不收矣。所說陰為厚利而顯為名高者也，而說之以名高，則陽收其身，而實疏之；說之以厚利，則陰用其言，顯棄其身矣。此不可不察也。

韓非指出：被說服的對方追求的是什麼，就滿足對方需要，不要違逆對方的需求，要投其所好，迎合胃口，透視對方真正意圖，避免自以爲是，這是需注意的地方。可見說服之方，不過得其內心隱情，雖有得情、探心之難，但揣情之術，實即說服之本也。是故，要站在對方立場而設想，透過將心比心的角度，把話由我的嘴巴說出來。韓非爲此，還列舉了十五種類似的情境，警告說服者，如果不順應對方的真正意欲，不僅不能取得說服的成效，還可能爲自己帶來禍患，如：（1）點到爲止，不能深入對方內心深處，而觸及其私人祕密。（2）對方若有所避諱，託以他故，不可知人之所不言。（3）爲人謀畫而合其心，不可爲智者所揣度得之而洩露。（4）關係交淺，不可過於深耕。（5）不可以道德禮義揭人之過。（6）不可與知欲自以爲功之計。（7）不可強其所不能爲，及止其所不能已者。（8）不可與之論大人。（9）不可與之論細人。（10）不可論其所愛。（11）不可論其所憎。（12）不可過於直截了當。（13）不可過於瑣碎細雜。（14）不可只粗陳己意。（15）不可廣爲陳說等等。

三、說服技巧

韓非接著說明了說服的各種技巧有：（1）要懂得文飾及諱慝。（2）私急則告之合乎公義。（3）不能止之卑下之事，爲之文飾，而惜其不爲。（4）不能及之高尚之事，說其缺失，而譽其不爲。（5）多舉同類異事，以增其智，而故作不知。（6）以美名合於私利，使之相存。陳危害之事，而顯其毀誹，且合於私患。（7）譽與之同行同計者，而飾其同污、同敗者。（8）若自誇能力、決斷、計謀高超，則不宜折服、激怒或敗窮之。（9）只要「大意無所拂忤，辭言無所擊摩」，即可極騁智辯。是以，無論是以情進言或以情釣言，在能讓對方高興、動情、願意聽聞、願意談說時，進言說服才能順辭，對方的真情才能流露，真正的意圖才能掌握。韓非接著再舉伊尹、百里奚、繞朝、鄭武公伐胡、宋富人墻壞、彌子瑕寵於衛君等例子，說明了「明割利害以致其功，直指是非以飾其身」、「非知之難也，處知則難也」、「不可不察愛憎之主而後說焉」的重要，而以不可觸人主之逆鱗作結。全文條理井然、周詳細膩，先設論再舉例證說，是韓非經驗總結，也可說是一篇比較有系統討論說服之術的文章。本篇在《韓非子》書中是少見的，因爲全篇幾乎是從臣下立場來考量的，其他的篇章則大部分以人主的立場來持論，亦即從「君主的絕對尊嚴」、「君權的獨斷」等角度論法治與術數。再者，全文雖一再提示說服君主之方法，但結論仍然是悲觀的，尤其是「難」字，全文九見，幾乎籠罩一切，儘管寫的是說服的可行方式，但未敢置信，並無把握的心理陰翳是相當濃厚的。[1]

韓非〈說難篇〉所言說服術的整個架構，涉及許多值得探討的問題：

1．就說服的對象而言，韓非特別專情於人主身上，所有命題，皆是針對人主而發，因爲君主的接受與否，對於說服者能否成功，是決定性的，尤其人主就是團體領袖，本身即具有決策力及影響決策力者。

2．就說服的方式而言，韓非主張採用面對面直接接觸，及雙向交談方式，這種方法，互動性強，回饋明顯，雙方皆可隨時修正、調整策略，並可觀察對方反應，因爲參預的強度大，勸說力強，說服效果佳，被說服的人主，容易接受其傳播的內容，況且有突發狀況，有隨機應變的彈性，[2]而且不需假手他人，造成二手傳播，避免以訛傳訛，或被有心者加油添醋而變質。

3．就說服的過程中，需注意掌握適度、迴避、保留、迎合、含蓄、美化、掩飾、僞裝、暗示、知進退等原則及懂得迂迴、不奪人權限、知作不知、投其所

---

[1] 參閱草森紳一作，林書揚譯〈智慧破綻的悲劇〉，本文輯入《人物中國系列 4：孫子，韓非》，頁 69。台北，故鄉出版社有限公司，1985 年 10 月初版。

[2] 參閱王豔秋《從戰國策分析我國早期說服性傳播之模式》，頁 59、71，中國文化大學哲學研究所新聞組碩士論文，1980 年 5 月。

好、順水推舟等微妙，尤其是「在知所說之心，可以吾說當之」，說服者本人不可有成見或偏見。如果用先入爲主、固執己見等固定化的評斷，往往失之偏頗，且以有限的訊息或刻板的印象爲根據，不但會有過度類化的傾向，缺乏充分事實之依據，而且在說服過程中，容易陷以自我爲中心的思考定勢，只關懷自己的利益得失，而不考量別人的需求，完全從自己的角度，去認識問題、解決問題，不能意識到別人的態度與看法。況且，在雙方的地位、立場、利益、目標均有所差異，雙方成員的人格特徵，如需要、動機、興趣、愛好、理想、信念、價值觀、知識、能力亦有所不同，這種分歧，難免會有衝突。同時，韓非的時代，進言說服人主，多少是以性命作爲賭注，否則韓非不會連續寫出了七次「如此者身危」的警告，如此認真的態度，才能夠對說服之術，有如此犀利的分析。需知，這應不是全然單純的「逢迎奉承」，而是清晰明確地了解對方的心理與欲望，才能巧妙靈活地設身以進。因此，韓非所謂「以吾說當之」時，所知之「心」，即心理學上的「同理心」（Empathy），或稱爲移情、入情，即說服溝通過程中，彼此感情、感覺的相互作用。說服者能夠同時體會到當時處於某種情境下的被說服者的種種狀態，即可分享對方情感、感受。因此，當一個人感知或覺察到對方某種情緒時，他自己也能喚起相應的情緒。同理心不僅能使個人把自己設身處地、將心比心地想像成別人，從而得以識別並體驗到別人情緒，而且對於說服溝通、人際往來均有重要意義。當一個說服者能夠站在對方的角度去考慮問題，思考需求，並把自己的內心情感投入對方，與對方一起同步感應，對說服者、被說服者而言，皆是最理想的。

4．韓非謂從事說服時，要「知所說之心，可以吾說當之」，在文章後半，又提出一個新的難題，即「非知之難也，處知則難也」，並舉「鄭武公以女妻胡公、殺關其思」、「宋富人智其子，疑鄰人之父」及「繞朝爲聖於晉，爲戮於秦」及「彌子瑕駕車食桃」爲例說明。在一方條件一樣（「所言皆妥當、行爲未變於初」），但一方的認知卻有差異、失調的情境下，卻產生了完全不同的結果。這些情況，除了與時機的拿捏、情感的多變有關外，韓非此處的觀念，也與美國社會心理學家費斯丁格（L. Festinger）於民國四十六年提出的「認知失調理論」，頗爲類近。認知失調指一個人的態度與行爲的認知成分相互矛盾，從一個認知推斷出另一個對立的論知時，產生了不一致、及不愉快的情緒。其中，涉及二個重點，一是認知成分，即人們的思維、態度及信念等。二是推斷，即所謂的邏輯推理是否正確。當一個人在感知及理解客觀現實的基礎上，會在腦中形成一種心理結構，它由個人過去的知識、經驗、價值觀等組成，在認識過程中，新的感知同已形成的認知結構，發生相互作用，從而影響對當前事務的認識。[3]然而，有人卻會產生了不協調的認知。在韓非所舉之例中，「厚者爲戮，薄者見疑」、「前之見賢，而後獲罪」，皆因「愛憎之變也」，愛憎之變，指人的認知、推斷產生了截然不同的情境，而有了愛與憎的相互矛盾，此即認知失調也。韓非於此提出要完成完全說服工作，也必須考量對方的認知差異，如果對方已有認知失調的現象出現，「諫說談論之士，不可不察愛憎之主而後說焉」，這是先秦諸子論說服人主尙須注意其認知心理之變化並舉事例證明的第一人，就此而言，即具有重要的心理學意義。

再者，談論之士，涉及語言的表達、傳遞等訊息的交換。而認知的過程亦是訊息接受、貯存、提取、使用的過程。人們用語言進行說服工作，就是一個編碼（Coding）的開始，透過視覺、聽覺及語義的編碼，再經發碼，如聲音、體態的表現，以空氣、形象變化信號加以傳遞，另一方用聽覺、視覺器官接收訊息代碼，最後進行分析整合，將編碼還原爲思想內容，即是解碼的完成。是故，如果在編碼的歷程中，出現了認知的差距，無法在雙方之間建立共同語義，無法在雙方的認知範圍中，形成重疊的部位，則傳遞、交換就產生誤區，說服過程就會中斷、生變，甚至引起誤解、反感及全面潰敗。

說服需要口頭傳播，在使用的一切語言內容中，能夠在編碼與解碼中，雙方形成了認知上的共鳴，並且可以使訊息從共同的經驗、共同的理解中，立即推理至現實難題、現實面貌來，從而取得一致性的看法，在韓非那個年代，最好的媒介就是寓言。

寓言精短深刻，言近旨遠，善狀難言之隱，而諷喻顯然，可以敘事言情，亦

---

[3] 參閱朱智賢主編《心理學大詞典》，頁 537-538，北京，北京師大出版社，1989 年 10 月 1 版。

可描態說理，非僅爲一多元包容性、多層滲透性之文學類型，且能涵攝於荒誕誇張的敘述中，以形象感人；並能以寄寓之理服人。於感性世界中，寓言可以將情感之自由、任意揮灑宣洩；於理性精神中，寓言卻也可視爲對政治、社會現象之深邃洞察與哲學思考之直接表露。於創作內容、題材時，可啓用現實生活中可能將發生之事件，及已經發生過的事件、傳說、史影，以爲比喻的說明，亦可將動、植物等人格化、擬人化，借以談論人與人之間的關係，如此爲之，可以使寓言中的形象，與現實生活保持適度又逼真的距離，但又可使之聯想起現實生活中之相似事件。同時，以寓言進言，亦可避免因言辭犯嬰逆鱗的禁忌，且於詮釋寓意時，有寬廣的自主意識及彈性空間。在經世致用、爲情造文的背景下，寓言，作爲訊息傳播、說服論辯的加工回饋，本身即可使雙方對個人偏愛及客觀事實本身做出分析、評價和判斷，亦可運用自己的價值標準對個人偏愛及客觀事實，也做出評價、判斷，而可以在「是什麼」、「怎麼樣」的判斷中，找到共同的焦點。可以說，寓言就是最好的編碼、最好的認知對象，也是最適於說服溝通、傳播的媒介。非常適合於人主與進言談說彼此心理層面的需求。

四、結語

我國傳統文化中，韓非〈說難篇〉所說進說困難的種種敘述，所透露出來歷代謀說之士的謀略意識，是相當濃厚且發達的，所謂人君的慎言聽言之道、策士謀臣的對論駁議，政爭改革中的深藏機鋒，或遷客騷人之政治失意、感極而悲的作品，及民間往來詭詐機巧，可視爲謀說之術之不同型式，差別只在於以說爲社會活動核心與本已爲謀爲職業的縱橫家，[4]與其他先秦諸子有形式上的不同，但就揣情鈞機、量權爲謀的性質上，《商君書・算地篇》謂「談話之士，資在於口」，談話中，曲意逢迎，不過人心、人性之一面罷了！而把「說」本身，改頭換面成十足的權謀，雖然談笑之間，可以化敵爲友，寸舌之下，陰霾盡消，但「說」的

---

[4] 參閱吳興明《謀智、聖智、知智—謀略與中國觀念文化形態》，頁 195，上海，三聯書店，1993 年 6 月 1 版。

無限擴張與四處瀰漫，卻會使人擔心說得愈多，人心隔得愈遠，說得愈投入，心理面具就愈厚重，說得越是痛快淋漓，就愈擔心陷入算計的深淵中，[5]若能「委折而入情，微婉而善諷」（《文史通義・詩教上》），反而變成可遇不可求了。

先秦諸子無不注意說辭，多少皆具有縱橫游說之士的一些特點，韓非也不例外。但是，韓非在書中，卻屢屢有反對縱橫家的言論，如：

> 語曲牟知，偽詐之民也；而世尊之曰：「辯智之士」（〈六反篇〉）

> 群臣為學，門子好辯，……可亡也。（〈亡徵篇〉）

> 辭辯而不法，心智而無術，主多能而不以法度從事者，可亡也。（同上）

> 世人多不言國法，而言從（縱）橫。……虛言非所以成治也。（〈忠孝篇〉）

> 從者，合眾弱以攻一強也；而衡者，事一強以攻眾弱也，皆非所以持國也。（〈五蠹篇〉）

韓非把縱橫家稱爲言談好辯之士，在〈五蠹篇〉中，甚至將言談者列爲蠹蟲，爲何卻又寫下一系列辯論談說的文章呢？最主要的原因是：韓非不喜歡以個人利益爲優先考量的縱橫家，他們在政治活動中不講原則，唯利是圖，爲爭取個人高官厚祿，可以朝秦暮楚；爲了在縱橫捭闔的外交場合取得聲名，他們只講策略，不務根本，完全以外交手腕爲主，而以國事爲副，沒有明確的、落實的、長遠的政治理想。韓非本人口吃，不能道說，其言談遊說之作，不是爲玩弄口舌之用，且身爲韓國宗室一份子，亦不需要金玉錦繡、榮華富貴，在「人主壅蔽，大臣專政」（〈孤憤篇〉）的情形下，與韓國國脈有休戚與共，唇亡齒寒關係的韓非，著書立說注重說辭，是有其明確的政治目標，並且是有原則性的：即爲宣傳法治政治之理念而服務，與以筆代嘴而進說人主，闡明政治主張而設計的。

---

[5] 前揭書，頁 205。

說服術是一種有用的技術，但卻是兩面刀，賢智者可以用之息兵弭患，甚至國治邦安，但若落入佞人姦臣，則傾危變詐、覆邦危國，不乏其例。然而，游說時以理以情以法令人折服，本無爭議，游說造成負面效應，不宜全歸罪於說服之方，說服者之道德目的、及說服行爲的倫理性，應是說服者最宜考量的前提，[6]就此原則而言，韓非揣摩人主的說服術，顯然是會引人爭議的。尤以導君不以正路，教人不以直行，讀完〈說難篇〉，會令人驚心動魄，甚至汗流浹背的，一個人的心理活動，怎麼可能會如此的兩面三刀？如此的居心叵測？特別是：專伺弱點，加以迎合，不惜誘導犯錯，以獻媚取寵，如此深沉地「掎挈伺詐，權謀傾覆，以相顛倒」（《荀子·富國篇》），縱然韓非爲國爲君之心，昭然若揭，但違情悖理，韓非仍然難逃歷史之審判。

---

6 參閱龔文庠《說服學—攻心的學問》，頁 92，東方出版社，1994 年 10 月 1 版。

儒家「忠恕之道」對於現代社會的啓示

中興大學中文系

胡 楚 生

一、引言

在傳統的思想中，要以儒家學說，對於現代社會的引影響，最爲巨大，而在儒家學說之中，最重要的觀念，則是「仁」，「仁」是儒家道德的中心，也是統攝眾多德目的總名稱。儒家道德的目標，就是在於探討如何去實踐「仁道」的理想，而要實踐「仁道」的理想，則需要充分發揮「忠」與「恕」的精神。

儒家「仁道」的思想，「忠恕」的精神，不但在以往的舊社會中，曾經產生過巨大的影響，就是對於當前的現代社會，也仍然有著一定程度的影響的力量，以及參考的價值。

二、儒家「仁道」思想與「忠恕之道」的關係

「仁」是儒家道德中最爲重要的觀念，《論語・里仁》記孔子之言說：

> 君子無終食之間違仁，造次必於是，顛沛必於是。

又說：

> 唯仁者，能好人，能惡人。

又說：[1]

> 苟志於仁，無惡矣。

孔子以爲，「仁」是儒者行爲中最爲重要的德目，任何時候，人的行爲，都不能離開「仁」的原則，只有心懷「仁德」的人，才能在面對是非好惡的行事之時，作出正確的抉擇，因此，在《論語》的記載中，孔子將「仁」的觀念推崇得很高，他自己不敢以「仁」自許，他也從來不輕易地以「仁」去讚賞別人，《論語・述而》記：

> 子曰：「若聖與仁，則吾豈敢，抑為之不厭，誨人不倦，則可謂云爾已矣。」

在上述的記載中，很明顯地，是孔子不敢自許已經實踐到「仁」的標準，《論語・公冶長》記：

> 孟武伯問：「子路仁乎？」子曰：「不知也。」又問，子曰：「由也，千乘之國，可使治其賦也，不知其仁也。」「求也何如？」子曰：「求也，十室之邑，百乘之家，可使為之宰也，不知其仁也。」「赤也何如？」子曰：「赤也，束帶立於朝，可使與賓客言也，不知其仁也。」

孔子對於弟子子路、冉求、公西華，雖然稱許他們各自有其治國的才能，卻並不認爲他們已經達到了「仁」的標準，《論語・雍也》記：

> 子曰：「回也，其心三月不違仁，其餘則日月至焉而已矣。」

只有對於顏回，孔子才稱許他能夠較爲長久地不違仁德，其餘的弟子，就不能像顏回一樣地長懷仁心了。另外，對我歷史人物，孔子也只有對於管仲，才從歷史

---

[1] 此引《論語》，據中華書局四庫備要本《四書集注》，下引《論語》並同。

文化的角度，去稱許他的「仁」德。[2]

《說文解字》曰：「仁，親也，从人二。」《論語·顏淵》記「樊遲問仁？子曰：愛人。」因此，「仁」是一種慈愛的天性，是一種人們天賦的本能，不過，「仁」卻需要經由人們親身的實踐，需要經由人與人之間往還的關係，才能顯現出來，也才能成爲真正的道德。至於要如何去實踐「仁」道呢？在《論語》中，孔子曾經提出不少的方式，但是，最重要的，卻是透過「忠」與「恕」兩個途徑，去實踐「仁」德。《論語·里仁》記：

> **子曰：「參乎！吾道一以貫之。」曾子曰：「唯。」子出，門人問曰：「何謂也？」曾子曰：「夫子之道，忠恕而已矣。」**

孔子敘述自己的思想，是「一以貫之」的，是有重心貫串其中的，孔子的思想，以「仁」爲中心，而貫串其「仁」道的要目，曾子以爲，則是「忠」和「恕」兩個精神。朱子在《四書集注》中說：「盡己之謂忠，推己之謂恕。」又說：「中心爲忠，如心爲恕。」[3]因此，「忠」與「恕」兩者，在實踐「仁」道的思想中，是最爲重要的。以下，先說到「忠」，《論語·子路》記：

> **樊遲問仁？子曰：「居處恭，執事敬，與人忠，雖之夷狄，不可棄也。」**

《論語·衛靈公》記：

> **子張問行，子曰：「言忠信，行篤敬雖蠻貊之邦行矣。言不忠信，行不篤敬，雖州里行乎哉？立則見其參於前也，在輿則見其倚於衡也，夫然後行。」子張書諸紳。**

---

[2] 《論語·憲問》記：「子路曰：『桓公殺子糾，召忽死之，管仲不死，曰，未仁乎？』子曰：『桓公九合諸侯，不以兵車，管仲之力也，如其仁，如其仁。』」又記：「子貢曰：『管仲非仁者與？桓公殺公子糾，不能死，又相之。』子曰：『管仲相桓公，霸諸侯，一匡天下，民到于今受其賜，微管仲，吾其被髮左衽矣，豈若匹夫匹婦之爲諒也，自經於溝瀆而莫之知也。』」

[3] 見《論語·里仁》朱注。

《論語·顏淵》記：

> 子張問政，子曰：「居之無倦，行之以忠。」

在以上《論語》的幾章之中，孔子都提到了「忠」的重要性，「忠」，是一種誠懇篤實，負責任、盡心力的態度，是一種有始有終，表裏如一的精神。孔子認爲人們實踐「仁」道，首先要具備這種「忠」的精神，以至於一切行爲舉動，政治措施，也必需具備這種「忠」的態度，才能盡心盡力地去實踐「仁」的道德。

至於「恕」的方面，《論語·衛靈公》記：

> 子貢問曰：「有一言而可以終身行之者乎？」子曰：「其恕乎！己所不欲，勿施於人。」

《論語·顏淵》記：

> 仲弓問仁，子曰：「出門如見大賓，使民如承大祭，己所不欲，勿施於人，在邦無怨，在家無怨。」仲弓曰：「雍雖不敏，請事斯語矣。」

在前引《論語》中之，孔子兩次提到「己所不欲，勿施於人」，認爲那就是「恕」的精神，也認爲那就是行「仁」之方，其實，「己所不欲，勿施於人」，只是「恕」道還有一種更爲積極的態度，《論語·雍也》記：

> 子貢曰：「如有博施於民，而能濟眾，何如？可謂仁乎？」子曰：「何事於仁，必聖乎！堯舜其猶病諸，夫仁者，己欲立而立人，己欲達而達人，能近取譬，可謂仁之方也已。」

孔子指出，「己欲立而立人，己欲達而達人」，則是一能近取譬，推己及人的「恕」道方式，也更是一種較爲積極的求仁踐仁的方法。因此，「恕」是一種與人相處，能夠主動地體貼對方，將心比心的態度，也是一種胸懷寬恕、設身處地，爲人設想的積極精神。孔子認爲，人們要實踐「仁」道，必需具備這種「恕」道的精神，才能在與人相處時，切切實實地去實踐「仁」道的理想。

要之，「忠」的精神與「恕」的態度，是實踐「仁」道最爲重要的兩種動力，有了這兩種動力，孔子的「仁」道思想，才易於見諸實踐，而爲人們所接受。

三、「忠恕之道」在當前遭遇的困境

現在的社會，由於科技進步，工商業發達，人們生活普遍富裕，連帶地社會上產生了不少問題，社會風氣也隨之逐漸敗壞，人們生活也越來越顯得頹靡，一般情形，由於人性陷溺於物欲之中，因而表現出來的弊病，至少有以下三種：

（一）貪圖享受

由於社會富裕，一般人們，往往希望能夠不勞而獲，享受物質，不願意多所付出，便希冀獲得高額的報酬，從而也衍生了希求速利，一步登天的僥倖心理，尤甚是血氣方剛的青年人，初初步入社會，很容易會被社會上五光十色的繁華景象所迷惑，只顧追求眼前的享受，而絲毫不顧及未來的發展，也更不容易掌握道德的方向，甚至走上作奸犯科的途徑，自毀大好的前程。

（二）自我本位

近世以來，個人主義興起，傳統社會的群體關係逐漸解紐，青年人的自我意識強烈，行事往往以自我爲本位，而罔顧及他人，一切的是非對錯，往往是以自身的喜怒爲取捨，這種情形，導致了當前社會上是非觀念不明，價值取向失衡，社會上充斥著的，是巧辯飾非，黑白顛倒的言論，社會上所見到的，是損人利己，傷害他人的行徑，這種情況，對於社會的祥和，破壞委實很大。

（三）自私自利

經濟快速發展，社會日趨繁華，人與人之間的競爭，越來越趨尖銳，人與人之間相互關懷的情形，越來越加稀少，人們自私自利的心態，也越來越加嚴重，人們心中，國家人群的觀念，也越來越淡薄，甚至於連自已親屬家人的關係，也冷漠視之，不但不講究公德，毫無責任之感，遇事推諉，甚至爲了自身的利益，不惜泯滅人性，六親不認，這確是當前社會上的危機。

總之，今日無論人們身在何處，社會風氣的敗壞，已經是極爲普遍的現象，這種現象，對於較爲保守的華人社會而言，更是使得關心的人們顯得憂心忡忡，有心人士，也希望能夠設法挽救，希望以傳統社會文化中固有的優良道德，來加以對治，只是，面對社會上強大的頹靡弊病，傳統的道德，也面臨了許多的困境和挑戰。

四、以「忠恕之道」因應當前社會的需要

當前社會的弊病，是由於人心的頹靡，由於人性的陷溺，遠離了「仁」德的標準，然而，想要挽救社會的風氣，仍然需要由人性的改變入手，才能對症下藥，有所救治，因此，實踐「仁」德，由「忠恕之道」入手，也仍然是重要的關鍵。

「忠」是一種「責任心」的表現，是一種誠懇篤實，負責任、盡心力的態度，是一種恪盡職守，貫徹始終，表裏如一的精神，朱子說：「盡已之謂忠。」就已指出，從事任何行業，都能夠充分地盡到自已的力量，不自欺、不自私、不苟且、不取巧，貢獻自已的心智，將眼前的事情作得令人滿意，就是「忠」的表現。

在古代，人們往往只是將「忠」視爲是對君王的效忠，其實，在現代，「忠」的精神，可以是忠於自已、忠於職務、忠於長官、忠於國家。像教師忠於教學，公務員忠於職守，商務人員忠於責任，都是「忠」的精神的表現，都是「忠」的精神的應用。

要之，在現代的社會上，人們對於自己，嚴格要求，盡到份內應有的責任，都可以說是「忠」的表現，而在今天的社會上，這種要求自己盡心盡力，敬業負責的工作態度，不論在那一行業之中，都是最爲需要的精神。

「恕」是一種「寬容心」的表現，是一種心中有愛，以愛爲出發點，然後推己及人，能夠真誠地體貼對方，設身處地，爲人設想的精神，也是一種在與人相處時，能夠胸懷寬厚，將心比心的人生態度，朱子說：「推己之謂恕。」就已指出，人與人相處，如果能視人如己，有著「人溺己溺，人饑己饑」的精神，才能夠做到「己所不欲，勿施於人」，也才能做到「己欲立而立人，己欲達而達人。」

在當前的社會上，由於人性陷溺，人們心中往往只有自己，以自我爲本位，以自己爲中心，以自己爲標準，去作爲衡量一切是非的唯一準則，而罔顧他人的利益，以至於貪圖享受，自私自利，其實，「恕」道的精神，就是希望人們在相互交往時，不只是顧到自己，也要顧及對方，要設身處地，替他人設想，將自身的角色，與對方的角色，互換互調，自己站在對方的立場去看問題，也希望對方也站在自己的立場來看問題，能夠互相爲對方設想，能夠如此，相信彼此之間，許多問題，都將能夠迎刃而解，不再構成紛爭。這種情形，個人與個人之間如此，人群與人群之間，國家與國家之間，也都是如此，要之，如果人們都能以「恕」存心，推廣「恕」道，則社會上的紛爭，必能相對地減少，而爲大家帶來更多的祥和的氣氛。

五、結論

「仁」，是孔子思想的精華，是傳統道德的結晶，而「忠恕之道」，則是實踐「仁道」最爲重要的基礎。古代先哲們的學說，往往不受時空的影響，不但可以實行在古代的社會，也可以實行在現代的社會之中。

「忠」，是一種「責任心」，是一種負責盡職的態度，這種態度，可以經由教育的陶冶，法律的約束，而加以培養，加以要求，而成爲人們在面對職守時的一種良好的工作精神。

「恕」，是一種「寬容心」，是一種關懷他人的態度，這種態度，可以經由人們內在良知的顯現，理性的自覺，而加以呈露，加以運用，而成為人們在面對他人時的一種寬厚包容的處世胸襟。

今天，一個社會，想要提升競爭的力量，人們在工作時的「責任心」，是必需要的，一個社會，想要增加祥和的氣氛，人們的「寬容心」，也是不可缺少的。因此，現代社會的進步與和諧，有賴於人們在內心中培養出「忠」與「恕」的精神，是極為重要的因素。只有人們具備了強烈的「責任心」，社會才容易進步，只有人們具備了充分的「寬容心」，社會上才會充滿了人情味，社會上才不是冷漠的一群。

傳統的文化中，有許多優良的成份，可以提供給現代的人們作參考，因此，現代的社會中，如果有困惑的問題產生，我們仍然可以借用先哲們的智慧，去加以救治。因此，為了解決當前社會的隱憂，由傳統文化中去尋找答案，似乎仍然是一條可以實踐的道路。

荀子的生平事蹟及其著作綜述

中山大學中文系

鮑國順

一、姓字問題

「荀子」是近代人對荀子這個人的通稱。其實，一直到清代，學者對荀子的稱呼，還不完全一致。大抵而言，有孫卿、孫卿子、荀況、荀卿、荀卿子、荀子、郇卿等不同的稱謂及寫法。其中「況」是荀子的名。稱「子」則是一種表示尊敬的意思。關於這兩點，向來沒有什麼爭議。但是，荀子的姓，有「孫」、「荀」、「郇」三種不同的說法，其中關係如何？究竟那一個說法是對的？稱「卿」又是什麼緣故？歷代學者就有不同的意見了，這是我們在研讀《荀子》之前，首先應該有所了解的。

關於「荀」與「孫」的問題，首先對此提出解釋的人，是唐代的司馬貞，他在《史記索隱》中說：

> （荀卿）名況，卿為時人相尊而號為卿也。……後謂之孫卿子者，避漢宣帝諱改也。

司馬貞認爲荀子本姓「荀」，後來之所以改稱「孫」，是因爲避漢宣帝「劉詢」名諱的緣故。由於避諱這件事情，確實是我國古代社會中存在的一種事實，而且也早已成爲傳統文化中極具特色的一種現象，因此司馬貞的這個說法，廣爲後人採信，其實這是不正確的。因爲像「荀」與「詢」，兩字字音相同，而字形字義不同的情形，古時稱作「嫌名」，避諱的起源雖然甚早，但是避嫌名的情形，則是到了三國以後才有，漢代還沒有這種習慣。而且，如果司馬貞的見解是對的，那麼就必須先證明歷代有關荀子姓氏的文獻記載，應該是「荀」字在前，到了漢代，才因爲避漢宣帝劉詢的名諱，改「荀」作「孫」，但是事實上卻恰好相反。早期的典籍，例如《韓非子》、《戰國策》等，特別是《荀子》本書，稱荀子的姓都作「孫」（按：《荀子》全書稱引「荀子」，均作「孫卿」、「孫卿子」，其中只有〈強國〉「荀卿子見齊相」，作「荀卿子」。但是根據清人孫詒讓《札迻》說：「以全書文例言之，荀當爲孫。」頗有道理。），直到司馬遷作《史記》，才開始稱「荀」。孫字出現在前，荀字反在其後，可見司馬貞避諱改荀爲孫的說法，是不可信的。

到了清代，顧炎武又提出第二種看法，他在《日知錄》卷二十七中說：

> 荀之為孫，如孟卯之為芒卯，司徒之為申徒，語音之轉也。

所謂「語音之轉」，是指同一個字，因爲各地方音不同，所以讀法也不盡相同，依照語音寫成文字的時侯，每每便有不同的寫法，顧炎武舉出了戰國時代的孟卯這個人，也有稱作芒卯，司徒這個官名，也有稱作申徒兩個例子，用來證明荀卿又稱孫卿，也是語音通轉的情形。由於顧炎武的意見，有學理上的依據，又有文獻上的例證，因此後來的學者，大多採信他的說法，幾乎已經成爲定論。

不過，清人胡元儀在顧炎武之後，又提出第三種說法。他在《郇卿別傳》中說：

> 郇卿名況，趙人也。蓋周郇伯之遺苗，郇伯，公孫之後，或以孫為氏，故又稱孫卿焉。

又在《郇卿別傳考異》中說：

> 郇也，孫也，皆氏也。戰國之末，宗法廢絕，姓氏混一，故人有兩

> 姓並稱者，實皆如古之氏也。如陳完奔齊，《史記》稱田完。陳恆見《論語》，《史記》作田常。陳仲子見《孟子》，郇卿書陳仲、田仲互見。田騈見郇卿書，《呂覽》作陳騈。陳、田皆氏，故兩稱之，推之荆卿之稱慶卿，亦是類耳。

胡元儀認爲荀子原是周文王第十七子郇伯的後代，郇伯當年被封在郇地，他的後人以封地爲氏，因此自稱郇氏。（按：胡元儀認爲荀子的姓，本應作郇，後人寫成荀，是一種錯誤，因此在他有關於荀子的著作中，全都寫作「郇卿」，而不作「荀卿」。其實「郇」之於「荀」，是通用的現象，並非誤寫的結果。詳見下文說明。）再者，郇伯本爲公孫貴族的後代，他的後人以公孫的孫爲氏，也自稱孫氏。因此郇、孫兩氏，實際上原都只是氏。戰國末期，宗法制度廢棄，姓與氏開始有混用合一的現象，同時也就有兩姓（氏）並稱的情形。他並舉出了陳完與田完、陳恆與田常、陳仲與田仲、陳駢與田駢，以及荊卿與慶卿作例子，證明郇卿又稱孫卿，也是同樣屬於兩姓並稱的情形。

胡元儀的意見，雖然新穎，但是有關的證據，卻並不完全正確，特別是所舉的例子，如陳與田、荊與慶，不僅沒有明顯的證據，足以證明它們都是古代的氏，反而學者們都相信那是語音通轉的現象，這些例子，反而成了前述顧炎武說法的證據。因此兩姓並稱的見解，雖然後出，卻沒有多少人採信。

至於「荀」與「郇」兩姓的關係，陳師槃庵說：

> 「荀」金文作「筍」（原注：筍伯大父簋，荀伯簋等），或作「旬」（原注：康盤壺）。洛陽新出三體石經作「𥳑」（原注：章炳麟《春秋左氏疑義答問》卷五葉四下）。桓九《左傳》作「荀」，《漢書·地理志》「左扶風栒邑」注，據應劭引作「郇」。晉大夫荀息，《潛夫論·氏姓》作郇息。汲郡古文（原注：同上《漢志注》引）「武公滅荀」、「文公城荀」，《文選·北征賦注》引並作「郇」。蓋本作「筍」，或「旬」，通作郇。古人于從竹從草往往不分，故又或作「荀」。胡元儀以為「荀」當作「郇」，殆未然矣。（見龍師

宇純〈荀卿後案〉附錄：「陳師槃庵先生示書」。）

陳師以古文字及古文獻的資料，說明「荀」與「郇」是通用的關係，因此認爲胡元儀「荀卿」當作「郇卿」的說法，不盡正確，甚有道理。

以上是有關荀子姓氏問題的說明。接著再討論荀子稱「卿」的緣故。

最早對這個問題提出解釋的人，仍是唐代的司馬貞。他認爲荀卿的「卿」字稱號，是當時人對荀子的一種尊稱。他的意見，前文已經引及，此處不再重引。

後來胡元儀又提出第二種意見，他在《郇卿別傳考異》中說：

> 齊宣王尊寵稷下諸子，號曰列大夫，言爵比大夫也。孟子，宣王時在齊，居列大夫之中，而孟子書言孟子為卿於齊。……不稱列大夫而曰卿，蓋卿即列大夫之長，所謂郇卿三為祭酒是也。然則郇卿亦為卿于齊矣。《史記·虞卿傳》，虞卿說趙孝成王，「再見為趙上卿，故號虞卿。」郇卿亦為趙上卿，又從虞卿受《左氏春秋》，郇卿之稱卿，蓋法虞卿矣。劉向云：「蘭陵人喜字為卿，以法孫卿也。」然則在齊人、趙人稱郇卿，尊之之辭，蘭陵弟子稱郇卿，美之之辭也。

胡元儀以爲荀子曾經在齊國多次被推爲祭酒，「祭酒」就是卿，是個官名。而荀子又曾經在趙國擔任過「上卿」的官職。因此齊國人與趙國人稱荀子爲卿，是因爲尊重他曾在這兩國任職的緣故。其實，「祭酒」並非正式官職，荀子也不曾在趙國擔任「上卿」的職位，所以胡元儀所謂「齊人、趙人稱郇卿，尊之之辭也。」是不可信的。至於說蘭陵地方的人稱荀子爲卿，是一種出於欽仰的美稱，則是正確的。

關於此一問題，近人劉師培又有荀子名爲況，卿是字的第三種說法。他在《荀子補釋》中說：

> 劉向序：「蘭陵人喜字為卿，蓋以法孫卿也。」此即字卿名況之確證。《說文》、《廣雅·釋言》：「卿，章也。」況與皇同。《詩·

周頌・烈文》傳：「皇，美也。」是卿況義略相符，故名況字卿。

劉師培的論證，有兩個理由，卻都不能成立。首先，他以劉向〈序〉說蘭陵人流行以卿爲字，是取法孫卿的緣故爲證，說明這便是荀子字爲卿的明確證據。其實只要荀子有卿的尊稱，蘭陵人便可以因爲景仰荀子，而以卿爲字，不必非要在卿爲荀子的字的條件下，劉向的說法才得以成立。其次，劉師培又運用古人名、字意義相應的條例，引用《說文》等古書的解釋，說明況與卿的字義大略相符，「況」既爲荀子的名，當然「卿」便可以是荀子的字。古人的名與字，在意義上的確是有相應的情形。但是劉師培論證「卿」、「況」二字意義相符的過程，實在過於粗疏曲折。例如：《說文》、《廣雅》以「章」解釋「卿」，主要是利用音訓的方式，說明古代「六卿」官職命名的緣故，「章」其實並非「卿」的本義。又如以「卿」的意義爲章，「皇」的意義爲美，章與美意義相通，再加上劉師培自稱「況與皇同」，因此將「況」字勉強拉上與「卿」字的意義大略相符的關係，實在過於曲折（按：以上對劉師培意見的駁斥，詳情可以參閱龍師宇純〈荀卿後案〉）。因此劉師培的意見，雖然近代學者多有採信，卻是不正確的。

總結以上的說明，仍然以司馬貞「卿爲荀子尊稱」的說法，比較合理。而這裡所謂的尊稱，是一種基於仰慕荀子的道德、學問、才幹而來的，並非因爲荀子曾經擔任過「卿」或「上卿」的緣故。

至於荀子又被稱爲「孫卿子」、「荀卿子」，卿、子二字連稱，應該也是一種尊敬讚美的意思。例如秦末楚國的宋義，當時號爲「卿子冠軍」，卿、子連稱，也是同樣的意思。

二、生平經歷

有關荀子的生平事蹟，例如他的生卒年代、遊歷、出仕的經過等，歷代學者的考論，紛亂複雜的情形，比起前節的姓氏問題，有過之而無不及。主要原因，一方面是因爲現存的文獻資料，不僅不夠詳細，而且各書的內容，也不一致。另一方面，學者對現存有限資料的真僞、解釋，又有不同的看法與判讀，因此使得問題，更加撲朔迷離。以下先將荀子的生平事蹟，做個簡單的介紹。再將相關的資料，略作說明。以便讀者對這個問題，能有一個概略的了解。

荀子，趙國人，大約生於西元前三三三年（趙肅侯十七年）左右。約晚於孔子二二〇年，晚於孟子五十年左右。他年輕時，學問識見，便已經受到當時人的肯定。二十歲（西元前三一四年）以前，曾經到燕國遊歷，當時燕王噲在位，一心想要取法前代帝王禪讓的例子，以博取歷史上的美名，竟然把國君的位置讓給丞相子之，自己反而屈居臣子的地位。這種行爲看來似乎真的具有禮讓美德，實際上卻完全不懂得政治的現實，由此事可見燕王噲是一位極沒有政治智慧的國君。荀子在燕國期間，不僅無法得到燕王噲的信任，反而受到排擠，因此，不久以後，就離開了燕國。

此後二十餘年，荀子的行跡，由於史籍缺乏記載，因此無法清楚了解。直到齊湣王末年，荀子五十歲（西元前二八四年）的時侯，我們才知道，他來到齊國遊學。齊國在齊威王（西元前三五七～二〇年）在位期間，爲了提昇齊國的地位，因此大力邀請天下著名的學者齊聚稷下，開創了歷史上著名的稷下學風。到了齊宣王（西元前三一九～三〇一年）繼承威王已有的成就，進一步設置「列大夫」的榮譽名位，禮聘知名的學者擔任。「列大夫」是一種不負實際政治責任，僅須將平日研究所得，提供建言，以備政府參考的職位，雖然沒有權責，卻有極高的聲望地位，因此廣受重視。而齊國也因爲各地著名學者的到來與支持，一時之間，呈現出學術鼎盛，冠於當代的局面。宣王以後，接著是湣王（西元前三〇〇～二八四年）與襄王（西元前二八三～二六五年）在位。大約是在湣王末年（西元前二八四年），荀子五十歲的時侯，也來到齊國。當時的稷下著名學者，有的已經過世，有的已經離去。而荀子由於年高德劭，學行淵粹，所以在齊襄王居位的十九年（荀子五十一～六十九歲）之中，數度被推爲「祭酒」——學術界領袖——的地位。這是荀子一生，在學術上備受尊崇的時期。不過，荀子在齊期間，雖然非常受到重視，卻也因此引起某些人的嫉妒，而在齊王面前說些毀謗的話，荀子受到排擠以後，於是不得不離開齊國，離開的時間，不能確知，但是，最遲不會晚於西元前二五五年，荀子七十九歲的時候。

另外，在西元前二六六～二五五年（秦昭王四十一年～五十二年）的十二年中，根據現存資料，荀子應該到過西邊的秦國。與秦昭王與秦相應侯范睢見面。荀子暢談自己對秦國的觀感，多所褒美，同時也沒有忘記推銷自己的主張，希望秦國能夠遵行王道，重用儒生，但是秦昭王與應侯都沒有接受，荀子只好告別秦國。有關荀子西入秦國的時間，我們只知道應該在前面所說的十二年之間，而確實的年代，卻並不能夠清楚知道，因此荀子究竟是從何地入秦？離開秦國以後，又前往何國？也都不能詳細說明，姑且只能把荀子的這段經歷，記在此處。

西元前二五五年（楚考烈王八年），或稍前的時候，荀子來到楚國，楚相春申君黃歇，十分仰慕荀子的才華，因此在西元前二五五年，荀子七十九歲的時候，禮聘荀子擔任蘭陵縣令。但是隨後春申君誤聽他人的讒言，以爲任用荀子，將來恐怕會對楚國不利，因此又免除了荀子的職務。荀子受此打擊，便含恨離開楚國，回到自己的祖國——趙國。

荀子回到趙國以後，被尊爲上客，曾經與臨武君在趙孝成王面前，辯論軍事問題，包括如何用兵、如何爲將，以及如何建立各種制度等。荀子所強調的，仍是儒家王者之兵、仁義之師的一貫主張。雖然趙孝成王與臨武君口上辯不過荀子，但是私心卻並不信服，因此也沒有聘用荀子擔任任何官職。

在荀子留在趙國的期間，楚國的春申君，因爲聽信了另一批門客的建議，認爲像荀子這麼賢能的人，如果被其他的國家重用，恐怕會對楚國造成更大的不利後果，所以又派人到趙國來邀請荀子回到楚國任職。荀子在趙國雖然並不得志，但是前次被春申君辭退的舊恨，並未完全消除，因此不僅沒有應允，同時還另外寫了一封信及附了一首賦，諷刺春申君沒有知人之明。春申君接到信及賦後，非但沒有惱羞成怒，還深具悔意，再度派人來堅邀荀子到楚國去。春申君的誠心與善意，終於感動了荀子，於是荀子又從趙國前往楚國，第二度擔任蘭陵縣令。直到西元前二三八年（楚考烈王二十五年），荀子九十六歲的時候，春申君被殺，荀子才被解除縣令的職務。從此以後，荀子便安居在蘭陵，專心從事著述的工作，逝世後，也就埋葬在蘭陵。年紀大約是百歲左右。

下面再根據以上的敘述，製作「荀子年表」，以清眉目。

西曆紀元前	相關君王年代	荀子年歲	荀子生平事蹟以及其他相關事件
三三三	趙肅侯十七年 齊威王二十五年	一	荀子生於趙國。
三一九	齊宣王元年	十五	本年前後，荀子才華已廣受肯定。
三一四	燕王噲七年 齊宣王六年	二十	本年或稍前荀子曾到燕國遊歷。
二八四	齊湣王十七年	五十	荀子第一次到齊國遊學。
二八三	齊襄王元年	五十一	此下十九年，也就是齊襄王在位的時代，稷下學者之中，荀子最為年高德劭，曾經三為祭酒。
二六六	秦昭王四十一年	六十八	此下十二年中，荀子曾一度西入秦國，見秦昭王與丞相應侯范雎。只是確切年代，不可得知。
二五五	楚考烈王八年 趙孝成王十一年	七十九	楚相春申君聘荀子為蘭陵令。不久，春申君聽信讒言，又免除荀子的職務，荀子因此回到趙國，趙孝成王尊為上客。在趙國期間，荀子與臨武君同在趙孝成王面前議兵，但是未曾受到任用。 本年或後數年，春申君又派人來邀請荀子，荀子最初不肯應允，最後在春申君誠意感動之下，於是再度到楚國，第二次出任蘭陵令。
二三八	楚考烈王二十五年	九十六	李園殺春申君，同時荀子被解除蘭陵縣令的職務。本年以後，荀子即定居蘭陵，著書立說，最後老死於蘭陵，年紀大約百歲左右。

以上是對荀子生平事蹟的簡單敘述。以下再將上文的依據及其他有關文獻，略作說明。

在有關荀子生平的文獻資料中，唯一提到荀子年歲的地方，便是荀子到齊國遊學的年歲，但是記載卻並不一致。司馬遷《史記・孟荀列傳》說：「年五十始來游學於齊。」劉向〈孫卿書錄〉說：「齊威王、宣王之時，聚天下賢士於稷下，尊寵之。……是時，孫卿有秀才。年五十始來游學。」兩人都說荀子到了五十歲的時候，才來齊國遊學。可是東漢應劭的《風俗通》卻說：「齊威、宣之時，孫卿有秀才，年十五始來遊學。」將荀子到齊國遊學的年代改爲十五歲。一般採信應劭說法的人，大抵認爲如果荀子在齊威王、宣王到稷下遊學的時候，年已五十，就算以宣王末年來計算，經過湣王在位四十年，襄王在位十九年，到齊王建二十七年（楚考烈王二十五年），李園殺春申君，荀子接著被免除蘭陵令時，荀子至少也已一百三十多歲，這種高壽，世間少有，因此荀子根本不可能在五十歲的時候，才來齊國遊學。事實上，這是誤解劉向〈孫卿書錄〉原文的結果。司馬遷並沒有說明荀子遊學齊國，是在那個王在位的時候。劉向雖有威王、宣王的記載，按照原文看來，劉向只是說在齊威王、宣王的時代，荀子年紀輕輕，已有秀才，並不是說當時荀子年已五十，方來齊國遊學（按：此說見龍師宇純〈荀卿後案〉）。其次，湣王在位的年代，《史記・六國年表》記載爲四十年，事實上，根據今人錢賓四先生的考定只有十八年（見錢穆《先秦諸子繫年》第一二八條〈齊湣在位十八年非四十年，其元年爲周赧王十五年非周顯王四十六年辨〉），依此推算，如果荀子在威王、宣王的時候，十四、五歲，才華已爲當時人所肯定，到了湣王末年，來齊遊學，正好是五十歲，因此劉向〈孫卿書錄〉的記載，並無大錯（只是原文威王、宣王的次序顛倒，前人多已指正），值得相信。

又《韓非子・難三》說：「燕王賢子之而非孫卿，故身死爲僇。」有些學者認爲當燕王噲位時，荀子不過二十歲左右，應該不可能有與燕王交往的機會，不過這也只揣測而已，韓非是荀子的學生，他書中有關自己老師的記載，若無明顯的反證，應該是可以相信的。燕王噲在繼位的第五年（西元前三一六年），將王位讓給子之，再過兩年，燕王噲死，因此前文便將荀子出遊燕國的年代，推估爲燕王噲七年（西元前三一四年）以前。

又《史記・孟荀列傳》說：「齊襄王時，而荀卿最爲老師，齊尚脩列大夫之缺，而荀卿三爲祭酒焉。」劉向〈孫卿書錄〉的記載完全相同。襄王總共在位十九年（西元前二八三～二六五年），荀子「三爲祭酒」，應該就在這十九年當中。

又劉向〈孫卿書錄〉說：「孫卿之應聘於諸侯，見秦昭王，昭王方喜戰伐，而孫卿以三王之法說之，及秦相應侯，皆不能用也。」今本《荀子・儒效》，記有秦昭王與荀子的問答，〈強國〉載有應侯與荀子的問答。因此荀子曾到秦國遊說秦昭王與應侯，應無可疑，只是確切的年代，不很清楚而已。不過應侯范睢是在秦昭王四十年（西元前二六六年）拜相（見《史記・范睢蔡澤列傳》），秦昭王五十二年（西元前二五五年）罷相（見雲夢秦簡《大事記》）。荀子到秦國遊說，應該就在這十二年之間。

又《史記・孟荀列傳》說：「齊人或讒荀卿，荀卿乃適楚，而春申君以爲陵令。」劉向〈孫卿書錄〉說得更詳細：「齊人或讒孫卿，孫卿乃適楚，楚相春申君以爲蘭陵令。人或謂春申君曰……春申君謝之，孫卿去之趙。後，客謂春申君曰……春申君使人聘孫卿……復固謝孫卿，孫卿乃行，復爲蘭陵令。」根據《史記・春申君列傳》說：「春申君相楚八年，……以荀卿爲陵令。」春申君在楚考烈王元年（西元前二六三年）被封爲楚相，到了楚考烈王八年（西元前二五五年），封荀子爲蘭陵令，當時荀子大約是七十九歲的老人。後來春申君聽信門客的讒言，辭退荀子，荀子便回趙國。《荀子・議兵》載有荀子與臨武君在趙孝成王面前議論軍事的內容，應當就是在這段時間的事情。後來春申君又受到門客的影響，想要重聘荀子回楚國，荀子經過內心的一番掙扎之後，終於再度來到楚國，出任蘭陵令。這段經過，劉向〈孫卿書錄〉記載得十分詳細，再與其他文獻資料相驗證，應是可以相信的。

又《史記・孟荀列傳》說：「春申君死而荀卿廢，因家蘭陵。……因葬蘭陵。」劉向〈孫卿書錄〉所記相同。可見荀子確實是在楚國的蘭陵終其天年。

以上是前文的依據及說明。另外桓寬的《鹽鐵論》有兩段記載，頗引起後人的討論。首先〈論儒〉說：「及湣王奮二世之餘烈，南舉楚懷，北并巨宋，苞十二國，西摧三晉，卻強秦，五國賓從，鄒魯之君，泗上諸侯皆入臣。矜功不休，百姓不堪，諸儒諫不從，各分散。慎到、接子亡去，田駢如薛，而孫卿適楚。」似乎荀子到齊國遊學之後，在湣王末年，曾經一度離開齊國到楚國，但是荀子這段經歷，並沒有其他資料可作佐證，因此姑且存疑。其次，〈毀學〉又說：「方李斯之相秦也，始皇任之，人臣無二，然而荀卿爲之不食，睹其罹不測之禍也。」根據《史記·秦始皇本紀》的記載，秦始皇二十八年（西元二一九年）時，李斯還只是擔任卿的職位，後來才出任丞相，因此即使秦始皇二十八年，李斯即接著升任爲丞相，荀子也有一百一十多歲了，因此我們認爲荀子似乎不可能活到李斯爲秦丞相的時侯，〈毀學〉的記載，是不盡可信，或需作其他解釋的。

三、著作流傳

荀子的著作，今日所能見到的，只有《荀子》一種，內容包含三十二篇文章。這是否就是荀子著作的全部？或是另外還有佚失的部分？以下略作說明。

根據現存最早的圖書目錄《漢書藝文志》的記錄，荀子的著作，分別出現在兩個地方。一是在諸子略的儒家類中，載有「《孫卿子》三十三篇。」二是在詩賦略的賦家類中，又載有「《孫卿賦》十篇。」一般認爲《孫卿子》三十三篇，便是現在所看到的《荀子》三十二篇，《漢書藝文志》的三十三篇，應該是三十二篇的錯誤。至於《孫卿賦》十篇，今天卻看不到有單行的本子。不過在現存《荀子》三十二篇中，有〈賦〉一篇，內容包括了〈禮〉、〈知〉、〈雲〉、〈蠶〉、〈箴〉五首，以及〈佹詩〉二首（按：也有人稱第二首〈佹詩〉爲〈遺春申君賦〉）。這裡的〈賦〉，與《孫卿賦》十篇，究竟是什麼樣的關係？歷來說法不一。有人認爲當初荀子作了不少的賦，幾經佚失，如今只剩下《荀子·賦》的內容而已。例如楊倞注〈賦〉時，便引了不知名人士的意見說：

> 或曰：荀子所賦甚多，今存者唯此言也。

這大概是將現存《荀子·賦》的數目，與《漢書藝文志》的《孫卿賦》十篇，看作是同一個來源，再互相比較後所下的結論。

另外有人認爲今本《荀子》中有〈成相〉一篇，〈成相〉也是賦的一種，因此《漢書藝文志》的《孫卿》賦十篇，指的就是今本《荀子》中的〈賦〉與〈成相〉兩篇的總合，其中並沒有任何的佚失。只是有關篇數的計算，各家各有不同而已。例如胡元儀《荀卿別傳考異》說：

> 賦者，古詩之流，〈成相〉亦賦之流也。今按：〈賦篇〉：〈禮〉、〈知〉、〈雲〉、〈蠶〉、〈箴〉五賦之外，有〈佹詩〉一篇，凡六篇。〈成相〉……（五篇），合之〈賦〉六篇，實十有一篇。今《漢志》云《孫卿賦》十篇者，亦脱一字，當作十一篇也。

胡元儀以爲《漢書藝文志》所記載的《孫卿賦》十篇，應當是十一篇的錯誤，而其內容便是今本《荀子》中〈賦〉六篇與〈成相〉五篇的總合。後來梁啓超《要籍解題及其讀法》也說：

> 《漢志》所謂「賦十篇」者，實即本書〈成相篇〉、〈賦篇〉之各五首也。

梁啓超的算法，是不計〈賦篇〉中的〈佹詩〉，所以不認爲《漢書藝文志》的《孫卿賦》十篇有錯。李曰剛《中國文學流變史．辭賦篇》則說：

> 五賦及〈佹詩〉二首，計有七篇，另加〈成相〉三篇，合為十篇，殆即《漢志》十篇之見存數。

大抵說來，一般學者都同意《漢書藝文志》所記載的《孫卿賦》十篇，與現存《荀子》書中的〈賦〉，或加上〈成相〉，是同一個來源。但是對於是否有所佚失，則有不同的看法。主張已有佚失的一派，是認爲〈賦〉歸〈賦〉，〈成相〉歸〈成相〉，兩者不可混同。現存〈賦〉，只有五首，即使加上〈佹詩〉與〈遺春申君賦〉，也只有七首。不符合《孫卿賦》十篇的數目，所以斷定荀子賦已有佚失。而主張沒有佚失的一派，雖然各自的計算方法不同，但是卻都認爲〈賦〉與〈成相〉屬於同一類的文學體裁，是可以合併在一起的，因此《孫卿賦》十篇並沒有缺少。由於班固《漢書藝文志》「雜賦」類中，記錄有《成相雜辭》十一篇，可知在班固當時，「成相」這種文學體裁，確實是被看作「賦」體的一種。因此姑且不論學者對〈賦〉與〈成相〉篇目的計算如何，我們應該有理由可以相信，《漢書藝文志》賦家類中的《孫卿賦》十篇，就是今本《荀子》三十二篇中的〈賦〉和〈成相〉的內容。荀子的著作，迄今並沒有佚失，這是極難得的現象。至於既然是同樣的內容，《漢書藝文志》卻又爲什麼要重覆登錄呢？這其實是傳統目錄學家一種「別裁」的手法。所謂「別裁」，是指某一本書，依照它的性質，歸於某類之外，如果書中的某些篇章，內容形式別具一格時，也可以將這些篇章另行獨立出來，再歸於其他一類。《漢書藝文志》「儒家類」《孫卿子》三十二篇中，既已有〈賦〉及〈成相〉，而「賦家類」中又有《孫卿賦》十篇，就是這種情形。

經過以上的說明，可以知道荀子的著作，迄今仍然保留得十分完整，它們也就是現在所能見到的《荀子》三十二篇。仔細分析這三十二篇作品的內容與形式，我們可以發現並非都是荀子親手所著。例如〈儒效〉、〈彊國〉、〈議兵〉三篇，每篇都有「孫卿」或「孫卿子」尊稱的字樣，顯然應該是荀子的學生記錄荀子言行的文字。其次，〈大略〉篇幅雖長，但是各段文意，卻不相聯貫，像是一篇雜記，因此唐代的楊倞認爲大概是「弟子雜錄荀卿之語」（見〈大略〉篇題下注），這種推測是很有道理的。如此說來，就有〈儒效〉、〈彊國〉、〈議兵〉、〈大略〉四篇，是出於荀子學生的手筆。另外，今本《荀子》的末五篇：〈宥坐〉、〈子道〉、〈法行〉、〈哀公〉、〈堯問〉，內容大抵是以引述歷史人物故事爲主，與全書其他篇章的形式，並不一致。楊倞以爲「皆荀卿及弟子所引記傳雜事」（見〈宥坐〉篇下注），頗爲可信。因此，〈宥坐〉等五篇，至多也只能算是荀子及學生所整理出來的資料，並非荀子親手所著。除了上述九篇之外，其餘二十三篇，才是荀子自己的作品，每篇都有一定的主題，反覆論說，用以表達荀子的思想，是極具有個人風格的。

不過，雖然今本《荀子》三十二篇的來源不一，有荀子自著，有學生所記，也有荀子與學生整理的資料，但是這本來是先秦古籍共通的現象，並不牽涉到真與僞的問題。所以當我們在研究荀子思想的時候，都可以作爲參考的材料，因爲這些畢竟都與荀子有關，只是重要性略有不同而已。

談到《荀子》一書的編定流傳，就現存的資料判斷，西漢的劉向是第一功臣。秦始皇焚書的行爲，曾經造成許多書籍的散亡，漢興以後，爲了彌補這個缺失，於是廣求天下遺書，保存於官府之中。到了成帝的時候，命令劉向主持校理藏書的工作，荀子的著作，也在其中。當劉向校理荀子的著作時，發現共有三百二十二篇單篇作品，其中有二百九十篇是重覆的，於是劉向刪去重覆的篇章，將其餘的加以校定，整理出一個三十二篇的本子，並且寫了一篇〈序錄〉，介紹荀子的生平，以及編書的經過，這便是今本《荀子》的前身。此後又有人將這三十二篇再分成十二卷，先是以《孫卿子》爲書名，開始流傳，其後各代所傳，也有稱作《孫卿新書》、《荀卿子》，以及《荀子》的。這是最早的十二卷本。

劉向以後，大約有八百五十年的時間，荀子的書，一直沒有學者爲它作注解，而且研習的情形，也並不理想，所以簡冊爛脫，傳寫錯誤的現象，所在多有。比起孟子書的遭遇，要差上一大截。直到唐朝中葉，才有楊倞首先作注，並且加以整理。楊倞的工作，主要在下列四個方面：第一、校定傳鈔各本的訛誤。第二、對全書加以注解。第三、將舊有的十二卷重新分爲二十卷，三十二篇的次序，也依「以類相從」的原則，重新改編。第四、改書名《孫卿新書》爲《荀卿子》，省稱《荀子》。這便是今日所見始於〈勸學〉，終於〈堯問〉的二十卷本。自從楊倞二十卷本的《荀子》出現以後，最初還與十二卷本的《荀子》同時流行。可是自明代以後，由於楊倞本內容豐富，品質精美，所以一般人傳刻注解《荀子》時，便都以楊倞本爲主，至於十二卷本，就不復再見了。因此楊倞可以說是荀子的第二位功臣。

唐朝以前，《荀子》的流傳，均屬手鈔本。北宋以後，才開始有刻本，元、明兩代，荀子書續有傳刻，其中還有「纂圖互注本」與「評點本」的出現。到了清代，由於學風篤實，又偏向古典經籍的整理，連帶的也使《荀子》一書，再度受到重視，當時研究的學者甚多，成果也極爲豐碩，可以說是荀子研究的鼎盛時期。光緒年間，王先謙便匯集前此學者的研究成績，加上他個人的心得，重新編成一部《荀子集解》。全書有下列幾個特點：第一、收集歷代學者考證荀子的資料。王先謙本書前一部分，有「考證」一欄，又分上下兩部分，上篇除了羅列各史志著錄《荀子》的情形之外，還包括唐仲友、晁公武、陳振孫、王應麟、紀昀、于敏中、錢曾、張金吾、孫星衍、謝墉、錢大昕、郝懿行、王念孫、黎庶昌、楊守敬諸人有關荀子的序跋提要等。下篇再收汪中〈荀卿子通論〉，及胡元儀〈郇卿別傳〉、〈郇卿別傳考異二十二事〉三篇長文。這些對我們了解荀子的生平、著作，及學術成就，有極大的助益。第二、板本最爲精美。清代通行的荀子板本，原爲謝墉與盧文弨的校定本。王先謙的《荀子集解》，以這個校定本爲底本，再參考其他各家的本子，擇善而從，編成了一部最值得信賴的板本。第三、保留全部楊倞的注文。楊倞是第一位注釋《荀子》的學者，本書將楊倞注文全部保留，一方面有助於古代文獻的保存，一方面也有助於我們從事研究的工作。第四、集合多家學者的解說。王先謙本書，除了保留全部楊倞注文以外，還收集了許多清代著名考證學者，如盧文弨、謝墉、郝懿行、王念孫、劉台拱、汪中、陳奐、顧千里、俞樾等人考訂《荀子》的成績。書名稱作「集解」，正是集合各家解說的意思。由於王先謙《荀子集解》，具有以上四大特點，因此書成之後，即深受學者重視，一直到今天，還是研究荀子的必備參考用書，由此可見它的價值。除了中國本土以外，日本也有《荀子》的流傳，其中最著名的，是久保愛的《荀子增注》（一八〇〇年刊行），以及豬飼彥博的《荀子增注補遺》（一八〇一年刊行）。

近世以來，研究荀子的學者，日益增多，對《荀子》的校定注釋，也不乏其人。其中對《荀子》全書作注釋，成績較好而又容易得見的，有梁啓雄《荀子簡釋》（北京中華書局）、王忠林《荀子讀本》（台北三民書局）、熊公哲《荀子今註今譯》（台北商務印書館）、章詩同《荀子簡注》（上海人民出版社）、李滌生《荀子集釋》（台北學生書局）、北大哲學系《荀子新注》（北京中華書局簡體字本，台灣里仁書局繁體字本）、楊柳橋《荀子詁譯》（山東齊魯書社）、王森《荀子白話今譯》（北京中國書店）、鄧漢卿《荀子譯評》（湖南岳麓書社）、張覺《荀子譯注》（上海古籍出版社），以及蔣南華、羅書勤、楊寒清合作譯注的《荀子》（台灣古籍出版社《中國古籍大觀》）。這些對《荀子》一書的推廣與流傳，當然都有正面積極的效果。而嚴靈峰的《無求備齋荀子集成》（台北成文出版社），分白文、注解、節本、札記、雜著、日本漢文著述六類，共收有關《荀子》的著作九十種，計八十家。對文獻的保存與流傳，可以說是貢獻極大。

郭店緇衣簡字詞補釋

中山大學中文系

孔 仲 溫

一、前言

1993 年，湖北省荊門市郭店一號楚墓，出土一批戰國中期偏晚的竹簡，計 804 枚，13000 餘字，竹簡大部分完好，文字工整清晰，尤其簡文內容豐富，包含以儒道兩家學說爲主的古籍，洵爲一批十分寶貴的先秦文獻。[1]1998 年 5 月，《郭店楚墓竹簡》正式公布於世，[2]其內容包括：《老子》、〈太一生水〉、〈緇衣〉、〈魯穆公問子思〉、〈窮達以時〉、〈五行〉、〈唐虞之道〉、〈忠信之道〉、〈成之聞之〉、〈尊德義〉、〈性自命出〉、〈六德〉、〈語叢〉，其中〈緇衣〉與今本儒家經典《禮記．緇衣》大體相合，頗可相互參校研究。荊門博物館能將該批竹簡於 1993 年底出土之後，迅速整理公布，用心可佩，畢竟 804 枚簡數量頗鉅，短時間內，考釋不易盡達於詳確，個人於喜獲該書之後，隨手翻閱，發現仍多有疑義，尚待深入考釋補充，因此，本文首先以〈緇衣〉篇爲範圍，試略補釋，以供學界參考。

[1] 參見湖北省荊門市博物館所撰〈荊門郭店一號楚墓〉一文，《文物》1997：7：35-48。

[2] 該書由北京文物出版社出版。

二、釋敀

《郭店楚墓竹簡》（以下簡稱《郭簡》）〈緇衣〉簡編 1 號有釋文作：

> **好娧（美）女（如）好茲（緇）衣，亞（惡）亞（惡）女（如）亞（惡）逨（巷）白（伯），則民㳙（臧）㡯（它？）而型（刑）不屯。**

其中「㡯」原簡作「[illegible]」，《郭簡》考釋云：

> **㡯，疑為「它」字異體，亦屢見於包山簡。《禮記・檀弓》「或敢有他志」注：「謂私心」。**

此字的釋讀，裘錫圭先生在審閱該書之時，曾以爲「[illegible]」不作「㡯」，「似當釋『敀』」，個人以爲裘氏之說是也。且考《包山楚簡》「㡯」字作 [illegible]$_{218}$、[illegible]$_{221}$，从它的形體與从攴顯然有別，《郭簡》辨識偶疏。再就其上下文言之，簡文：「則民㳙敀，而刑不屯。」「㳙」《郭簡》以爲「臧」的異體，讀作「藏」，「㳙」爲「臧」的異體，包山楚簡、楚帛書、先秦古璽都是常見的，所以沒有疑義，只是讀作「藏」，倘與「㡯」複合作「藏它」，譯釋作「隱藏私心」的意思，恐怕不十分貼切。儒家思想的精義，在於內在的感化服膺，而非隱藏私心，所以「臧」讀作「藏」也不可從。個人以爲「臧敀」，「臧」釋爲「善」，「敀」爲「服」的假借。許慎《說文》：「臧，善也。」[3]《爾雅・釋詁》：「臧，善也。」[4]又「敀」字形構疑作「从攴力聲」，「力」上古音聲母屬來紐* l−，韻部屬職部* −ək，「服」上古聲母屬並母*b′−，韻部也屬職部* −ək，二者聲母不同，韻部相同，屬疊韻假借。[5]且「臧敀」何以釋作「善服」，蓋今本《禮記・緇衣》作：

---

[3] 參見段玉裁《說文解字注》P119，藝文印書館。

[4] 參見郝懿行《爾雅義疏》P24，河洛出版社。

[5] 本文上古系統依據陳師新雄《古音學發微》、〈黃季剛先生及其古音學〉二文。

「則爵不瀆而民作愿，刑不試而民咸服。」與〈緇衣〉簡略異，個人以爲「民作愿」與「民咸服」正是〈緇衣〉簡的「民臧放（服）」。《說文》：「愿，謹也。」《廣雅・釋詁》：「愿，善也。」[6]是以「民臧服」即「民善服」，意指百姓謹善而順服。

三、釋恭

〈緇衣〉簡編號 8 號有字，釋文隸定「恭」，簡文作：

《少（小）題（雅）》員（云）：「非其止之共唯王恭。」

《郭簡》注云：「以上詩句今本爲『匪其止共，惟王之卭』。見於《詩・小雅・巧言》。」該書指出簡文出處，是正確的，但存有部分問題未能深入。其一，簡文引〈小雅〉詩句，句式不同，文字有錯置的可能。今本「之」字在「王」「卭」之間，《詩經》亦然，而《詩經》多屬四言詩，考〈巧言〉三章云：「君子屢盟，亂是用長；君子信道，亂是用暴；盜言孔甘，亂是用餤；匪其止共，維王之卭。」四言形式非常整齊，是疑簡文錯置。其次，「恭」字是否即今本的「卭」字呢？本文以爲應非一字，蓋「恭」應是「恐」之異體。《說文》：「恐，懼也。从心巩聲。𢖶，古文。」「恭」較「𢖶」多「共」的形符，而在音義均能與「恐」相通。「恐」字从心巩聲，「巩」又从丮工聲。丮，《說文》云：「丮，持也，象手有所丮據也。」且考「共」字，《說文》固釋其形義爲：「共，同也。从廿廾。」與「丮」義略遠，然近世學者從早期金文作，戰國金文作，以爲實之變，故《說文》所釋本形本義爲非是。方濬益、郭沫若、商承祚等學者都認爲字象兩手捧物之形。[7]因此「丮」與「共」均有以手捧持物件的意思，其義相通。且「共」與「恐」上古同音，「共」，上古音屬見母*k－東部*－auŋ，「恐」

[6] 前者參見同注 3，P508；後者參見徐復主編《廣雅詁林》P12。

[7] 參見方濬益《綴遺齋鐘鼎彝器款識考釋》卷 26：22；郭沫若《金文叢考》P219；商承祚《說文中之古文考》P20-21。

追究其聲母「工」聲，上古音也是見母*k－東部*－auŋ。但是「忎」爲「恐」的古文異體，「忎」从心工聲，爲何「恭」亦从「共」聲也爲「恐」的異體，「恭」字同時具有雙聲符，這種情形其實也見於戰國其他文字，例如包山楚簡：「兄」作䒤，「生」、「兄」兩者皆爲聲符；又如中山王嚳鼎銘文之「𦒻」讀爲「哉」，「𦒻」所从「丝」與「才」同時爲聲符，[8]因此「恭」與「忎」均爲「恐」的異體。簡文「恭」，今本〈緇衣〉與《詩經》均作「卭」，「卭」應爲「恐」的假借。今簡文或可暫改作：「非其止共，唯王之恭（恐）」，其文意是指爲惡的臣子，不能恭敬誠篤，這只會給君王帶來憂懼。

四、釋悁

〈緇衣〉簡編號 10 號有字，釋文隸定作「悁」，簡文作：

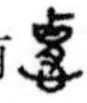

> 《君萏（牙）》員（云）：「日傛雨，少（小）民隹（惟）日悁；晉冬旨（耆）滄，少（小）民亦隹（惟）日悁。」

又編號 22 號亦有此字，內容作：

> 古（故）君不與少（小）悔（謀）大，則大臣不悁。

「悁」字《郭簡》未多深考，唯注引裘錫圭先生之看法云：「此字應從今本釋作『怨』，字形待考。」另外在《包山楚簡》編號 138 反面，也有此字作，隸定作「悁」，簡文作：「又悁不可謀（證）」，[9]《包山楚簡》並未考釋，不知何字。更值得注意的是，在《包山楚簡》與《望山楚簡》中有不少从或作的字，如《包山楚簡》「郈」字，見 92 號簡：「郈墜午之里人藍」，又 139 號簡反面：「左尹以王命告子郈公」等，[10]「郈」字多作人名或地名。又如望山二號

[8] 參見拙作〈楚鄦陵君三器銘文試釋〉，《第六屆中國文字學全國學術研討會論文集》P217。

[9] 參見《包山楚簡》圖版六一。

[10] 同注 9，圖版四○、圖版六二。

墓的遣策中，常見「⿱⺊肙⿰糹秋」或「⿰糹⿱⺊肙⿰糹秋」的詞組，[11]《望山楚簡》考釋說「⿰糹秋」即「紬」，也就是後代所指稱的「綢」，而「⿰糹⿱⺊肙」字則疑爲从肉留聲，以「⿰糹⿱⺊肙」爲「緇」，所以釋「⿱⺊肙⿰糹秋」、「⿰糹⿱⺊肙⿰糹秋」爲「緇紬」。[12]此外，滕壬生主編《楚系簡帛文字編》將从「⿱⺊肙」字，均隸釋爲「胄」字，所以「⿱⺊肙、⿰糹⿱⺊肙、⿰⿱⺊肙阝」三字隸釋作「胄、⿰糹胄、⿰胄阝」，個人以爲釋「⿱⺊肙、⿰糹⿱⺊肙」爲「緇」，釋「⿱⺊肙」作「胄」均是不正確的看法，裘先生釋「⿰忄⿱⺊肙」爲「怨」，其說正確。今考「⿱⺊肙」、「胄」實即「肙」字。「⿱⺊肙」與「胄」相同，蓋楚系文字中常見从口形符，內加一橫畫的增飾，而又較「肙」增「⺊」的形符，也可視爲無義的增飾，我們在包山楚簡或信陽楚簡中，可見「鼎」字作 、 之形，[13]所以「⺊」應是增飾。「⿰忄⿱⺊肙」既釋讀作「悁」，而「悁」與「怨」實音同義近，考《說文》：「悁，忿也，从心肙聲，一曰憂也。」又云：「怨，恚也，从心夗聲。」二者在意義上可通，且「悁」、「怨」二字上古音皆屬影母* ʔ－，元部*－an，再者簡文作「悁」、今本作「怨」正可證明二者關係極爲密切。

從上面的結論，我們再反觀《包山楚簡》138 號簡反面：「又悁不可誁（證）。」這句話應該是說：「有怨隙的人，在審判時不可爲證」，且與下文「同社、同里、同官，不可誁」相銜接，文從字順。而望山二號墓遣策的「⿱⺊肙⿰糹秋」、「⿰糹⿱⺊肙⿰糹秋」就是「絹紬（今綢字）」，《說文》云：「絹，繒如麥稍色。」段注：「自絹至綟廿三篆，皆言繒帛之色……稍者麥莖也，繒色如麥莖青色也。」[14]因此「絹紬」意指如麥莖青色的繒紬，且望山二號墓遣策文字中，尙有「丹⿰糹秋」、「紅⿰糹秋」正可與「⿰糹⿱⺊肙⿰糹秋」相對應。行文至此，則「⿰忄⿱⺊肙」與从「⿱⺊肙、⿱⺊肙」之字，其形音義均可解釋了！

---

11 可參見《望山楚簡》P51，2 號簡。

12 同注 11，P115。

13 同注 9，254 號簡；又河南省文物研究所《信陽楚墓》圖版一二三，竹簡 2-014 號。

14 同注 3，P656。

五、釋

〈緇衣〉簡編號 12 號有字，其簡文作：

《寺（詩）員（云）：「又（有）悳（德）行，四方𢜷（順）之。

《郭簡》於字未隸定，也未考釋，只是注說：「此字今本作『梏』」又說此簡文，也見於《詩·大雅·柳》：「有覺德行，四國順之。」《郭簡》雖已列舉其異文的情形，但未論證其所以然的道理，主要仍在字未能辨識。個人以爲，字應即「共」字，有關「共」字，本文於「釋恭」一節中已有論述，尤其在商周早期青銅器銘文，「共」作、、諸字形；另外，於甲骨文也有「共」字作 續五·五·三、 京都四五九，雖然後來「共」已形變作或，其實在戰國璽印文字裡，仍有保存早期寫法的情形，如羅福頤《古璽文稿》、《古璽彙編》2880號璽印「共」就作，[15]今簡文作，二者不同，只是把圓形或方形的部分填實，這在古文字中，是很普遍的情形。況且依上下文而言，「有共德行，四方順之。」可以說是文從字順，「共」此處即是「恭」的假借，這一句可以解釋作：「恭謹誠敬德行的君王，四方的人民都會順服於他。」又今本〈緇衣〉「共」作「梏」，《詩·大雅·柳》作「覺」，個人疑爲「恭」的假借，蓋「梏」、「覺」、「恭」上古聲母皆屬見母*k－，「梏」、「覺」上古韻部皆屬覺部*－əuk，「恭」則屬東部*－auŋ，二者是屬於旁對轉的關係，由此可知其聲韻關係頗爲密切。

六、釋賺

〈緇衣〉簡編號 13 號有字，釋文隸定作賺，並以爲讀作「賴」，簡文作：

[15] 參見羅福頤《古璽文編》P61，及其《古璽彙編》P274。

一人又（有）慶，壃（萬）民贎（賴）之。

該簡文見於今本〈緇衣〉與《尚書·呂刑》，內容均作：「一人有慶，兆民賴之。」[16]文中「兆」與「萬」雖文字有別，但是都是代表「眾多」的含意，文意並無不同。而《郭簡》釋「贎」讀爲「賴」，這也是正確無疑義，不過沒有解釋「贎」何以讀作「賴」的道理，今爲之補述。考「賴」詞義，《說文》云：「賴，贏也，从貝剌聲。」而於此應作「恃賴」、「依恃」的意思。《廣雅·釋詁》即云：「賴，恃也。」[17]《廣韻》亦云：「賴，恃也。」《說文》云：「恃，賴也。」所以這句話是說：君主一人有美德，千千萬萬的人民都得以恃賴他，得到他的恩惠。而「贎」字，《說文》云：「贎，貨也。从貝萬聲。」從詞義可知「贎」與「賴」無關聯，但從聲韻的關係考知，「贎」爲「賴」的假借。「贎」上古聲紐屬明母*m－，韻部屬月部*－at；「賴」上古聲母屬來母*l－，韻部屬月部*－at，二者上古韻部完全相同，聲母雖然不同，但從複聲母的學說來看，它們應該都是來自複聲母*ml－，因此也可以視爲聲母相同。況且《集韻》「贎」字讀音除了有「無販切」上古屬明母的切語外，尚有「落蓋切」上古屬來母的異讀，更可證明「贎」與「賴」上古複聲母相同。因此「贎」讀作「賴」應是同音通假的關係。

七、釋⿸虍京

〈緇衣〉簡編號 16 號有字，隸定作⿸虍京，釋讀作虩，簡文云：

《寺（詩）》員（云）：「⿸虍京（虩）⿸虍京（虩）帀（師）尹，民具尔贍（瞻）。」

有關「⿸虍京」字的考釋，《郭簡》云：

⿸虍京，簡文从「虍」从「京」省，與「虩」一字。其所从之「京」與

[16] 前者參見《禮記注疏》P928；後者參見《尚書注疏》P300。

[17] 參見徐復主編《廣雅詁林》P274。

《汗簡》「隙」之㝴形似，僅省去上部之「小」。與簡文相同的字形亦見於包山楚簡第一八〇號。「虩虩」，今本作「赫赫」。

其考證頗爲可信，且西周與春秋金文「虩」字作[illegible]毛公鼎、[illegible]秦公簋，字形亦可與簡文跟《汗簡》相映合。「虩虩」之意《說文》云：「虩，《易·履》虎尾虩虩。虩虩，恐懼也。」而今本「虩虩」作「赫赫」，赫赫爲顯盛貌，蓋指師尹之地位顯盛，故知簡文「虩虩」不是「恐懼」的意思。考「虩」與「赫」，二字上古音皆屬曉母*x－鐸部*－ak，聲韻全同，是知「虩虩」爲「赫赫」之假借，當亦作「顯盛」的意思。

八、釋䓎

《郭簡》編號 19、43 號有䓎字，隸定作「𢦏」，並以爲假借作「仇」，19 號簡文作：

執我𢦏（仇）𢦏（仇），亦不我力。

43 號簡文作：

《寺（詩）》員（云）：「君子好𢦏（逑）」。

《郭簡》依據今本《詩經》，讀「𢦏」爲「逑」，這個論證的方向，基本上是正確的，但是將䓎釋爲「考」，甚至將《包山楚簡》138 號反面簡文所作䓎也釋爲「考」則值得商榷。裘錫圭先生即懷疑此字「似不从『考』」。《包山楚簡》釋爲「來」，個人以爲《包山楚簡》所釋爲是。就字形而言，裘氏懷疑它不从「考」是有道理的，主要是在「考」的寫法。包山、《郭簡》所从[illegible]、[illegible]的形符，其下面「十」的部件，跟戰國時期「丂」多作「丁、丁」，豎筆不出頭的寫法，顯然不同，這裡部件豎筆出了頭，就應該不是「丂」，字不从「丂」就不是「考」

字。且《包山楚簡》釋䄧爲「䄧」，讀如來，從字形與上下文意都可以說得通。考天星觀卜筮祭禱簡文有：「從十月以至來戠之月」的「來」字作之形，[18]我們可以看出、二者只是偏旁从戈从止的差異，餘相同的就是「來」的形體。至於从戈从止，這在楚簡中是常添增的偏旁，並不影響字義。又從《包山楚簡》138 號反面簡文：「由𨒅之䄧敘於𨒅之所誁，與其䄧，又悁（怨）不可誁。」的上下文意觀之，此處「䄧」讀如「來」也能通達無滯。也就是由𨒅他來述說事情於𨒅的處所，以作爲呈堂證詞。因此，我們認爲「䄧」可釋爲「來」，而今本《詩經》「䄧䄧」作爲「仇仇」，則爲假借。「䄧」上古聲母屬來母*l－韻部屬之部*－ə，「仇」上古聲母屬匣母*ɣ－，韻部屬幽部*－əu，聲母不同，但韻部屬主要元音相同、韻尾不同的旁轉，聲韻仍可稱爲相近。

九、釋䜌

《郭簡》編號 22 號有：「䜌公之募（顧）命」篇名，䜌字並未隸定，也沒有考釋，但在注釋中並陳鄭玄「葉公之顧命」與孫希旦「祭公之顧命」二說，並未論斷，個人疑䜌即「晉」字。考甲骨文「晉」字作 拾一三·一，金文作 周姬毀抎 春秋·晉公簠，晉侯馬盟書則作 一五六：一、 六七：四、 一六：三，此外滕壬生《楚系簡帛文字編》指望山楚簡二號墓編號 23 號簡中之䜌即「晉」字，從這些字形的演變，我們可以看出在侯馬盟書裡，這「晉」字形上部「至」的筆劃有拉直分書的情形，而望山楚簡的情形更爲明顯，因此個人推斷䜌爲「晉」字。且簡文云：

> **晉公之募（顧）命員（云）：「毋以少（小）悔（謀）敗大愭（作），毋以卑（嬖）育御息（塞）妝（莊）句（后），毋以卑（嬖）士息（塞）大夫、卿事（士）。[19]**

---

[18] 同注 9，P49。

[19] 參見滕壬生主編《楚系簡帛文字編》P423。

今《逸周書．祭公》的內容，與簡文相較，除了句子先後略異外，大致相同，其內容作：

> 汝與以嬖御固莊后，汝無以小謀敗大作，汝無以嬖御士疾大夫卿士。[20]

莊述祖《尚書記》以爲本篇名爲〈祭公〉，就是〈祭公之顧命〉。其要旨是祭公謀父，爲周公之孫，穆王時，祭公以老臣當國，告以懿德守位之道。而《禮記．緇衣》以爲「葉公」，蓋字之誤。[21] 又「晉」字的上古音讀屬精母*ts－，真部*－ɐn，「祭」屬精母*ts－，月部*－at，二者是聲母相同，韻部爲旁對轉的關係，因此「晉」應爲「祭」的假借。總之，簡文「晉公之顧命」，如孫希旦《禮記集解》所說，就是《逸周書》裡「祭公之顧命」。

一〇、釋㭒

《郭簡》編號 26 號有㭒字，隸定作㭒，未有考釋，其簡文作：

> 《寺（詩）》員（云）：「虘（吾）大夫共叡輸，㭒人不斂。」

《郭簡》注稱此爲逸詩，並引裘錫圭先生說，第一句疑當讀爲「吾大夫共且儉」。考「㭒」字，《說文》：「㭒，葩之總名也。㭒之爲言微也，微纖爲功，象形。」段注引《春秋說題辭》作「麻之爲言微也」，而認爲「㭒麻古蓋同字」。[22]總之，㭒屬麻類，可以績治爲麻縷。又《說文》云：「麻，枲也，从㭒从广，㭒人所治也，在屋下。」由此可知績治麻縷的人，即是「㭒人」。又考《孟子．滕文公下》：「彼身織屨，妻辟纑以易之。」漢趙歧注云：「緝績其麻田辟，練其麻曰纑。」

---

[20] 參見黃懷信、張懋鎔、田旭東《逸周書彙校集注》P1000-1001。

[21] 同注 20，P985。

[22] 同注 3，P339。

[23]朱駿聲《說文通訓定聲》認爲「辟」是「𣎳」的假借。[24]因此「𣎳人」是績治麻縷的人，又借作「辟人」。今簡文「𣎳人不斂」，承上文「吾大夫恭且儉」，應可解釋作：吾國大夫都能恭敬而且簡樸，則國家富盛，窮賤如績治麻縷的這般百姓，就可以不必賦斂，看來是可以通達文意。

十一、結語

本文僅就郭沫若郭店緇衣簡裡，放、惷、情、[illegible]、購、虘、𢧵、晉、𣎳這九個字詞進行考釋，其或已釋讀但未言其故，則爲之說明。或不夠詳盡者，則爲之補釋。或僅隸定，未予考釋，或未隸定未考釋者，則爲之論證讀。由於〈緇衣〉篇見載於今本《禮記》，因此釋讀比較有迹可循，不過今本畢竟流傳久遠，輾轉傳抄，不免有訛，所以所以循迹論證之間，必須謹慎辨明。本文初取上述九字補釋，但仍有許多可以討論，猶待來日再逐一論述。

參考引用書目

丁度

1039，《集韻》，1986，學海出版社影述古堂影宋鈔本，台北。

山西省文物工作委員會

1976，《侯馬盟書》，文物出版社，北京。

孔仲溫

1995，〈楚鄦陵君三器銘文試釋〉，《第六屆中國文字學全國學術研討會論文集》P213-226。

---

[23] 參見《孟子注疏》P119。

[24] 參見朱駿聲《說文通訓定聲》P567。

孔穎達正義

642，《尚書正義》，1973，藝文印書館十三注疏，台北。

642，《禮記正義》，1973，藝文印書館十三注疏，台北。

朱駿聲

1833，《說文通訓定聲》，1975，藝文印書館，台北。丘雍·陳彭年等。

周祖謨

1950，《方言校箋》，1993 再版，中華書局，北京。

河南省文物研究所

1986，《信陽楚墓》，文物出版社，北京。

段玉裁

1807，《說文解字注》，1974，藝文印書館影經韻樓藏板，台北。

孫奭正義

《孟子正義》，1973，藝文印書館十三注疏本，台北。

容　庚

1985，《金文編》，1992，中華書局，北京。

徐復主編

1992，《廣雅詁林》，江蘇古籍出版社，上海。

郝懿行

《爾雅義疏》，1974，河洛出版社影沛上重刊本，台北。

高　明

1980，《古文字類編》，1986，大通書局，台北。

陳新雄

1971，《古音學發微》，文史哲出版社，台北。

1972，〈黃季剛先生及其古音學〉，1994，《文字聲韻論叢》，P1-46，東大圖書公司，台北。

湖北省文物考古研究所、北京大學中文系

1995，《望山楚簡》，中華書局，北京。

湖北省荊沙鐵路考古隊

1991，《包山楚簡》，文物出版社，北京。

湖北荊門市博物館

1997，〈荊門郭店一號楚墓〉，《文物》7：35-48。

1998，《郭店楚墓竹簡》，文物出版社，北京。

黃懷信、張懋鎔、田旭東

1995，《逸周書彙校集注》，上海古籍出版社，上海。

滕壬生

1995，《楚系簡帛文字編》，湖北教育出版社。武漢。

羅福頤

1981，《古璽文編》，1994 二版，文物出版社，北京。

1982，《古璽彙編》，1994 二版，文物出版社，北京。

* 本論文曾蒙許師錟輝指正，特此致謝！

《韻會》匣合二母的音讀

輔仁大學中文系

李添富

一、前言

寧忌浮先生在《古今韻會舉要及相關韻書》中根據見溪曉匣四母與影疑、舌齒脣音不同字母韻的特殊現象，並引用趙蔭棠先生《中原音韻研究》暨花登正宏先生《蒙古字韻ノート》等文獻，認爲《古今韻會舉要》的見溪曉匣四母已經由原來的牙喉聲母顎化成爲舌面聲母；並在分析過書中曉、匣與新立合母諸韻字後，非常肯定的說：「討論過見溪曉匣的舌面化之後，再去看三十六字母中的〞合〝〞匣〝二母，可以毫不猶豫地說：〝匣〞是 ɕ〝合〞爲 x。」

我們非常佩服忌浮先生如此銳利的眼光以及這麼精審的考察，對於寧先生所主張《韻會》一系韻書中已經存在〔tɕ〕、〔tɕ́〕、〔ɕ〕聲母的看法以及見溪曉匣四母在《韻會》中已經出現顎化等現象都表贊同，只是對寧先生『〝匣〞是 ɕ〝合〞爲 x』的說法，抱持著較爲保守的態度。因爲在檢討過《韻會》全書的聲母系統，並取之以與《蒙古字韻》相較後，確實可以發現牙喉聲母的舌面化現象，但是這牙喉聲母的顎化現象並非全面，而且在擬定匣、合二母音讀時，除了必須注意《韻會》新立『合』母的意義、與其他牙喉聲母的音讀配合問題之外，恐怕還得兼顧《韻會》一書的的整個聲母系統才行。

二、韻會的聲母

《韻會》的聲類，據其自稱，共三十有六。今考平聲一東韻公字下案語云：

> 聲音之學，其傳久失。韻書起於江左，譌舛相承，千有餘年，莫之適正；近司馬文正公作切韻，始依七音韻，以牙舌脣齒喉半舌半齒，定七音之；以禮記月令四時，定角徵宮商羽半商徵半徵商之次，又以三十六字母定每音清濁之等，然後天下學士，始知聲音之正。

又云：

> 舊韻之字，本無次第，而諸音前後互出，錯糅尤甚。近吳氏作叶韻補音，依七音韻用三十六母排列韻字，始有倫緒。每韻必起於見字母角清音，止於日字母半商徵音。三十六字母周徧為一韻。

由是可知《韻會》三十六母，實據自《切韻指掌圖》，而韻字的排列有序，則源自《七音韻》。案《韻會》三十六母爲：

牙音角

　見母　角清音

　溪母　角次清音

　群母　角濁音

　疑母　角次濁音

　魚母　角次濁次音

舌音徵

　端母　徵清音

　透母　徵次清音

　定母　徵濁音

　泥母　徵次濁音

脣音宮

幫母　宮清音

滂母　宮次清音

並母　宮濁音

明母　宮次濁音

非母　次宮清音

敷母　次宮次清音

奉母　次宮濁音

微母　次宮次濁音

齒音商

精母　商清音

清母　商次清音

心母　商次清次音

從母　商濁音

邪母　商次濁音[1]

知母　次商清音

徹母　次商次清音

審母　次商次清次音

澄母　次商濁音

娘母　次商次濁音

禪母　次商次濁次音

喉音羽

影母　羽清音

---

[1] 鄭再發先生《蒙古字韻跟跟八思巴字有關的韻書》、花登正宏先生〈禮部韻略七音三十母考〉、竺家寧先生《古今韻會舉要的語音系統》並作「商次濁次音」，應師裕康〈古今韻會舉要反切之研究〉則從卷內所注亦作「商次濁音」。

曉母　羽次清音

么母　羽次清次音

匣母　羽濁音

合母　羽濁次音[2]

喻母　羽次濁音

半舌音

來母　半徵商[3]

半齒音

日母　半商徵[4]

雖然《韻會》自言三十六母據自《切韻指掌圖》，但實際上《韻會》的三十六母則與等韻的三十六母不相吻合。大抵而言，《韻會》的三十六母除了讓傳統三十六母的知、照兩系合流爲一之外，更新立了魚、么、合三母。

應師裕康在兼顧四聲相承關係的情況下，運用陳蘭甫先生系聯切語的方式，系聯並檢討《韻會》的聲母系統，認爲知、照二系的合併，固然可以窺知當時語音的實況，而疑魚、泥娘、匣合、影么的分立，則不無可疑；於是併爲三十二母。[5]花登正宏先生則以爲《韻會》三十六母非敷不分，匣合無別，於是可得聲母三十四類。[6]竺家寧先生則逕依卷首通考所列，以爲《韻會》共三十六母，但由於《韻會》所記爲當時實際語音，因此與舊韻三十六母有所不同。[7]個人則以爲《韻會》一書所呈現的聲母系統，仍以定作三十六紐爲善，其中疑魚、非敷、泥娘、影么、匣合等五組十紐所以產生淆亂而有離析不易的情形，蓋因傳統韻書所載記

[2] 鄭再發先生、竺家寧先生、花登正宏先生並作「羽次濁次音」。

[3] 竺家寧先生作「半徵」。

[4] 竺家寧先生作「半商」。

[5] 詳見應師裕康〈古今韻會舉要反切之研究〉。

[6] 詳見花登正宏先生〈古今韻會舉要反切考－關於切語上字〉、〈禮部韻略七音三十六母通考－聲母考〉。

[7] 詳請參見竺家寧先生《古今韻會舉要的語音系統》。

的語音系統與當時實際語音現象雜混使用所造成的結果；至於像喻、么、魚三紐皆屬零聲母卻又分立，則屬中古來源不同，是時仍未完全變作相同的過渡現象。

因此在構擬《韻會》三十六母音讀時，必須同時兼顧他們的中古來源、當時的實際語音現象，並考量整個語音的系統與變化。[8]

三、匣、合二母的音讀

寧先生在他的大作裏，根據見溪曉匣已經舌面化的理論，認爲《韻會》的匣母的是 ç，合母爲 x，基本上是合於《韻會》書中所呈現的語音現象的。我們知道合母是《韻會》新立的聲母之一，爲了新立合母，作者曾大費周章的改動許多韻字的舊切，如：

旱　合罕切。　舊韻下罕切。
緩　合管切。　舊韻戶管切。
皓　合老切。　舊韻下老切。
禍　合果切。　舊韻戶果切。
害　合蓋切。　舊韻下蓋切。
恨　合艮切。　舊韻下艮切。
吭　合浪切。　舊韻下浪切。

據此，我們可以得知，合母蓋自舊韻匣母離析而來。至於分析原則，董同龢先生《漢語音韻學》以爲「中古匣母的一等開口字，《韻會》歸合；一等韻合口、二等韻與四等韻的字，《韻會》歸匣。」竺家寧先生《古今韻會舉要的語音系統》則以爲：「兩母的界限不在開合，況且用『合』字來代表一等『開』口字，是不合邏輯的事。」而認爲匣、合二母的分別在於洪、細的不同。在逐一依照《韻會》卷內七音清濁標示分析檢討匣合二紐一百四十六個韻字之後，我們可以發現，合

[8] 詳請參閱拙著《古今韻會舉要研究》、〈古今韻會舉要聲類考〉。

母六十三字中除上聲十六銑韻「泫，胡犬切」一音屬四等韻外，其餘六十二例皆屬一、二等洪音字；案《韻會》書中與『泫』字相承四聲的「玄，胡涓切」、「縣，熒絹切」、「穴，胡決切」三字皆屬匣母羽濁音，如依相承四聲聲母同類的觀點推之，『泫』字也應屬匣母「羽濁音」才對，《韻會》卷內作「羽濁次音」者當係誤衍。如果這項推論無誤，合母字便無一例外的全屬一、二等韻了。至於匣母八十三字的四等分布，則較爲零亂，三、四等字只有二十五個，五十八個一、二等字的分布狀況爲一等開口十三個、合口八個，二等合口三個、開口三十四個。如果再依照四聲相承關係並參考卷首所附通考暨《蒙古字韻》等，又可以讓其中十九個字改隸合母，剩下的三十九個字，除洪、鴻、哄、碚、胡、亥等六字無法依據相承四聲或其他韻書辨識聲母歸屬之外，其餘三十三字全屬開口二等。有關這個現象，竺家寧先生認爲這是二等字在《韻會》時代已由早期的洪音轉變爲細音的關係，所以仍作匣母；寧先生則更進一步的指出這正是中古開口二等舌根音的舌面化現象。因此，有關匣、合二母的區別在於洪細不同的說法，雖未必盡然，但大抵是可信的。[9]

由於匣、合二母在《韻會》中未曾於同一字母韻中並列出現，因此，董同龢先生以爲可以將他們看作同一個聲母的變值；竺家寧先生也以爲兩母的音值雖然不同，就音位而言，仍屬一類。由《韻會》相承四聲匣合二母多所淆亂的情形看來，兩位先生的見解，可以說是相當精確的；但是，若從更定切語並特別加注說明的角度而言，匣、合二紐在《韻會》音系中必然有別，更是不可置疑的。

《韻鏡》三十六字母圖中，謂曉、匣二母爲「喉音雙飛」，在韻圖中以「清」示曉，以「濁」示匣，可知曉、匣二紐的區別，在於清濁。高本漢先生《中國聲韻學大綱》一書根據中國境內方言考察結果，認爲曉、匣二紐的音讀，有舌根擦音以及喉擦音兩種可能，也就是說加上清濁對立關係後，曉、匣二紐的音讀可能是〔x〕〔ɣ〕或〔h〕〔ɦ〕。董同龢先生《漢語音韻學》認爲高本漢的說理未盡充足；高師仲華〈論中國字音的聲值的擬測〉一文，更透過審音知識與吳語曉、匣聲值的考察，推論蒲立本與藤堂明保兩位先生所擬測的〔h〕〔ɦ〕較爲合理。

---

[9] 詳請參閱拙著〈古今韻會舉要匣、合二紐之分立〉。

單就曉、匣二紐屬喉音聲母的角度而言，構擬爲〔h〕〔ɦ〕確實較爲合理，但若取與域外方言對音相較，並覈諸中古音系，則又以擬作〔x〕〔ɣ〕較合音理，因此，在兩組音讀都有可能的情況下，我們暫且保留高老師和董先生的說法，從舊說將曉、匣二紐構擬爲〔x〕〔ɣ〕。[10]

同理，若依照《韻會》七音清濁標示，曉、匣二紐屬喉音羽，依例似乎也當構擬爲〔h〕〔ɦ〕才對，但我們也因《韻會》一書仍然深受傳統韻書影響，以及舊韻「承用日久，學者童習日紛，不敢遽變」的緣故，[11]將曉、匣二紐構擬作〔x〕〔ɣ〕。

寧先生把匣、合二母構擬成〔ç〕〔x〕是有其理論依據的，但是我們不禁要問，如果匣、合二母都已經清化，而且匣母也已經顎化成爲舌面音了，這個時候曉母的音值究竟是什麼呢？如果他維持原來的音讀，則與合母不分，如果他也顎化，又將與匣母無別；如果說他是喉音可以構擬作〔h〕以爲區隔，則問題將更爲複雜，因爲這麼一來，不只必須設法解釋匣母由〔ɦ〕跳過〔h〕變作〔x〕再分化成爲〔x〕〔ç〕的音變現象，還必須重新檢討正齒音的音讀問題。

《韻會》知、照、莊三系合流稱爲「次商」，與精系「商」音爲鄰，而不稱作「次徵」與「徵」音的端系相鄰，可知他的音值已非舌上而屬正齒。至於他們的部位則爲聲韻學家所謂 Č 之發音部位，也就是說：知系的音讀可以是舌面前的〔tç〕、〔tç´〕、〔ç〕，或是舌尖後的〔tʂ〕、〔tʂ´〕、〔ʂ〕，也可以是舌葉的〔tʃ〕、〔tʃ´〕、〔ʃ〕；然而，由於莊系字兼具二、三等而與 -ja 類韻母配合的事實，使得舌尖後硬性聲母不適合作爲構擬《韻會》知系聲母的音值，因此，如果我們從《韻會》知、照、莊三系已經合流並逐漸捲舌化的趨勢來看的話，[12]當然是構擬作舌葉音較爲恰當；但是，如果要在 Č 發音部位找到一組具備有塞擦音、擦音、鼻音性質，又可以與次商相配的，就只有舌面前音〔tç〕、〔tç´〕、

10 詳請參見本師陳先生〈廣韻四十一聲紐聲值的擬測〉、孔仲溫先生《韻鏡研究》。

11 《古今韻會舉要》平聲一東韻公字母韻下案語。

12 詳請參見竺家寧先生《古今韻會舉要的語音系統》，頁 156。

〔ɕ〕了。當正齒音的審母在別無選擇的情況下，必須構擬爲〔ɕ〕，匣母也要讀作〔ɕ〕，兩者之間如何區隔，當然是一個不可忽視的問題。當然，如果我們將知系構擬作舌葉音，是可以避免審、匣同音的問題，但卻必須對同屬次商而又必須構擬成舌面〔ȵ〕的娘母作更進一步的說明，否則便沒有辦法解釋他與泥母、日母間的切近關係。

既然將匣、合二母構擬爲〔ɣ〕〔x〕，就整個語音系統有其不易說解的困難存在，我們不得不依據中古來源以及七音清濁，重新檢討這兩個聲母的音值問題。《韻會》匣、合二母分屬羽濁音和羽濁次音，就中古來源、合母新立以及二母互補的現象而言，可以推知二母的關係密切、音值也必定是極其近似的。中古匣母的音值是〔ɣ〕，在《韻會》裏，匣母由於洪細不同的關係而分化成爲合、匣二母，如果我們仍然將洪音的合母構擬作〔ɣ〕，細音的匣母則因顎化的關係而變作〔ɣj〕。這樣的構擬方式，不僅可以保留二紐同屬濁音、洪細對立而且部位相同的特徵，同時也可以呈現顎化等語音變化的進行痕跡與過渡現象，更重要的是，能夠兼顧《韻會》全書的語音系統，並對《韻會》一書在新舊變革中的承續關係，作一番合理的說解。

四、結語

爲已經成爲歷史陳跡的韻書系統作音讀構擬，原本就是一件吃力不討好的工作，除了無法起古人於九原，驗證所構擬音系的精確程度之外，韻書作者所欲呈現的語音系統究竟如何？韻書所受舊韻、方言的影響如何？文言、白話音讀的取捨以及交流等作用所造成的影響與誤差又如何？像《韻會》這等既要呈現實語音，卻又不敢放膽改革，必須以「舊瓶新酒」方式呈現的特殊形式，在音系的傳承與載記上，又有那些可能造成誤訛的因素存在？在在都是爲韻書構擬音讀時，必須注意卻又無法面面俱到的困擾。《韻會》匣、合二母的音讀構擬問題，也一樣的由於上述各種因素的影響，而不能有個較爲確切的說法。寧先生在經過多方而嚴謹的考察之餘，提出了匣母是〔ɕ〕，合母爲〔x〕的看法；就匣、合二母的源流與變化而言，我們必須承認寧先生的見解是相當精湛的，但是在取之以與《蒙古字韻》等韻書相較，並檢討《韻會》全書的音韻系統後，卻又不能完全同意於寧先生的看法。在重新考校並分析《韻會》匣、合二紐韻字之後，覺得《韻會》匣、合二母的音讀，仍以遵從舊說擬爲〔ɣj〕、〔ɣ〕，較合音理。

參考書目舉要

高明小學論叢	高師仲華	黎明書局
古音學發微	陳師新雄	文史哲出版社
鍥不舍齋論學集	陳師新雄	臺灣學生書局
古今韻會舉要反切研究	應師裕康	政大學報第八期
漢語音韻學	董同龢	文史哲出版社
蒙古字韻跟跟八思巴字有關的韻書	鄭再發	臺大文史叢刊
古今韻會舉要及相關韻書	寧忌浮	北京中華書局
古今韻會舉要的語音系統	竺家寧	臺灣學生書局
古今韻會舉要反切考	花登正宏	東方學五十八輯
禮部韻略七音三十六母通考－聲母考	花登正宏	伊地智善繼、辻本春彥兩位先生退官紀念－中國語學文學論文集
古今韻會舉要研究	李添富	臺灣師範大學博士論文
古今韻會舉要聲類考	李添富	輔仁國文學報第八期
古今韻會舉要匣、合二紐之分立	李添富	語言研究 1991 增刊二
蒙古字韻音系研究	楊徵祥	成功大學碩士論文

《中州音韻輯要》東同韻的音節

中山大學中文系

林 慶 勳

摘 要

本文討論《中州音韻輯要》（1781）東同韻音節擬音後，與《中原音韻》（1324）、《洪武正韻》（1376）、《中州音韻》（1503～1508）、《詩詞通韻》（1685）等相同音韻地位的收字讀音差異。從南曲韻書角度看，其實它們音系是相似的。然後再與現代國語做比較，可以觀察音韻歷史演化的痕跡。爲了討論方便，文中把東同韻的音節表呈現出來，並在次節羅列每一個音節的擬音，以示信而有徵。

一、東同韻的音節表

《中州音韻輯要》（1781）是清代王鵔編撰的一部南曲韻書，書中有完整的反切標音，借此反切來構擬各字的讀音，應該是信而有徵的作法。

王鵔在《中州音韻輯要·序言》及《中州音韻輯要·例言》第三條都說全書反切取自樸隱子《詩詞通韻·反切定譜》（1685），〈反切定譜〉規定反切用字極爲嚴謹，下字儘量取自同發音部位爲原則（林慶勳 1993：748-749），這個原則我們也在《中州音韻輯要》全書看到了。因此脣音的被切字，都用脣音反切下字「蒙、崩」來切，依照規則也容許用喉音下字「翁」來切（林慶勳 1993：749）。總之以發音部位為單位，同組之中互切，極有規則，這個現象在《中州音韻輯要》全書皆如此安排。

茲列《中州音韻輯要》東同韻音節表如下，做為下一節討論的依據。[1]因為東同韻字多，將「唇、舌」收字列為一表，其餘「齒、牙、喉」音列為另一表。

東同韻（1）[-uŋ.-yŋ]

	陰平		陽平		上		陰去		陽去	
	合口呼	撮口呼	合口呼	撮口呼	合口呼	撮口呼	合口呼	撮口呼	合口呼	撮口呼
p	崩 逋蒙				唪 逋蠓		迸 逋孟			
p’	烹 鋪蒙									
b			篷 蒲蒙						髼 蒲孟	
m			蒙 模翁		蠓 模琫				夢 模瓮 孟 磨迸	
f	風 孚崩				捧 敷滃		諷 孚鳳			
v			馮 扶崩						鳳 扶諷	
ɱ										
t	東 都瓏				董 都隴		凍 都弄			
t’	通 土瓏				桶 土隴		痛 土弄			
d			同 徒瓏		挏 徒隴				洞 徒弄	
n			農 奴瓏	濃 泥容	繷 奴董				齈 奴凍	
l			籠 盧東	龍 閭邕	隴 盧董				弄 盧凍	

[1] 聲母擬音參見拙著（林慶勳 1999）。

東同韻（2）[-uŋ.-yŋ]

	陰平		陽平		上		陰去		陽去	
	合口呼	撮口呼	合口呼	撮口呼	合口呼	撮口呼	合口呼	撮口呼	合口呼	撮口呼
ts	宗 租松				總 租聳		縱 租送			
ts'	匆 粗松									
dz			叢 徂松							
s	松 蘇宗				聳 蘇總		宋 蘇粽			
z									訟 隨送	
tʃ	鍾 阻戎				種 阻冗		眾 阻瓮			
tʃ'	沖 初戎				寵 初冗		銃 初眾			
dʒ			蟲 雛戎						仲 雛眾	
ʃ	舂 疏戎									
ʒ			慵 誰忠							
ʐ			戎 甤忠		冗 甤踵					
k	公 孤翁	扃 居邕			拱 孤滃	炯 居勇	貢 孤瓮			
k'	空 枯公	穹 區邕			孔 枯拱		控 枯貢			
g				窮 渠兄					共 葵橫	
x	烘 呼工	凶 虛邕				洶 虛擁	鬨 呼貢	嗅 虛用		
ɤ			宏 胡工	熊 懸凶	汞 胡拱				橫 胡貢	
ʔ	翁 烏工	邕 紆凶			滃 烏拱	擁 紆洶	甕 烏貢	壅 紆嗅		
ø				容 余凶		勇 余洶				用 余嗅

二、東同韻的韻母討論

要討論《中州音韻輯要》東同韻的韻母之前，先來瞭解反切下字的系聯情形。[2]

東同韻陰平與陽平兩個聲調，它們的反切下字混用：

蒙、崩、瓏、松、宗、戎、翁、公、工、東、忠（合口呼）

容、雍、凶、兄（撮口呼）

陰平與陽平反切下字既然混用，彼此當然可以系聯。不過受到同發音部位互用反切下字的限制，因此合口呼 1.雙唇音與唇齒音、2.舌尖中音、3.舌尖前音、4.舌葉及捲舌音、5.舌根與喉音及零聲母，都各自系聯爲一類。其中陽平「蒙，模翁切」，借喉音「翁」字爲切，1 與 5 又可以系聯爲一類。它們同發音部位得以系聯，其實須靠「瓏與籠同音、忠與鍾同音、工與公同音」充當證據來完成。撮口呼借「兄與凶同音」，陰平與陽平系聯爲一類，不成問題。

其次，上聲未分陰陽，因此無所謂混用問題，它們反切下字如下：

蠓、琫、滃、隴、董、聳、總、宂、踵、拱（合口呼）

勇、擁、洶（撮口呼）

合口呼仍因同發音部位互用反切下字的影響，分爲：1. 雙唇音與唇齒音外加舌根與喉音、2.舌尖中音、3.舌尖前音、4.舌葉及捲舌音，共有 4 類，與平聲形成相承關係。其中也因「琫與唪同音、踵與種同音」得以系聯。至於撮口呼，也相承平聲全部合爲一類。

陰去與陽去兩個聲調，它們的反切下字也有混用情形：

孟、瓮、鳳、諷、弄、凍、送、粽、眾、貢、橫（合口呼）

用、嗅（撮口呼）

合口呼有「瓮與甕同音、粽與縱同音、送與宋同音」證據，可以分成：1. 雙唇

---

[2] 這裡引用的是陳澧《切韻考》一書的系聯條例。

音與舌葉音外加舌根與喉音、2.唇齒音、3.舌尖中音、4.舌尖前音，也是 4 類，不過與平、上聲不相承。撮口呼則可系聯為一類。

由以上反切下字系聯的情況看，雖然有些類未能系聯，但並不代表它們不是一類，主要受《中州音韻輯要》選用反切下字嚴苛的影響。我們從上一節音節表的分佈，可以明白看出它們收字承襲了《中原音韻》、《洪武正韻》、《中州音韻》、《詩詞通韻》等幾部韻書的系統，[3]因此音系相類似，應該不成問題。基於如此認知，並參照前列各韻書性質，將《中州音韻輯要》東同韻讀音擬定為：合口呼[-uŋ]、撮口呼[-yŋ]。

三、音節擬音

陰平聲、合口呼：

雙唇音：崩[puŋ¹][4]、烹[p'uŋ¹]

唇齒音：風[fuŋ¹]

舌尖中音：東[tuŋ¹]、通[t'uŋ¹]

舌尖前音：宗[tsuŋ¹]、匆[ts'uŋ¹]、松[suŋ¹]

舌葉音：鍾[tʃuŋ¹]、沖[tʃ'uŋ¹]、舂[ʃuŋ¹]

舌根音：公[kuŋ¹]、空[k'uŋ¹]、烘[xuŋ¹]

喉音：翁[ʔuŋ¹]

陽平聲、合口呼：

雙唇音：篷[buŋ²]、蒙[muŋ²]

唇齒音：馮[vuŋ²]

---

[3] 參見下面第四節的說明。

[4] 聲調以上標表示，1=陰平、2=陽平、3=上聲、4=陰去、5=陽去。

舌尖中音：同[duŋ^{2}]、農[nuŋ^{2}]、籠[luŋ^{2}]

舌尖前音：叢[dzuŋ^{2}]

舌葉音及舌尖後音：蟲[dʒuŋ^{2}]、慵[ʒuŋ^{2}]、戎[ʐuŋ^{2}]

舌根音：宏[ɤuŋ^{2}]

上聲、合口呼：

雙唇音：唪[puŋ^{3}]、蠓[muŋ^{3}]

唇齒音：捧[fuŋ^{3}]

舌尖中音：董[tuŋ^{3}]、桶[t'uŋ^{3}]、挏[duŋ^{3}]、繷[nuŋ^{3}]、隴[luŋ^{3}]

舌尖前音：總[tsuŋ^{3}]、聳[suŋ^{3}]

舌葉音及舌尖後音：種[tʃuŋ^{3}]、寵[tʃ'uŋ^{3}]、冗[ʐuŋ^{3}]

舌根音：拱[kuŋ^{3}]、孔[k'uŋ^{3}]、汞[ɤuŋ^{3}]

喉音：滃[ʔuŋ^{3}]

陰去聲、合口呼：

雙唇音：迸[puŋ^{4}]

唇齒音：諷[fuŋ^{4}]

舌尖中音：凍[tuŋ^{4}]、痛[t'uŋ^{4}]

舌尖前音：縱[tsuŋ^{4}]、宋[suŋ^{4}]

舌葉音：眾[tʃuŋ^{4}]、銃[tʃ'uŋ^{4}]

舌根音：貢[kuŋ^{4}]、控[k'uŋ^{4}]、閧[xuŋ^{4}]

喉音：甕[ʔuŋ^{4}]

陽去聲、合口呼：

雙唇音：髼[buŋ^{5}]、夢孟[muŋ^{5}]

唇齒音：鳳[vuŋ^{5}]

舌尖中音：洞[duŋ^{5}]、齈[nuŋ^{5}]、弄[luŋ^{5}]

舌尖前音：訟[zuŋ^{5}]

舌葉音：仲[dʒuŋ^{5}]

舌根音：共[guŋ^{5}]、横[ɤuŋ^{5}]

陰平聲、撮口呼：

舌根音：扃[kyŋ^{1}]、穹[k'yŋ^{1}]、凶[xyŋ^{1}]

喉音：邕[ʔyŋ^{1}]

陽平聲、撮口呼：

舌尖中音：濃[nyŋ^{2}]、龍[lyŋ^{2}]

舌根音：窮[gyŋ^{2}]、熊[ɤyŋ^{2}]

零聲母：容[øyŋ^{2}]

上聲、撮口呼：

舌根音：炯[kyŋ^{3}]、洶[xyŋ^{3}]

喉音：擁[ʔyŋ^{3}]

零聲母：勇[øyŋ^{3}]

陰去聲、撮口呼

舌根音：嗅[xyŋ^{4}]

喉音：壅[ʔyŋ⁴]

陽去聲、撮口呼：

零聲母：用[øyŋ⁵]

四、比較討論

《中州音韻輯要》東同韻收字，主要在《廣韻》通攝東、冬、鍾韻（舉平以賅上去，下同），少數收在梗、曾攝，如雙唇音崩（登韻）、烹（庚韻）、迸（諍韻）；舌根音扃（青韻）、炯（迥韻）、宏（耕韻）、橫（庚韻）等是。其中「夢，模瓮切」（通攝送韻合口三等）與「孟，磨迸切」（梗攝映韻開口二等）來源不同，雖然《中州音韻輯要》將之並列爲兩個音節，但是從《中州音韻輯要》聲、韻母的相同條件來看，應該屬於相重音節。

《中州音韻輯要》東同韻收字，《中原音韻》則分別歸入東鍾韻[uŋ][iuŋ]與庚青韻[əŋ][uəŋ][iəŋ]，[5]顯然兩書的韻母已稍有不同。《洪武正韻》與《中原音韻》極其相似，《中州音韻輯要》東同韻收字，也分別歸入東董送韻[uŋ][yuŋ]與庚梗敬韻[əŋ][uəŋ][yəŋ]，[6]韻母也是稍有不同。從曲韻押韻用途或書名命名來看，《中州音韻輯要》與明代王文璧《中州音韻》關係極深，《中州音韻輯要》東同韻收字與王文璧《中州音韻》東鍾韻[uŋ][ɪuŋ]，[7]大致上相同。

《中州音韻輯要》繼承《詩詞通韻》的反切系統（林慶勳 1998:12-14），但並非全盤接受。兩相比較，《中州音韻輯要》的東同韻，與《詩詞通韻》的翁音合口呼[uŋ]、撮口呼[yuŋ]及英音合口呼[uəŋ]撮口呼[yəŋ][8]大致相同。由此可見，兩書音系仍有些微差異。

---

[5] 《中原音韻》擬音，根據陳新雄（1976：32-33，47-79）。

[6] 《洪武正韻》擬音，根據應裕康（1970：301，318）。

[7] 王文璧《中州音韻》擬音，根據丁玟聲（1989：127-128，159-162）。

[8] 《詩詞通韻》擬音，根據林慶勳（1998：173-174）。

《中州音韻輯要》的東同韻，既然與上列《中原音韻》等韻書收字大同小異，但在讀音上顯然稍有不同。主要的不同，來自庚青韻少數字，收入《中州音韻輯要》後，也讀同東同韻的[-uŋ]、[-yŋ]。

至於《中州音韻輯要》與現代國語的差異，分別說明如下：

陰平聲合口呼與現代國語不同的有：1.唇音字尚未因異化作用讀[pəŋ^{1}]、[p'əŋ^{1}]；2.舌葉音尚未讀捲舌音（下同，不再說明）；3.翁[ʔuŋ^{1}]字仍讀喉音，尚未零聲母化。

陽平聲合口呼　受到基礎方言吳語影響，聲母保存濁聲，所以分出合口呼陽平聲一調。它們與現代國語不同的有：1.濁音尚未清化；2. 唇音字（篷、蒙、馮）尚未因異化作用讀[-əŋ^{2}]；舌葉音慵[ʒuŋ^{2}]，現代國語讀零聲母。

上聲合口呼的唇音字，尚未如同現代國語因異化作用讀[-əŋ^{3}]。值得注意的是，雙唇音唪[puŋ^{3}]，現代國語讀唇齒音；而唇齒音捧[fuŋ^{3}]，現代國語反而讀雙唇音。舌根音汞[ɣuŋ^{3}]，現代國語與拱[kuŋ^{3}]同音。喉音滃[ʔuŋ^{3}]，現代國語已經讀零聲母。

陰去合口呼的唇音字，也是尚未如同現代國語因異化作用讀[-əŋ^{4}]。喉音甕[ʔuŋ^{4}]，現代國語已失落聲母讀零聲母。

陽去聲合口呼，都保留濁聲母。唇音「髼、夢、孟、鳳」與舌根音「横」等字仍讀合口，尚未如同現代國語因異化作用讀[-əŋ^{5}]。

陰平撮口呼，舌根音「扃、穹、凶」三字，現代國語已顎化讀舌面音。喉音「邕」仍有喉塞音聲母，尚未讀成零聲母。

陽平聲撮口呼，舌根音「窮、熊」兩字尚未清化，仍讀濁音。舌尖音濃[nyŋ^{2}]、龍[lyŋ^{2}]兩字韻母，現代國語已改讀合口呼[-uŋ^{2}]，與前面陽平聲合口呼「農、籠」同音。

上聲撮口呼，舌根音「炯、洶」兩字，現代國語已經顎化讀舌面音。喉音「擁」字，現代國語已經讀成零聲母。

陰去聲撮口呼，舌根音「嗅」[9]字現代國語已經顎化讀舌面音。喉音「壅」字，現代國語已經讀成零聲母。

陽去聲撮口呼，只收「用」一字，與現代國語讀音相同。

由此可見，《中州音韻輯要》除了「唇音字尚未異化、舌葉音尚未捲舌音化、濁音尚未清化、喉音尚未零聲母化」之外，其餘與現代國語差異，其實很有限。

五、結語

從以上討論，可以明白看到《中州音韻輯要》東同韻音節的真正面貌。我們採用最徹底的方法，將每一個音節逐一標上假設的讀音，然後力求從全體系統性來考察，而不是只就「東同韻」單一韻部的認識去討論，其可信性應該較高。其次我們若能從音韻發展史的角度觀察，《中州音韻輯要》一書與明清南曲系列著述《洪武正韻》、《中州音韻》、《詩詞通韻》等韻書，既然系統與收字如此相近，它們之間必然有一種相通的臍帶聯繫著，如果我們能從這個角度思考，相信許多音韻問題會比較明朗化。本文從全體音節做考量討論，目的就在此。

最後謹以本文，作爲紀念　徐文珊教授老先生百歲冥誕論文。

引用書目

丁玟聲

1989　《王文璧中州音韻研究》（國立高雄師大國文研究所碩士論文）。

王　駿

《中州音韻輯要》，崑山：咸德堂藏版。

[9] 嗅字《中州音韻輯要》兩見，東同韻讀「虛用切」，鳩由韻讀「興救切」。現代國語只有鳩由韻一讀。

北京大學中文系

1989 《漢語方音字彙》，北京：文字改革出版社。

周德清

1324 《中原音韻》，台北：學海出版社（影印）。

林慶勳

1993 〈《中州音韻輯要》的反切〉，《第一屆國際清代學術研討會論文集》741-765，高雄：國立中山大學中文系。

1995 〈《中州音韻輯要》入聲字的音讀〉，《中山人文學報》3：21-36，高雄：國立中山大學文學院。

1997 〈《中州音韻輯要》收-ŋ音節表〉，《中山人文學報》5：65-80，高雄：國立中山大學文學院。

1998 《詩詞通韻及其音系》，高雄：國立中山大學中文系。

1999 〈《中州音韻輯要》的聲母〉，第六屆國際暨第十七屆中華民國聲韻學學術研討會論文，1-26，台北：國立臺灣大學中文系。

陳彭年等

1008 《廣韻》，台北：黎明文化事業公司（影印）。

樸隱子

1685 《詩詞通韻》，北京：北京圖書館藏版（花登正宏教授抄本）。

樂韶鳳等

1376 《洪武正韻》，台北：臺灣商務印書館（四庫全書文淵閣影本）。

應裕康

1970 〈洪武正韻聲母音值之擬訂〉，《中華學苑》6：1-36，台北：國立政治大學中文研究所。

附　　錄

徐文珊教授著作目錄及重要成就

一、專書著作：

建國曆詳解	民國三十二年	重慶	中國文化服務社	
時代呼聲	民國三十三年	重慶	文信書局	
歷史教育論	民國三十四年	重慶	史學書局	
張溥泉先生全集　正編	民國四十年	台北	中央改造委員會	編輯
張溥泉先生全集　補編	民國四十一年	台北	中央改造委員會	編輯
國父傳略	民國四十一年	台北	改造出版社	
革命的人生觀	民國四十四年	台中	自　印	
點校原抄本日知錄	民國四十七年	台中	自　印	點校
	民國五十九年	台北	明倫出版社	重印
三民主義總輯	民國四十九年	台北	中華叢書編審委員會	編輯
先秦諸子導論	民國五十三年	台北	幼獅書店	
四書發微	民國五十三年	台北	維新書店	
總統教育思想與實踐	民國五十五年	台北	三民主義研究所	
中華民族之研究	民國五十八年	台中	自　印	
中華文化概論	民國六十年	台北	維新書局	
中國史學概論	民國六十二年	台北	維新書局	
史記評介	民國六十二年	台北	維新書局	
八十載滄桑	民國六十五年	台北	維新書局	
文化主義與國運	民國七十年	台中	東海大學出版社	
現代青年問題	民國七十年	台中	台灣省政府新聞處	
北方之強——張繼傳	民國七十一年	台北	近代中國出版社	
國父思想淵源與實踐	民國七十二年	台北	台灣商務印書館	

中國文化新探	民國七十三年	台北	大中國圖書公司
中國社會新探	民國七十六年	台北	大中國圖書公司
九十自選集	民國七十八年	台北	大中國圖書公司
蔣公中正思想體系	民國八十二年	台北	國立編譯館
易傳新探論集	民國八十二年	台中	自　印
新時代新倫理	民國八十三年	高雄	復文圖書出版社
中國政治故事	民國八十五年	台中	自　印

二、單篇論文（從略）

三、徐文珊教授所獲各項榮譽：

民國三十五年五月	國民政府	頒發勝利勳章	
民國五十四年七月	教育部	徵集劇本歌詞	〈孝親歌〉獲歌詞類第三名
民國五十四年十月	國父百年誕辰籌備委員會		〈國文紀念歌〉獲歌詞佳作獎
民國五十五年十月	中山學術文化基金會		《中華民族之研究》獲研究獎助
民國五十五年十一月	教育部	徵集劇本歌詞	〈黃花岡紀念歌〉獲歌詞類佳作鄭家苗配曲得第三名
民國五十七年十二月	中山學術文化基金會		《中華民族之研究》獲出版獎助
民國五十八年三月	台灣省政府教育廳		〈現代青年歌〉獲歌詞類佳作獎
民國五十八年十一月	文化復興運動推行委員會台灣省分會		《中華民族之研究》獲新聞報祝壽文化獎
民國五十九年六月	台灣省黨部	徵全面革新運動歌	歌詞〈全面革新歌〉獲佳作獎
民國五十九年十一月	中華民國加強儲蓄推行委員會		歌詞〈國民儲蓄歌〉獲佳作獎
民國六十年十二月	好人好事運動推行委員會		當選好人代表
民國六十三年十一月	新聞局、廣播電視歌詞推廣委員會		歌詞〈鄉居〉入選（不分名次）
民國六十四年四月	新聞局、廣播電視歌詞推廣委員會		歌詞〈大家一條心〉、〈中華文化頌〉兩首入選（不分名次）

民國六十四年五月	台灣省政府教育廳	歌詞〈可愛的中華〉獲愛國歌曲歌詞類佳作獎
民國六十五年五月	台北市政府教育局	歌詞〈美麗的寶島〉獲愛國歌曲歌詞類第三名
民國六十五年十二月	台灣省政府教育廳	歌詞〈國花頌〉入選
民國六十七年十月	台灣省政府教育廳	歌詞〈我是中國人〉獲文藝創作比賽社會組詩歌第三名
民國六十九年六月	教育部	〈水源木本〉獲六十九年文藝創作獎歌詞創作獎第二名
民國七十年十二月	教育部	歌詞〈小小魚兒真可愛〉獲七十年文藝創作獎兒童歌曲作詞創作獎正取（不分名次）
民國七十二年七月	國父遺教研究會	《國父思想淵源與實踐》獲第十七屆學術著作獎
民國七十三年一月	教育部	《國父思想淵源與實踐》獲七十一年度學術著作獎
民國七十五年十二月	中華文化復興運動推行委員會	《中國文化新探》獲第十八屆菲華中正文化獎金優良著作獎
民國七十六年十月	三民主義研究基金管理委員會	《蔣公中正思想體系》獲第六屆研究獎助
民國七十八年三月	台中市政府	第四屆資深優秀美術工作者
民國七十八年十月	中華民國老人福利協進會台中市分會	第二十四屆模範老人
民國七十九年五月	台中市政府	資深優秀文藝作家
民國八十年十月	台灣軍管區司令部	〈文壇戰鬥五十年〉獲八十一年度青溪文藝金環獎散文類銀環獎
民國八十三年十二月	台灣軍管區司令部	獲八十四年度青溪文藝金環獎散文類佳作獎

四、徐文珊教授書法邀請展：

徐文珊安國鈞古文字書藝聯展

民國七十六年一月九日至十四日	台灣省立新竹社教館
民國七十六年三月二日至六日	台中東海大學學生活動中心
民國七十六年九月八日至十四日	高雄市立文化中心
民國七十六年十一月十五日至二十九日	台南市立文化中心

徐文珊書法展

民國八十年五月二日至六月三十日	台中市立文化中心

參加台灣、大陸、日本書法展覽多次、獲獎多次，均不詳列。